Schriftenreihe der Juristischen Fakultät
der Europa-Universität Viadrina Frankfurt (Oder)

Herausgegeben von
Professor Dr. iur. Dr. phil. Uwe Scheffler, Frankfurt (Oder)

Springer-Verlag Berlin Heidelberg GmbH

Holger Wendtland

Die Verbindung von Haupt- und Hilfsantrag im Zivilprozeß

Springer

Holger Wendtland
Reichsstraße 84 a
D-14052 Berlin

Tag der mündlichen Prüfung (Disputation): 31. Januar 2001

Erstgutachter: Prof. Dr. Roland Wittmann
Zweitgutachter: Prof. Dr. Stephan Breidenbach

ISSN 1431-7923
ISBN 978-3-540-42378-2 ISBN 978-3-642-56679-0 (eBook)
DOI 10.1007/978-3-642-56679-0

Die Deutsche Bibliothek - CIP-Einheitsaufnahme
Wendtland, Holger: Die Verbindung von Haupt- und Hilfsantrag im Zivilprozeß / Holger Wendtland. - Berlin; Heidelberg; New York; Barcelona; Hongkong; London; Mailand; Paris; Tokio: Springer, 2001
(Schriftenreihe der Juristischen Fakultät der Europa-Universität Viadrina Frankfurt (Oder))
ISBN 978-3-540-42378-2

Springer-Verlag Berlin Heidelberg New York
ein Unternehmen der BertelsmannSpringer Science+Business Media GmbH

http://www.springer.de

SPIN 10846945 64/2202-5 4 3 2 1 0 - Gedruckt auf säurefreiem Papier

Vorwort

Diese Arbeit hat im Wintersemester 1999/2000 der Juristischen Fakultät der Europa-Universität Viadrina Frankfurt (Oder) als Dissertation vorgelegen. Sie wurde im August 1999 abgeschlossen, die Disputation ist im Januar 2001 erfolgt. Bis zu diesem Zeitpunkt sind maßgebliche neuere Rechtsprechung und Literatur, soweit sich aus ihnen bislang nicht gewonnene Erkenntnisse oder sonstige wesentliche Änderungen zu den zitierten Fundstellen ergeben, berücksichtigt worden.

Von Herzen danken möchte ich zunächst und vor allem meinem verehrten Doktorvater Prof. Dr. Roland Wittmann, der die Arbeit in vorbildlicher, stets anspornender Weise betreut hat. Besonderer Dank gilt auch Herrn Prof. Dr. Stephan Breidenbach für die zügige Erstellung des Zweitgutachtens und Herrn Prof. Dr. Dr. Uwe Scheffler für die Aufnahme der Arbeit in die Schriftenreihe der Juristischen Fakultät der Europa-Universität Viadrina.

Nicht zuletzt danke ich auch den Mitarbeitern der Bibliothek FREDALIMA des Brandenburgischen Oberlandesgerichts für ihre Unterstützung und die optimalen Arbeitsbedingungen, die ich auch bei dieser Arbeit wieder einmal genießen durfte.

Berlin, im Mai 2001 *Holger Wendtland*

Inhaltsverzeichnis

Abkürzungsverzeichnis

aA	anderer Ansicht
AcP	Archiv für die civilistische Praxis, Band (Jahr), Seite
a.F.	alte Fassung
Anh.	Anhang
Anm.	Anmerkung
Aufl.	Auflage
ArbGG	Arbeitsgerichtsgesetz
BAG	Bundesarbeitsgericht
BAGE	amtliche Sammlung des Bundesarbeitsgerichts, Jahr, Seite
BayObLG	Bayerisches Oberstes Landesgericht
BayObLGZ	amtliche Sammlung des Bayerischen Obersten Landesgerichts, Jahr, Seite
BB	Der Betriebs-Berater, Jahr, Seite
BGB	Bürgerliches Gesetzbuch
BGBl.	Bundesgesetzblatt, Jahr, Teil, Seite
BGH	Bundesgerichtshof
BGHZ	Entscheidungssammlung des Bundesgerichtshofs in Zivilsachen, Band, Seite
BVerwG	Bundesverwaltungsgericht
CPO	Civilprozeßordnung vom 30. Januar 1877
DB	Der Betrieb, Jahr, Seite
ders.	derselbe
DNotZ	Deutsche Notar-Zeitschrift, Jahr, Seite
Einl.	Einleitung
entspr.	entsprechend
FamRZ	Zeitschrift für das gesamte Familienrecht, Jahr, Seite
Fn.	Fußnote
FS	Festschrift
gem.	gemäß
GemS	Gemeinsamer Senat der obersten Gerichtshöfe des Bundes
GG	Grundgesetz
GKG	Gerichtskostengesetz
Grundz.	Grundzüge
GVG	Gerichtsverfassungsgesetz
hM	herrschende Meinung
insbes.	insbesondere
iVm.	in Verbindung mit
iSv.	im Sinne von

JA	Juristische Arbeitsblätter, Jahr, Seite
JR	Juristische Rundschau, Jahr, Seite
JuS	Juristische Schulung, Jahr, Seite
JW	Juristische Wochenschrift, Jahr, Seite
JZ	Juristenzeitung, Jahr, Seite
LM	Lindenmaier-Möhring, Nachschlagewerk des Bundesgerichtshofs, Nr. ... zu § ... Gesetz
MDR	Monatsschrift für Deutsches Recht, Jahr, Seite
NJW	Neue Juristische Wochenschrift, Jahr, Seite
NJW-RR	Neue Juristische Wochenschrift-Rechtsprechungs-Report Zivilrecht, Jahr, Seite
NvwZ	Neue Zeitschrift für Verwaltungsrecht, Jahr, Seite
NZA	Neue Zeitschrift für Arbeitsrecht, Jahr, Seite
OLG	Oberlandesgericht
OLG-NL	OLG-Rechtsprechung Neue Länder, Jahr, Seite
OVG	Oberverwaltungsgericht
RG	Reichsgericht
RGZ	Entscheidungssammlung des Reichsgerichts in Zivilsachen, Band, Seite
Rn.	Randnummer
Rspr.	Rechtsprechung
S.	Seite
str.	streitig
u.a.	unter anderem
VersR	Versicherungsrecht, Jahr, Seite
vgl.	vergleiche
Vorbem.	Vorbemerkung
WPM	Wertpapiermitteilungen, Jahr, Seite
WuM	Wohnungswirtschaft und Mietrecht, Jahr, Seite
z.B.	zum Beispiel
ZIP	Zeitschrift für Wirtschaftsrecht, Jahr, Seite
ZPO	Zivilprozeßordnung
ZZP	Zeitschrift für Zivilprozeß, Band (Jahr), Seite

A. Einleitung

Nach der Bestimmung in § 260 ZPO kann der Kläger mehrere Ansprüche gegen denselben Beklagten in einer einzigen Klage verbinden, wenn für alle der auf diese Weise geltend gemachten Ansprüche dasselbe Prozeßgericht zuständig und dieselbe Prozeßart zulässig ist. Neben dieser im Gesetz ausdrücklich vorgesehenen objektiven Anspruchshäufung ist nach seit langem allgemeiner Meinung auch eine eventuelle Anspruchshäufung zulässig[1]. Das praktische Bedürfnis für eine solche Anspruchshäufung liegt auf der Hand. Hat z.B. der Kläger dem Beklagten eine Sache verkauft und ihm diese bereits übereignet, kommen für den Fall, daß zwischen den Parteien Streit über eine mögliche Nichtigkeit des Kaufvertrages entsteht, zwei sich gegenseitig ausschließende Ansprüche in Betracht: Ist der Kaufvertrag wirksam, hat der Kläger einen Anspruch auf Zahlung des vereinbarten Kaufpreises; im Falle der Nichtigkeit des Vertrages kann der Kläger hingegen die Rückübereignung des Kaufgegenstands verlangen. Bei einem solchen Sachverhalt läuft der Kläger Gefahr, daß seine zunächst nur auf Zahlung gerichtete Klage wegen vom Gericht angenommener Nichtigkeit des Vertrages rechtskräftig abgewiesen werden und auch sein Antrag auf Rückübereignung in einem weiteren Prozeß erfolglos bleiben könnte, weil das Gericht in diesem neuen Rechtsstreit -etwa aufgrund neuen Sachvortrags oder wegen abweichender Würdigung der Rechtslage- zu der Auffassung gelangt, der Kaufvertrag sei doch wirksam. Diese Gefahr besteht, weil es sich bei den Ausführungen über die Nichtigkeit des Vertrages im ersten Urteil um einen nur präjudiziellen Punkt handelt, auf den sich die Rechtskraft der Entscheidung nicht erstreckt[2], weshalb das Gericht des zweiten Prozesses hieran nicht gebunden ist. Dem hiermit verbundenen Risiko kann der Kläger entgehen, wenn er neben dem vorrangig von ihm verfolgten auch den weiteren in Betracht kommenden Anspruch *hilfsweise* in ein und demselben Rechtsstreit geltend macht. Zwar könnte der Kläger der Gefahr einer

---

[1] Die Zulässigkeit der Verbindung von Haupt- und Hilfsanspruch folgt zudem -wenngleich nur mittelbar- aus dem Wortlaut der Bestimmung in § 19 Abs. 1 GKG (in der Fassung durch das KostRÄndG vom 24.6.1994 [BGBl. 1325], in Kraft seit dem 1.7.1994); im übrigen vgl. etwa nur *Kion*; *Lämmert* ZZP 16 (1891), 428.; *Stein* JZ 1913, 35; *Brox*, FS Carl Heymanns Verlag, 1965, 121; *Merle* ZZP 83 (1970), 436; *Lüke/Kerwer* NJW 1996, 2121; *Saenger* MDR 1994, 860; *Rosenberg/Schwab/Gottwald* § 65 IV. (S. 356 ff.); *Baur/Grunsky* Rn. 121 (S. 107); *Jauernig* § 88 III. (S. 324 f.); *Paulus* Rn. 93 (S. 46); *Zeiss* Rn. 374 ff. (S. 146); *Stein/Jonas/Schumann* § 260 ZPO Rn. 15 ff.; *Thomas/Putzo* § 260 ZPO Rn. 8 ff.; *Zöller/Greger* § 260 ZPO Rn. 3 ff.; *Baumbach/Lauterbach/Hartmann* § 260 ZPO Rn. 8 ff.; *MünchKomm/Lüke* § 260 ZPO Rn. 10 ff.; *Musielak/Foerste* § 260 ZPO Rn. 8 f.; allesamt mit weiteren Nachweisen, insbesondere zur entsprechenden ständigen höchstrichterlichen Rechtsprechung.

[2] Zu von der Rechtskraft eines Urteils nicht erfaßten präjudiziellen Rechtsverhältnissen und Vorfragen vgl. *Zöller/ Vollkommer* vor § 322 ZPO Rn. 34 ff.; Thomas/Putzo § 322 ZPO Rn. 28 f.; BGH NJW 1985, 1340, 1341; BGH NJW 1995, 2993.

abweichenden Entscheidungen in einem nachfolgenden Rechtsstreit in solchen Fällen auch durch die Erhebung einer Zwischenfeststellungsklage nach § 256 Abs. 2 ZPO[3] - zur rechtskräftigen Entscheidung über das präjudizielle Rechtsverhältnis - entgehen, doch sind die Vorteile der hilfsweisen Geltendmachung beider in Betracht kommender Ansprüche in nur einem Verfahren gegenüber einer solchen Vorgehensweise offensichtlich. Bei der hilfsweisen Verbindung seiner denkbaren Ansprüche gegen den Beklagten kann der Kläger die zwischen den Parteien insgesamt streitigen Rechtspositionen in nur einem *einzigen* Verfahren abschließend klären, während er anderenfalls möglicherweise gezwungen wäre, zwei Prozesse gegen den Beklagten zu führen. Die hilfsweise Verbindung der Ansprüche des Klägers stellt damit in solchen Fällen -im Verhältnis zur Zwischenfeststellungsklage- jedenfalls den einfacheren, kostengünstigeren und schnelleren Weg dar, den Rechtsstreit zwischen den Parteien endgültig zu beenden. Die allgemeine Zulässigkeit von Hilfsanträgen dient damit -wie dieses Beispiel zeigt- nicht zuletzt dem Gebot eines zweckmäßigen und wirtschaftlichen Verfahrens, also der Prozeßökonomie[4].

Trotz der damit einhergehenden erheblichen Bedeutung von Hilfsanträgen in der täglichen Rechtspraxis sind die mit der *praktischen* Handhabung solcher Anträge verbundenen prozessualen Schwierigkeiten in der Literatur bislang nur ausschnittsweise bzw. in Bezug auf einzelne Fallgestaltungen vertieft behandelt worden[5]. Die nicht erst in der letzten Zeit verstärkt in den unterschiedlichsten Formen[6] auftretenden Eventualanträge geben deshalb Veranlassung, die mit ihren näheren Ausgestaltungen und ihrem Verhältnis zum jeweiligen Hauptantrag verbundenen Probleme ihrer praktischen Handhabbarkeit durch die Gerichte nachfolgend ein wenig eingehender zu untersuchen.

---

[3] Zu den Voraussetzungen einer solchen Zwischenfeststellungsklage vgl. im einzelnen *Zöller/Greger* § 256 ZPO Rn. 21 ff.

[4] Vgl. hierzu insbesondere *Merle* ZZP 83 (1970), 436, 438 f.; zum Grundsatz der Prozeßökonomie im allgemeinen vgl. statt vieler die Darstellung bei *Zöller/Vollkommer* Einl. Rn. 95 ff.

[5] Vgl. *Kion*; *Hakenbeck*; *Brandhuber*; *Brox*, FS Carl Heymanns Verlag, 1965, 121.; *Merle* ZZP 83 (1970), 436;*Lüke/Kerwer* NJW 1996, 2121.

[6] Vgl. etwa *Lüke/Kerwer* NJW 1996, 2121, 2122.

B. Haupt- und Hilfsantrag im allgemeinen

I. Streitgegenstand

Die nähere Untersuchung von Hilfsanträgen und ihres Verhältnisses zum jeweiligen Hauptantrag setzt zunächst eine klare Unterscheidbarkeit solcher Anträge voraus. Die grundsätzliche Frage danach, ob es sich bei voneinander abweichend formulierten Anträgen um unterschiedliche oder nur um ein und denselben, lediglich in mehreren sprachlichen Fassungen gestellten Antrag handelt, läßt sich allein anhand des jeweiligen Streitgegenstands beantworten. Liegt nur ein einheitlicher Streitgegenstand vor, ist tatsächlich auch nur über diesen zu entscheiden. Kommen hingegen mehrere Streitgegenstände in Betracht, bleibt Raum für die Annahme unterschiedlicher (Haupt- und Hilfs-) Anträge, über die das Gericht dann gegebenenfalls auch jeweils besonders zu befinden hat[7].

Der für den Zivilprozeß insgesamt zentrale und letztlich auch hier maßgebliche Begriff des Streitgegenstands ist im Gesetz nicht eindeutig bezeichnet[8]. Nicht zuletzt wegen des Fehlens einer solchen gesetzlichen Definition gehören Begriff und Wesen des Streitgegenstands zu den seit langem am weitesten umstrittenen Problemen des Zivilprozeßrechts[9]. Ohne auf diesen für die nachfolgenden Erörterungen nicht ausschlaggebenden Streitstand[10] näher einzugehen, besteht im wesentlichen doch zumindest Übereinstimmung darüber, daß es sich beim Streitgegenstand weder um das Objekt des Rechtsstreits -etwa die herausverlangte Sache- noch um den der Klage zugrunde liegenden materiell-rechtlichen Anspruch im Sinne von § 194 BGB handelt[11]. Anderenfalls hätte etwa eine Gestaltungsklage keinen, eine auf Schadensersatz aus Vertragsverletzung, die zugleich eine unerlaubte Handlung darstellt, gerichtete Klage hingegen zwei Streitgegenstände. Gleichfalls besteht Einigkeit

---

[7] Vgl. BGHZ 9, 22, 26 ff.

[8] Vgl. u.a. die Darstellungen bei *Zöller/Vollkommer* Einl. Rn. 60; *Thomas/Putzo* Einl. II Rn. 3.

[9] Zu den unterschiedlichen Auffassungen vgl. insbesondere die ausführliche Darstellung von *Stein/Jonas/Schumann* (20. Aufl.) Einl. Rn. 267 ff. und u.a. auch *Beys* ZZP 105 (1992), 145; *Habscheid*, Der Streitgegenstand im Zivilprozeß und im Streitverfahren der Freiwilligen Gerichtsbarkeit, 1956; *Habscheid* FS Schwab, 1990, 181 ff.; *Henckel*, Parteilehre und Streitgegenstand im Zivilprozeß, 1961; *Rimmelspacher*, Materiellrechtlicher Anspruch und Streitgegenstandsprobleme im Zivilprozeß(recht), 1970; *Schwab*, Der Streitgegenstand im Zivilprozeß, 1954; *ders.* JuS 1965, 81; *Köhler*, Der Streitgegenstand bei Gestaltungsklagen, 1995.

[10] Vgl. hierzu etwa den Überblick über die Streitgegenstandslehren bei *Köhler* S. 7 ff.

[11] So jedenfalls die insoweit wohl hM, vgl. statt vieler nur *Zöller/Vollkommer* Einl. Rn. 62; *Thomas/Putzo* Einl. II Rn 10; *Baur/Grunsky* Rn. 116 (S. 100).

darüber, daß der Streitgegenstand allein vom Kläger bestimmt wird. Nach der Regelung in § 253 Abs. 2 Nr. 2 ZPO muß die Klageschrift die bestimmte Angabe des Gegenstands und des Grundes des geltend gemachten Anspruchs sowie einen bestimmten Antrag enthalten. Dadurch ist der Begriff des Streitgegenstands im hier zugrunde zu legenden Sinne hinreichend umrissen. Der Kläger trägt einen konkreten Lebenssachverhalt vor, aus dem er eine bestimmte, für sich in Anspruch genommene Rechtsfolge ableitet, deren Ausspruch er mit seiner Klage vom Gericht verlangt. Da allein hierüber, nämlich über die Berechtigung der vom Kläger in dieser Gesamtheit -durch Klageantrag *und* den ihm zugrundeliegenden Lebenssachverhalt[12]- vorgebrachten Rechtsfolgebehauptung im Zivilprozeß zwischen den Parteien gestritten wird, stellt auch allein dies den Streitgegenstand dar[13].

II. Unterscheidung von Haupt- und Hilfsantrag

1. Identität des Streitgegenstands

Die Unterscheidung von Haupt- und Hilfsantrag setzt voraus, daß mit dem Hilfsantrag etwas anderes verlangt wird als mit dem Hauptantrag[14]. Maßgeblich abzustellen ist hierbei auf den jeweiligen Streitgegenstand[15]. Ist der Streitgegenstand des Hauptantrags mit demjenigen des Hilfsantrags identisch, liegt tatsächlich nur ein Antrag vor[16]. Das ist insbesondere dann der Fall, wenn der Kläger dieselbe von ihm begehrte Rechtsfolge unter Zugrundelegung desselben Tatsachenvorbringens alternativ auf mehrere materiell-rechtliche Anspruchsgrundlagen stützt. Fordert der Kläger vom Beklagten z.B. Schadensersatz in einer bestimmten Höhe wegen einer von ihm behaupteten Vertragsverletzung und trägt er zur alternativen Begründung dieses von

---

[12] Zu diesem in Rechtsprechung und Literatur vorherrschenden *zweigliedrigen* Streitgegenstandsbegriff vgl. insbesondere RGZ 104, 155, 156; BGHZ 7, 268, 271; BGH WPM 1990, 784, 785; BGH WPM 1996, 2063, 2064; *Habscheid* S. 221; *Thomas/Putzo* Einl II Rn. 14 ff.; *Zöller/Greger* § 253 ZPO Rn. 10 und *Zöller/Vollkommer* Einl. Rn. 60 ff., 63; *Baumbach/Lauterbach*/Hartmann § 2 ZPO Rn. 3 ff.; *Rosenberg/Schwab/Gottwald* § 95 IV 1 (S. 533 f.); *Schilken* Rn. 227 (S. 136); *Baur/Grunsky* Rn. 116 (S. 100).

[13] Im Ergebnis im wesentlichen so wie hier, wenngleich mit im einzelnen unterschiedlichen Formulierungen: *Zöller/Vollkommer* Einl. Rn. 63 ff. und *Zöller/Greger* § 253 ZPO Rn. 10; *Thomas/Putzo* Einl. II Rn. 15; *Baumbach/Lauterbach/Hartmann* § 2 ZPO Rn. 5; *Stein/Jonas/Schumann* (20. Aufl.) Einl. Rn. 288 ff.; *Rosenberg/Schwab/Gottwald* § 95 IV 1 (S. 533 f.); *Musielak/Musielak* Einl. Rn. 68 ff.; *Blomeyer* § 40 IV (S. 233 f.); *Schilken* Rn. 207 (S. 122), Rn. 229 (S. 138); *Habscheid* S. 141 ff.; *Nikisch* §§ 2 IV (S. 8), 42 I 4 (S. 162); *Henckel* S. 278; *Schwab* S. 199; *Saenger* MDR 1994, 860.

[14] Vgl. *Siegburg* Rn. 235 (S. 114); *MünchKomm/Rimmelspacher* § 536 ZPO Rn. 24; *Brox*, FS Carl Heymanns Verlag, 1965, 121, 123; so im Ergebnis wohl auch BAG MDR 1960, 794.

[15] Vgl. BGHZ 9, 22, 26 ff.; zum Begriff des Streitgegenstands vgl. oben zu B.I.

[16] So wohl im Ergebnis auch *MünchKomm/Rimmelspacher* § 536 ZPO Rn. 24.

ihm geltend gemachten Anspruchs „hilfsweise“ vor, daß jene Vertragsverletzung seiner Meinung nach zugleich auch eine deliktische Handlung darstelle, weshalb die Forderung „jedenfalls“ auch nach Maßgabe von § 823 BGB begründet sei, liegt hierin lediglich eine Hilfsbegründung, die für die Annahme einer -bedingten oder unbedingten- Anspruchshäufung keinen Raum läßt[17].

Dasselbe gilt auch für den Fall, daß der „Hilfsantrag“ -bei identischem Streitgegenstand- bereits im „Hauptantrag“ enthalten ist. Verlangt der Kläger z.B. die Zahlung ausstehenden Mietzinses für die Monate Januar bis August, „hilfsweise“ zumindest den Mietzins für die Monate Februar und März desselben Jahres, stellt auch dies tatsächlich nur einen einzigen, einheitlichen Antrag dar. Mit seinem Antrag auf Mietzinszahlung für den insgesamt streitigen Zeitraum hat der Kläger die Begründetheit der gesamten für sich beanspruchten Rechtsfolge zur Überprüfung durch das Gericht gestellt. Erweist sich diese im Verlauf des Rechtsstreits als nur teilweise begründet, spricht dies das Gericht so auch ohne weiteres -und unter Abweisung der Klage im übrigen[18]- aus. Eines besonderen hierauf gerichteten „Hilfsantrags“ bedarf es insoweit nicht. Stellt der Kläger gleichwohl einen solchen Antrag, mag das im Einzelfall zwar zur Klarstellung seines Klagebegehrens hilfreich sein, ist aber letztlich unnötig und damit unbeachtlich. Über einen solchen „Hilfsantrag“ entscheidet das Gericht ohnehin bereits im Rahmen seines Ausspruchs über den ihn mit umfassenden „Hauptantrag“. Als weitere Beispiele für solche als „Minus“ bereits im „Hauptantrag“ enthaltenen „unechten Hilfsanträge“ im vorgenannten Sinne seien hier insbesondere die nachstehenden, in der Praxis bedeutsamen Fallgestaltung genannt: Duldung der Zwangsvollstreckung statt Leistung[19], Feststellung statt Leistung[20] und Leistung Zug um Zug statt unbeschränkter Leistung[21].

2. Verschiedene Streitgegenstände

Sind die Streitgegenstände von Haupt- und Hilfsantrag hingegen verschieden, liegt eine eventuelle Antragshäufung vor. Das ist dann der Fall, wenn die Partei aus dem von ihr primär vorgetragenen Lebenssachverhalt hilfsweise eine andere -nicht schon

---

[17] So auch *Thomas/Putzo* § 260 ZPO Rn. 10, § 308 ZPO Rn. 4; *Zöller/Vollkommer* § 260 ZPO Rn. 5, § 308 ZPO Rn. 5.

[18] Vgl. ausführlich hierzu *Musielak*, FS Schwab, 1990, 349, 354 ff.; für den Fall der Verurteilung Zug um Zug statt unbeschränkter Leistung vgl. BGH NJW 1992, 1172, 1173 = BGHZ 117, 1, 3 f.

[19] Vgl. *Thomas/Putzo* § 308 ZPO Rn. 3; *Zöller/Vollkommer* § 308 ZPO Rn. 4; BGH NJW 1995, 2846, 2849.

[20] So auch *MünchKomm/Rimmelspacher* § 260 ZPO Rn. 24; vgl. auch *Thomas/Putzo* § 308 ZPO Rn. 3; BGH VersR 1979, 645, 646; BGH NJW 1984, 2295, 2296, mit Anmerkung von *Dunz*; im Ergebnis wie hier, aber zu weit gehend: OLG Stuttgart ZZP 97 (1984), 487, 488, mit Anmerkung von *Münzberg*, 492.

[21] Vgl. *Thomas/Putzo* § 308 ZPO Rn. 3; *Zöller/Vollkommer* § 308 ZPO Rn. 4; BGH NJW 1992, 1172, 1173 = BGHZ 117, 1, 3 f.

in ihrem Hauptantrag enthaltene[22]- Rechtsfolge ableitet oder einen auf einen anderen Lebenssachverhalt gestützten Anspruch geltend macht[23]. Hierbei darf sie im Rahmen des Eventualverhältnisses auch widersprüchliche Behauptungen aufstellen[24] oder sich hilfsweise das mit ihrem Hauptvortrag unvereinbare Vorbringen der gegnerischen Partei zu eigen machen[25]. Macht sie dies allerdings nicht, darf solches Gegenvorbringen auch nicht zu ihren Gunsten verwertet werden[26]. Ein echter Hilfsantrag liegt also z.B. dann vor, wenn der Kläger mit seinem Hauptantrag Räumung und Herausgabe von Mieträumen verlangt, weil er der Auffassung ist, seine auf Verzug mit der Mietzinszahlung gestützte Kündigung sei wirksam, und sich hilfsweise das Vorbringen des Beklagten zu eigen macht, nach welchem der Mietvertrag unbeschadet der -nach dessen Meinung unwirksamen- Kündigung fortbestehe, für diesen Fall aber die Zahlung ausstehenden Mietzinses fordert.

Haupt- und Hilfsantrag liegen auch dann vor, wenn der Kläger nur einen Antrag stellt, diesen aber primär auf den Tatsachenvortrag A und hilfsweise auf den Tatsachenvortrag B stützt, da es sich hier um zwei verschiedene Streitgegenstände, also um zwei *prozessuale Ansprüche* handelt[27]. Der Kläger will nämlich seinen mit der Klage verfolgten Anspruch zunächst aus dem Tatsachenvortrag A (z.B. Rückübereignung der Kaufsache wegen Nichtigkeit des Kaufvertrags) herleiten; erst wenn das Gericht den solchermaßen begründeten Anspruch für nicht gegeben hält, will er den Klageantrag auf den Tatsachenvortrag B (z.B. Rückübereignung derselben Kaufsache nach Maßgabe eines weiteren zwischen den Parteien geschlossenen Vertrags, mit welchem sich der Käufer hierzu verpflichtet habe) stützen. Auch in solchen Fällen liegen, obwohl wegen der Identität des Klageziels regelmäßig nur ein einheitlicher Antrag (Rückübereignung der Kaufsache) gestellt wird, tatsächlich

---

[22] Vgl. oben unter B. II. 1. (S. 4 f.).

[23] Vgl. hierzu insgesamt auch die Darstellung bei *Baumbach/Lauterbach/Hartmann* § 260 ZPO Rn. 8 ff.

[24] Vgl. *Stein/Jonas/Leipold* § 138 ZPO Rn. 2; *MünchKomm/Peters* § 138 ZPO Rn. 12; *Zöller/Greger* § 138 ZPO Rn. 4; *Thomas/Putzo* § 138 ZPO Rn. 6; BGH NJW 1995, 2843, 2846.

[25] Vgl. *Thomas/Putzo* § 138 ZPO Rn. 6; *Zöller/Greger* § 138 ZPO Rn. 4; BGHZ 19, 387, 390 f.; BGH NJW 1985, 1841, 1842. Zu der nach heute völlig herrschender Meinung unproblematischen Vereinbarkeit eines solchermaßen widersprüchlichen Vortrags in Haupt- und Hilfsantrag mit der prozessualen Wahrheitspflicht nach § 138 Abs. 1 ZPO vgl. die übersichtliche Darstellung zum - schon aus damaliger Sicht- früheren Streitstand bei *Brandhuber* S. 12 f.

[26] Vgl. *Thomas/Putzo* § 138 ZPO Rn. 6; BGH VersR 1984, 537, 538; BGH NJW 1989, 2756; BGH NJW-RR 1994, 1405, 1405 f.

[27] So auch *Brox*, FS Carl Heymanns Verlag, 1965, 121, 124;*Musielak* Rn. 142 (S. 94); im Ergebnis so wohl auch *Baumbach/Lauterbach/Hartmann* § 260 ZPO Rn. 12 f. und BGH NJW 1985, 1841, 1842.

Haupt- und Hilfsantrag vor[28]. Hiervon zu unterscheiden sind diejenigen Fälle, in denen der Kläger nur einen einheitlichen Lebenssachverhalt vorträgt, seinen Antrag aber neben seiner in erster Linie vorgetragenen rechtlichen Begründung auch auf eine Hilfsbegründung[29] stützt (z.B. Zahlung von 5.000,00 DM aus einem konkludent geschlossenen Vertrag, „hilfsweise“ -für den Fall, daß das Gericht das Zustandekommen eines solchen Vertrages aufgrund des vorgetragenen Sachverhalts verneinen sollte- Zahlung von 5.000,00 DM aus Geschäftsführung ohne Auftrag oder ungerechtfertigter Bereicherung). Hier liegt wegen der Identität des Antrags und des ihm zugrunde liegenden Lebenssachverhalts nur ein Streitgegenstand und damit nur ein prozessualer Anspruch vor. Für die Annahme eines Haupt- und eines Hilfsantrags bleibt deshalb in solchen Fällen kein Raum.

3. Teilidentität des Streitgegenstands

Verlangt der Kläger mit seinem Hilfsantrag aus demselben Lebenssachverhalt mehr als mit seinem Hauptantrag, ist also der Hauptantrag im Hilfsantrag enthalten, ist eineTeilidentität des Streitgegenstands gegeben. In solchen Fällen liegt ein tatsächlicher -echter- Hilfsantrag nur in Bezug auf den Teil vor, der über den Hauptantrag hinausgeht[30]. Ein solcher Fall liegt etwa dann vor, wenn der Kläger, der -wieder- als Eigentümer eines Grundstücks in das Grundbuch eingetragen werden will, in erster Linie Klage auf Grundbuchberichtigung erhebt und hilfsweise die Rückübereignung des Grundstücks verlangt.

III. Haupt- und Hilfsantrag des Klägers

1. Hauptantrag

Das Gesetz geht von dem Regelfall aus, daß der Kläger mit seiner Klage nur ein einziges Klageziel verfolgt (z.B. Zahlung von 10.000,00 DM aus einem Kaufvertrag). Nach § 253 Abs. 2 Nr. 1 ZPO muß die Klageschrift einen bestimmten Antrag enthalten. Dieser Antrag muß eine genaue Angabe der vom Gericht gewünschten

---

[28] Vgl. *Baumbach/Lauterbach/Hartmann* § 260 ZPO Rn. 13; zur grundsätzlichen Zulässigkeit einer Verbindung von Haupt- und Hilfsanträgen, denen jeweils unterschiedliche Lebenssachverhalte zugrunde liegen (mit denen gegebenenfalls auch rechtlich oder wirtschaftlich unterschiedliche Ziele verfolgt werden können) vgl. nachfolgend unter C.II.8.b. (S. 43 ff.).

[29] Vgl. *Thomas/Putzo* § 260 ZPO Rn. 10; *Zöller/Greger* § 260 ZPO Rn. 4; *Baumbach/Lauterbach/Hartmann* § 260 ZPO Rn. 10; RGZ 77, 120, 122; zur Unterscheidung von Hilfsantrag und Hilfsbegründung vgl. auch *Siegburg* Rn. 235 (S. 114).

[30] Vgl. *MünchKomm/Rimmelspacher* § 536 ZPO Rn. 24; im Ergebnis so wohl auch schon RGZ 77, 120, 122.

Entscheidung, also das mit der Klage verfolgte Ziel erkennen lassen[31]. An diesen Antrag ist das Gericht gebunden; nach § 308 Abs. 1 ZPO darf es der Partei nichts zusprechen, was diese nicht beantragt hat.

In der gerichtlichen Praxis kommt es aber auch häufig vor, daß der Kläger mit seiner Klage nicht nur ein einziges, sondern zugleich mehrere Ziele im vorgenannten Sinne verfolgt. In einem solchen Fall kann er die verschiedenen prozessualen Ansprüche bzw. verschiedenen Streitgegenstände[32] grundsätzlich in einer Klage verbinden. Nach § 260 ZPO ist eine solche Klagenhäufung zulässig

1. bei Identität der Parteien, wenn also die verbundenen Ansprüche allesamt von demselben Kläger gegen denselben Beklagten erhoben werden;
2. bei gleicher Prozeßart, wonach es also z.B. ausgeschlossen ist, einen im Scheckprozeß (§ 605a ZPO) geltend gemachten Anspruch mit einer Familiensache (§§ 606 ff. ZPO) zu verbinden;
3. bei Zuständigkeit desselben Gerichts für alle verbundenen Ansprüche (wobei der Wert der verschiedenen Ansprüche allerdings nach § 5 ZPO zusammenzurechnen ist, soweit hiervon die Zuständigkeit des Gerichts abhängig ist, vgl. §§ 23 Nr. 1, 71 Abs. 1 GVG) und
4. der Verbindung keine gesetzliche Schranke (wie z.B. in §§ 610 Abs. 2, 640c ZPO) entgegensteht.

a) *Kumulative Klagenhäufung*

Eine Klagenhäufung im Sinne von § 260 ZPO kann zunächst *kumulativ* erfolgen. Um eine kumulative Klagenhäufung handelt es sich, wenn der Kläger mehrere prozessuale Ansprüche nebeneinander verfolgt (z.B. Zahlung ausstehenden Mietzinses und zugleich Räumung und Herausgabe der Mieträume unter Wiederherstellung ihres ursprünglichen Zustands oder Rückzahlung eines Darlehens und zugleich Abnahme eines Werks). Eine solche Klagenhäufung liegt mithin dann vor, wenn der Kläger mehrere Anträge auf einen Sachverhalt oder mehrere Anträge auf mehrere Sachverhalte stützt[33]. Zu unterscheiden sind hiervon allerdings die Fälle, in denen der Kläger seinen -einzigen- Antrag auf nur einen Sachverhalt stützt, für die Klageforderung aber nebeneinander mehrere *rechtliche* Begründungen ins Feld führt. Hier handelt es sich nur um einen -wenn auch rechtlich mehrfach begründeten- prozessualen Anspruch; für die Annahme einer Klagenhäufung ist in einem solchen Fall kein Raum[34].

---

[31] Vgl. *Zöller/Greger* § 253 ZPO Rn. 13; *Baumbach/Lauterbach/Hartmann* § 253 ZPO Rn. 39; *Thomas/Putzo* § 253 ZPO Rn. 11.

[32] Vgl. oben unter B.I. (S. 3 f.).

[33] Vgl. *Baur/Grunsky* Rn. 120 (S. 106).

[34] Das ist etwa dann der Fall, wenn der Kläger seine Klageforderung auf eine Vertragsverletzung und daneben auch auf eine unerlaubte Handlung stützt; vgl. hierzu auch BGHZ 9, 22, 26 ff.; *Paulus* Rn. 91 (S. 44) und oben unter B.II.2. (S. 5 ff.).

b) *Alternative Klagenhäufung*

Eine sogenannte *alternative* Klagenhäufung ist hingegen dann gegeben, wenn der Kläger mehrere Anträge stellt, von denen letztlich nur einem stattgegeben werden soll. Das ist allerdings nur dann zulässig, wenn entweder dem Gericht oder dem Beklagten das Recht zusteht, zwischen den verschiedenen, vom Kläger alternativ geltend gemachten Rechtsfolgen zu wählen, also in den Fällen der Wahlschuld nach §§ 262 ff. BGB[35] (nicht hingegen bei der Ersetzungsbefugnis nach § 251 Abs. 2 BGB[36], hier stellt der Kläger nämlich tatsächlich nur *einen* Antrag mit *einem* Klagegrund; die dem Schuldner zustehende Möglichkeit der anderen Leistung ist nicht Gegenstand der Verurteilung und deshalb nicht vollstreckbar[37]). In allen übrigen Fällen sind Alternativanträge unzulässig, weil ihnen die nach § 253 Abs. 2 Nr. 2 ZPO erforderliche Bestimmtheit fehlt[38].

c) *Klageänderung*

Der Kläger kann den von ihm bestimmten Streitgegenstand grundsätzlich auch noch nachträglich ändern, d.h. anstelle des von ihm zunächst rechtshängig gemachten (vgl. § 261 Abs. 1 ZPO) prozessualen Anspruchs oder neben diesem einen anderen bzw. weiteren Anspruch erheben[39]. Voraussetzung hierfür ist allerdings, daß entweder die Voraussetzungen von § 264 Nr. 2 oder 3 ZPO[40] vorliegen, der Beklagte in die Klageänderung einwilligt oder das Gericht sie für sachdienlich[41] erachtet, § 263 ZPO.

---

[35] Vgl. *Paulus* Rn. 90 (S. 45, dort: Fn. 41); *Thomas/Putzo* § 260 ZPO Rn. 7; *Zöller/Greger* § 260 ZPO Rn. 5; *Stein/Jonas/Schumann* § 253 ZPO Rn. 122, § 260 ZPO Rn. 14; *Baumbach/Lauterbach/Hartmann* § 260 ZPO Rn. 6; *Musielak/Foerste* § 260 ZPO Rn. 7; vgl. auch *Klauß* NJW 1950, 765, 766; aA wohl *Palandt/Heinrichs* § 262 BGB Rn. 8.

[36] Vgl. *Zöller/Greger* §260 ZPO Rn. 5; *MünchKomm/Lüke* § 260 ZPO Rn. 23; *Thomas/Putzo* § 260 ZPO Rn. 7.

[37] *MünchKomm/Lüke* § 260 ZPO Rn. 23; im Ergebnis so wohl auch *Zöller/Greger* § 260 ZPO Rn. 5.

[38] Vgl. *Zeiss* Rn. 376 (S. 146); *Musielak* Rn. 170 (S. 114);*Baumgärtel/Prütting* D.V. (S. 18);*Thomas/Putzo* § 260 ZPO Rn. 7; *Musielak/Foerste* § 260 ZPO Rn. 7; BGH NJW-RR 1990, 122.

[39] Vgl. *Thomas/Putzo* § 263 ZPO Rn. 1; *Baumbach/Lauterbach/Hartmann* § 263 ZPO Rn. 4; *Zöller/Greger* § 263 ZPO Rn. 1 ff.

[40] Die Ergänzung oder Berichtigung nach § 264 Nr. 1 ZPO stellt *keine* Klageänderung dar, während § 264 Nr. 2 und 3 ZPO Klageänderungen bezeichnet, die ohne weiteres *zulässig* sind; die Vorschrift ist insoweit sprachlich unglücklich formuliert, vgl. *Thomas/Putzo* § 264 ZPO Rn. 1; *Zöller/Greger* § 264 ZPO Rn. 1; *Musielak* Rn. 171 (S. 115).

[41] Zur Sachdienlichkeit iSv. § 263 ZPO vgl. *Thomas/Putzo* § 263 ZPO Rn. 8; *Zöller/Greger* § 263 ZPO Rn. 13 ff.; *Baumbach/Lauterbach/Hartmann* § 263 ZPO Rn. 24 ff.

d) *Erledigungserklärung*
Erledigt sich die Hauptsache im Verlauf des Rechtsstreits (z.B. durch Erfüllung des Beklagten nach Rechtshängigkeit), müßte der Kläger bei Aufrechterhaltung seines Klageantrags unterliegen (§ 91 ZPO). Würde er hingegen -weil er wegen der zwischenzeitlich eingetretenen Erledigung auch tatsächlich nichts mehr zu fordern hat- die Klage zurücknehmen, führte auch dies zu einem für ihn unglücklichen Ergebnis, da ihm das Gericht in diesem Fall auf Antrag des Beklagten ohne nähere Sachprüfung durch Beschluß die Kosten des Rechtsstreits auferlegen müßte (§ 269 Abs. 3 Satz 2 ZPO). Zur Vermeidung solcher mißlicher Ergebnisse ermöglicht die Bestimmung in § 91a ZPO eine Kostenentscheidung nach billigem Ermessen des Gerichts unter Berücksichtigung des bisherigen Sach- und Streitstands. Zur Herbeiführung dieser Folge ist es erforderlich, daß die Parteien den Rechtsstreit übereinstimmend in der Hauptsache für erledigt erklären. Die übereinstimmende Erledigungserklärung beendet die Rechtshängigkeit des Rechtsstreits in der Hauptsache[42]. Der Rechtsstreit bleibt hiernach -wenn die Parteien nicht auf eine Kostenentscheidung verzichtet haben- nur noch wegen der Kosten rechtshängig[43]. In diesem Rahmen prüft das Gericht, wie der Rechtsstreit ohne die übereinstimmenden Erledigungserklärungen voraussichtlich ausgegangen wäre. Mit anderen Worten richtet sich die Kostenentscheidung hier letztlich danach, welche der Parteien ohne das erledigende Ereignis bzw. die übereinstimmenden Erledigungserklärungen mit überwiegender Wahrscheinlichkeit[44] -nach summarischer Prüfung- die Kosten des Rechtsstreits nach den allgemeinen Vorschriften (§§ 91 ff. ZPO) zu tragen gehabt hätte.

Gesetzlich nicht geregelt ist der in der Praxis häufige Fall, daß sich der Beklagte der Erledigungserklärung des Klägers nicht anschließt, sondern seinen Antrag auf Klageabweisung aufrechterhält. Die Rechtsnatur einer solchen einseitigen Erledigungserklärung des Klägers ist streitig. Ohne auf diesen hier nicht maßgeblichen Theorienstreit[45] näher einzugehen, geht die insoweit herrschende Meinung[46] zutreffend davon aus, daß es sich bei der einseitigen Erledigungserklärung des Klägers um eine zulässige Klageänderung handelt, bei der der Kläger auf eine Feststellungsklage übergeht, mit der er festzustellen beantragt, daß die ursprünglich zulässige und begründete Klage durch das behauptete Erledigungsereignis unzulässig oder unbe-

---

[42] Vgl. BGH NJW 1989, 2886.

[43] Vgl. *Bergerfurth* NJW 1992, 1655, 1657.

[44] Vgl. *Zöller/Vollkommer* § 91a ZPO Rn. 26a.

[45] Vgl. u.a. *Blomeyer* NJW 1982, 2750, 2752; *Assmann* FS Schwab (1990), 179; *Grunsky* FS Schwab (1990), 165; *Künzl* DB 1990, 2370; *Walchshöfer* ZZP 79 (1966), 296.

[46] Vgl. u.a. *Bergerfurth* NJW 1992, 1655, 1658; *Habscheid* JZ 1963, 624, 625; *Zöller/Vollkommer* § 91a ZPO Rn. 34; *Stein/Jonas/Bork* § 91a ZPO Rn. 39; *Thomas/Putzo* § 91a ZPO Rn. 32; *MünchKomm/Lindacher* § 91a ZPO Rn. 73; BGH NJW 1994, 2363, 2364.

gründet geworden ist. Hierüber hat das Gericht durch Urteil[47] zu entscheiden. Die Kostenentscheidung erfolgt in diesem Fall nach Maßgabe von § 91 ZPO. Für eine entsprechende Anwendbarkeit der Regelung in § 91a ZPO bleibt hier kein Raum[48]. Nach nur einseitiger Erledigungserklärung des Klägers hat das Gericht zu entscheiden, ob sich die Hauptsache erledigt hat oder nicht, und dementsprechend entweder die Erledigung -auf den Antrag des Klägers- festzustellen oder die Klage -auf den Antrag des Beklagten- abzuweisen. Diejenige Partei, die mit ihrem hiernach gestellten Antrag unterliegt, hat die Kosten des Rechtsstreits zu tragen. Allein das Unterliegen mit dem hier in der Sache -zuletzt- gestellten Antrag ist die Grundlage der zivilprozessualen Kostentragungspflicht; darauf, wem die Kosten nach der materiellen Rechtslage bei Klageeinreichung oder bei Eintritt des erledigenden Ereignisses aufgrund der zu dieser Zeit -noch- verfolgten Anträge aufzuerlegen gewesen wären, kommt es dann nicht mehr an[49].

2. Hilfsantrag

Neben der wie vorstehend unter B.III.1.a. (S. 8) näher dargestellten kumulativen Klagenhäufung ist grundsätzlich auch eine eventuelle Klagenhäufung zulässig[50]. Anders als in den Fällen der kumulativen Klagenhäufung werden hier nicht mehrere prozessuale Ansprüche gleichzeitig, sondern in einem bestimmten Rang- bzw. Abhängigkeitsverhältnis zueinander zur Entscheidung gestellt. Während sich das Gericht bei der kumulativen Klagenhäufung in jedem Fall mit allen prozessualen Ansprüchen zu befassen hat, ist das bei der eventuellen Klagenhäufung nicht von vornherein zwingend erforderlich. Das die eventuelle Klagenhäufung charakterisierende Abhängigkeitsverhältnis zwischen Hilfs- und Hauptantrag bedeutet, daß das Gericht über den Hilfsantrag nur dann zu befinden hat, wenn der Rechtsstreit in Hinblick auf den in erster Linie zur Entscheidung gestellten Hauptantrag einen *bestimmten* Ausgang findet. Die Eventualhäufung bietet dem Kläger also die Möglichkeit, dem Gericht die Reihenfolge der Prüfung seiner Anträge vorzuschreiben. Diese vom Kläger bestimmte Reihenfolge ist für das Gericht verbindlich[51].

---

[47] Zur Rechtskraftwirkung einer solchen Entscheidung vgl. *Koenigk* NJW 1975, 529 f.; *Künzl* DB 1990, 2370, 2372.

[48] Vgl. BGH NJW 1982, 1598 (mit Anmerkung von *Blomeyer* NJW 1982, 2750); im Ergebnis so wohl auch *Blomeyer* JuS 1962, 212, 214 f.; *Smid* MDR 1985, 189, 191; aA *Künzl* DB 1990, 2370, 2372;*Assmann* FS Schwab (1990), 179, 203;*Schwab* ZZP 72 (1959), 127, 139 ff.; *Göppinger* S. 69, 115 f.; *Deubner* JuS 1962, 205, 211; *Müller-Tochtermann* NJW 1958, 1761, 1764.

[49] Vgl. BGH NJW 1982, 1598 (mit Anmerkung von *Blomeyer* NJW 1982, 2750); im Ergebnis so wohl auch *Schneider* MDR 1981, 353, 354.

[50] Vgl. *Brox*, FS Carl Heymanns Verlag, 1965, 121, 121f.; *Merle* ZZP 83 (1970), 436, 437f.;*Lüke/Kerwer* NJW 1996, 2121, 2122; *Saenger* MDR 1994, 860, 861.

[51] Vgl. *Stein/Jonas/Schumann* § 260 ZPO Rn. 15.

a) *Eigentliche Eventualhäufung*

In Betracht kommt zunächst, daß der Kläger den Hilfsantrag nur für den Fall stellt, daß er mit seinem Hauptantrag nicht durchdringt. Über den Hilfsantrag soll hier nach dem Willen des Klägers nur dann entschieden werden, wenn er mit seinem primär verfolgten Klageziel wegen Unzulässigkeit oder Unbegründetheit seines Hauptantrag erfolglos bleibt. Diese Art der eventuellen Klagehäufung kommt in der Rechtspraxis am häufigsten vor. Sie wird in der Literatur[52] als *eigentliche Eventualhäufung* bezeichnet. Eine solche Klagenhäufung ist beispielsweise in dem eingangs unter A. (S. 1) genannten Fall gegeben, in welchem die Klage des Verkäufers primär auf Kaufpreiszahlung, hilfsweise auf Rückübereignung der Kaufsache gerichtet ist.

b) *Uneigentliche Eventualhäufung*

In der Praxis weniger verbreitet ist die von der Literatur als uneigentliche[53] (oder unechte[54]) Eventualhäufung bezeichnete Klagenhäufung. Anders als bei der eigentlichen Eventualhäufung macht der Kläger hier keinen anderen Anspruch für den Fall geltend, daß er mit seinem Hauptantrag nicht durchdringt, sondern einen weiteren Anspruch für den Fall, daß er mit seinem Hauptantrag erfolgreich ist. Ist der Hauptantrag hingegen unzulässig oder unbegründet, soll über den Hilfsantrag gerade nicht entschieden werden[55].

Die Zulässigkeit einer uneigentlichen Eventualhäufung ist grundsätzlich zwar allgemein anerkannt[56]; eine Untersuchung der genauen rechtlichen Einordnung dieser Art der Klagenhäufung und ihrer Voraussetzungen ist aber bislang nur vereinzelt erfolgt[57], weshalb ihnen hier etwas eingehendere Beachtung geschenkt werden soll. Zunächst handelt es sich auch hier um echte Eventualanträge im eigentlichen Sinn. Das bedeutet, daß mit dem Hilfsantrag ein anderer Streitgegenstand als mit dem Hauptantrag verfolgt werden muß[58]. Liegt diese Voraussetzung nicht vor, bleibt

---

[52] Vgl. *Merle* ZZP 83 (1970) 436; *Stein/Jonas/Schumann* § 260 ZPO Rn. 15.

[53] Vgl. *Kion S.* 36; *Brandhuber* S. 14; *Wolf* FS Gaul, 1997, 805, 806; *Rütter* VersR 1989, 1241; *Baur/Grunsky* Rn. 121 (S. 108); *Stein/Jonas/Schumann* § 260 ZPO Rn. 15; *Merle* ZZP 83 (1970) 436; *Mühl* JuS 1964, 108, 111; *Baumbach/Lauterbach/Hartmann* § 260 ZPO 8; *Paulsen* Anmerkung zu BGH LM Nr. 1 zu § 525 ZPO.

[54] Vgl. *Hakenbeck* S. 2 ff.; *Musielak/Foerste* § 260 ZPO Rn. 9.

[55] Vgl. *Wolf* FS Gaul, 1997, 805, 806; *Stein* JZ 1913, 35.

[56] Vgl. *Kion* 163; *Wolf* FS Gaul, 1997, 805; *Rütter* VersR 1989, 1241; *Merle* ZZP 83 (1970), 436, *Rosenberg/Schwab/Gottwald* § 99 III.2. (S. 562); *Schilken* Rn. 731 (S. 401); *Zeiss* Rn. 374 (S. 146); *Baumbach/Lauterbach/Hartmann* § 260 ZPO Rn. 8; *Stein/Jonas/Schumann* § 260 ZPO Rn. 24, § 253 ZPO Rn. 122; *MünchKomm/Musielak* § 308 ZPO Rn. 15; *Thomas/Putzo* § 260 ZPO Rn. 8; *Zöller/Greger* § 260 ZPO Rn. 4; BGH NJW 1986, 2820, 2821; RGZ 144, 71, 73; OLG Köln VersR 1995, 679, 680; BAG NJW 1965, 1042 (Leitsatz); BAG DB 1988, 1660 (Leitsatz).

[57] Vgl. insbesondere *Hakenbeck*; im übrigen etwa auch *Kion* S. 36 ff.; *Rütter* VersR 1989, 1241; *Wolf* FS Gaul, 1997, 805.

[58] Vgl. oben unter B.I. und B.II. (S. 3 ff.).

schon begrifflich kein Raum für die Annahme eines -eigentlichen oder uneigentlichen - Eventualverhältnisses. Damit aber sind die Voraussetzungen, unter denen ein uneigentliches Eventualverhältnis gegeben ist, bereits vollständig erfaßt: Eine uneigentliche eventuelle Klagenhäufung liegt immer dann vor, wenn die Partei -nur- für den Fall des Erfolgs ihres in erster Linie gestellten Antrags einen weiteren -anderen- prozessualen Anspruch verfolgen will. Soweit in der Literatur vereinzelt[59] angenommen wird, das Vorliegen einer uneigentlichen Eventualhäufung erfordere darüber hinaus weitere Voraussetzungen, kann diesen Auffassungen bei näherer Betrachtung aus den nachfolgenden Gründen nicht gefolgt werden.

Zunächst wird die Ansicht vertreten, ein uneigentliches Eventualverhältnis sei schon begrifflich nur in solchen Fällen denkbar, in denen der Hauptanspruch nicht zugleich eine Vorfrage im Hinblick auf den Hilfsantrag darstelle[60]; behandle der Hauptantrag nämlich eine Vorfrage des Hilfsantrags, liege stets nur eine kumulative Klagenhäufung mit der Besonderheit vor, daß die Klage auf eine fällige und zugleich auf eine künftige Leistung im Sinne von § 259 ZPO gerichtet sei[61]. Die nähere Betrachtung des zur Verdeutlichung dieser Ansicht herangezogenen Beispielsfalls[62], auf den auch noch unten unter C.II.9. (S. 66 ff.) näher einzugehen sein wird, zeigt jedoch, daß er die ihn heranziehende Gegenmeinung nicht zu stützen vermag. In jenem Fall hatte die Klägerin primär die Herausgabe bestimmter Sachen und -eventualiter- auch einen für den Fall der Nichtherausgabe vertraglich vereinbarten Anspruch auf Wertersatz geltend gemacht[63]. Nach der Gegenauffassung habe das Gericht in solchen Fällen stets über beide Anträge zu entscheiden[64]. Für die Annahme, hier liege eine kumulative Klagenhäufung vor, ist aber schon deshalb kein Raum, weil die Klägerin ihre Ansprüche nicht nebeneinander[65], sondern in dem für die eventuelle Klagenhäufung charakteristischen Abhängigkeitsverhältnis[66] verfolgen wollte. In dem gewählten Fallbeispiel ging es der Klägerin gerade nicht darum, in jedem Fall eine Entscheidung über beide Anträge zu erlangen. Vielmehr machte sie durch die Eventualstellung deutlich, daß sich das Gericht mit dem Hilfsantrag nur befassen sollte, wenn der Hauptantrag begründet ist. Nur diese Betrachtung wird dem offenkundigen Interesse der Klägerin gerecht. Die Klägerin wollte hier zunächst geklärt wissen, ob sie dem Grunde nach überhaupt berechtigt war, vom Beklagten die Herausgabe zu verlangen. Nur wenn das Gericht dies bejahen sollte, machte es

---

[59] Vgl. *Kion* S. 36 ff.; *Rütter* VersR 1989, 1241.

[60] Vgl. *Kion* S. 41.

[61] Vgl. *Kion* S. 37; im Ergebnis so auch *Mühl* JuS 1964, 108, 111 f.

[62] OLG Schleswig NJW 1966, 1929 f., vgl. *Kion* S. 37 (Fn. 56).

[63] Vgl. *Kion* S. 37.

[64] Vgl. *Kion* S. 37, dort insbes. Fn. 57.

[65] Vgl. oben unter B.III.1.a. (S. 8).

[66] Vgl. oben unter B.III.2. (S. 11).

aus ihrer Sicht überhaupt Sinn, den Beklagten für den Fall, daß dieser zur geschuldeten Herausgabe nicht bereit oder in der Lage sei, vorsorglich auch wegen des für diesen Fall vereinbarten Wertersatzes in Anspruch zu nehmen. Das gewählte Beispiel zeigt also, daß auch dann, wenn der Hauptantrag eine Vorfrage des Hilfsantrags beinhaltet, ein uneigentliches Eventualverhältnis vorliegen kann[67].

Nach alledem vermag die Ansicht, ein uneigentlicher Eventualantrag könne begrifflich nur dort angenommen werden, wo der Hauptanspruch nicht zugleich eine Vorfrage im Hinblick auf den Hilfsantrag darstelle, nicht zu überzeugen. Darüber hinaus ist auch ein praktisches oder prozessuales Bedürfnis für eine solche begriffliche Einschränkung der uneigentlichen Eventualhäufung nicht ersichtlich.

Das gilt im Ergebnis auch für die gleichfalls nur vereinzelt vertretene Auffassung, ein uneigentlicher Hilfsantrag müsse *stets* die Voraussetzungen des § 259 ZPO erfüllen[68]. Diese Ansicht verkennt offenbar, daß ein uneigentlicher Hilfsantrag nicht zwangsläufig auf eine künftige Leistung gerichtet sein muß. Für eine von jener Meinung möglicherweise beabsichtigte entsprechende Beschränkung uneigentlicher Hilfsanträge auf die klageweise Geltendmachung lediglich künftiger Leistungen im Sinne von § 259 ZPO findet sich weder im materiellen noch im Prozeßrecht irgendeine greifbare Stütze.

c) *Nachträgliche Eventualhäufung*

Bei der nachträglichen Eventualhäufung führt der Kläger den Hilfsantrag erst nach Rechtshängigkeit des Hauptantrags in den Rechtsstreit ein. Diese Fälle sind denjenigen ähnlich, in denen der Kläger eine Klageänderung vornimmt, indem er neben dem bisher alleinigen prozessualen Anspruch einen weiteren Anspruch (kumulativ) geltend macht. Der Unterschied zwischen der Klageänderung im eigentlichen Sinne und der nachträglichen Eventualhäufung liegt lediglich darin, daß sich das Gericht im erstgenannten Fall ohne weiteres mit der geänderten Klage zu befassen hat, während seine Befassung mit dem erst nachträglich angebrachten Hilfsantrag vom Eintritt der vom Kläger mit ihr verknüpften Bedingung (Erfolg bzw. Erfolglosigkeit des Hauptantrags) abhängt. Im Ergebnis stellt die nachträgliche Eventualhäufung damit eine innerprozessual bedingte Klageänderung dar. Deshalb sind die Vorschriften über die Klageänderung (§§ 263, 264 ZPO) auf die nachträgliche Eventualhäufung entsprechend anwendbar[69]. Die Prüfung der Sachdienlichkeit einer solchen

---

[67] Genauso liegt es im unten unter D.II.2. (S. 74, 76) dargestellten Fall C; auch dort wird durch den Hauptantrag zugleich eine Vorfrage des Hilfsantrags (Bestehen des streitigen Vertragsverhältnisses) geklärt.

[68] Vgl. *Rütter* VersR 1989, 1241, 1244; *Schmidt* ZZP 87 (1974), 49, 69; *Mühl* JuS 1964, 108, 112.

[69] Vgl. RG ZZP 59 (1935), 411 f.; BGH NJW 1951, 311, 312; BGH NJW 1957, 543; BGH NJW 1970, 44, 45; BGH WPM 1983, 798, 799; BGH WPM 1983, 1162, 1163; BGH NJW 1985, 1841, 1842; OLG Koblenz NJW-RR 1998, 23, 24; OLG Oldenburg FamRZ 1996, 1437, 1438; *Baumbach/Lauterbach/Hartmann* § 263 ZPO Rn. 4; *Kion* S. 162; *Huber* JuS 1987, 545, 546;

hilfsweisen Klageänderung kommt konsequenterweise allerdings erst nach Eintritt der mit ihr verbundenen Bedingung (Erfolg bzw. Erfolglosigkeit des Hauptantrags) in Betracht.

d) ***Wider-Widerklage***

Mit der Wider-Widerklage reagiert der Kläger auf die Widerklage des Beklagten. Das Verhältnis der Wider-Widerklage des Klägers zur Widerklage des Beklagten entspricht demjenigen der Widerklage zur Klage. Insoweit gelten hier die Ausführungen zur Widerklage des Beklagten[70] entsprechend[71]. Der Sache nach ist die Wider-Widerklage allerdings schon begrifflich nur in der Form eines Eventualantrags unter der Bedingung denkbar, daß die Widerklage einen *bestimmten* Ausgang nehme, also entweder erfolgreich ist oder erfolglos bleibt[72]. Wird die Wider-Widerklage hingegen *unbedingt* erhoben, handelt es sich tatsächlich um keine Wider-Widerklage, sondern nur um eine schlichte Klageerweiterung oder Klageänderung, für die jeweils keine Besonderheiten gelten[73].

Die *Zulässigkeit* der Wider-Widerklage ist allgemein anerkannt[74]. Im übrigen gelten insoweit die Ausführungen zur Zulässigkeit der Eventualwiderklage des Beklagten[75] entsprechend; zur Gerichtszuständigkeit für die Entscheidung über die Wider-Widerklage vgl. unten unter C.II.3.d. (S. 32 f.), auch die dortigen Ausführungen gelten hier entsprechend.

Gaupp/Stein/Jonas, 15. Auflage, § 268 ZPO Anm. I, IV; *Stein/Jonas/Schönke*, 17. Auflage, § 268 ZPO Anm. I.3; *MünchKomm/Lüke* § 263 ZPO Rn. 21, § 260 ZPO Rn. 27.

[70] Vgl. hierzu unten unter B.IV.2.b. (S. 17 ff.).

[71] Vgl. *Thomas/Putzo* § 33 Rn. 14; *Zöller/Vollkommer* § 33 ZPO Rn. 28 (die Wider-Widerklage „folgt den Regeln der Widerklage"); *Stein/Jonas/Schumann* § 33 Rn. 25 ff.; so auch BGH NJW-RR 1996, 65.

[72] Vgl. *Zöller/Greger* § 253 ZPO Rn. 1; *Thomas/Putzo* § 33 Rn. 14; mißverständlich insoweit: *Zöller/Vollkommer* § 33 ZPO Rn. 28, *MünchKomm/Patzina* § 33 ZPO Rn. 25 und *Wieczorek/Schütze/Hausmann* § 33 ZPO Rn. 43 (die Wider-Widerklage sei „auch" hilfsweise zulässig).

[73] Vgl. *Zöller/Greger* § 253 ZPO Rn. 1; BGH NJW-RR 1996, 65; im Ergebnis so auch *Zöller/Vollkommer* § 33 ZPO Rn. 28; insbesondere gilt für eine auf diesem Wege (unbedingte - „unechte"- Wider-Widerklage) vorgenommene Klageerweiterung die Gebührenvorschußpflicht nach § 65 Abs. 1 GKG, während eine solche Pflicht für die „echte" (bedingte) Wider-Widerklage nicht besteht, § 65 Abs. 1 S. 4 GKG.

[74] Vgl. nur *Zöller/Greger* § 253 ZPO Rn. 1; *Zöller/Vollkommer* § 33 ZPO Rn. 28; *Thomas/Putzo* § 33 Rn. 14; *Stein/Jonas/Schumann* § 33 Rn. 25 ff.; *Baumbach/Lauterbach/Hartmann* Anh. § 253 ZPO Rn. 14; *MünchKomm/Patzina* § 33 ZPO Rn. 25; *Wieczorek/Schütze/Hausmann* § 33 ZPO Rn. 43; BGH LM § 616 ZPO Nr. 9; BGH LM § 164 BGB Nr. 15; BGH NJW-RR 1996, 65 f.

[75] Vgl. unten unter C.III.2 (S. 60 ff.).

e) *Hilfsweise Erledigungserklärung*

Die einseitige Erledigungserklärung des Klägers stellt einen als Klageänderung[76] zu behandelnden Sachantrag[77] dar, der als solcher in zulässiger Weise auch eventualiter gestellt werden kann[78]. Eine eventuelle einseitige Erledigungserklärung macht allerdings dann keinen Sinn, wenn der Zeitpunkt der hilfsweise ins Feld geführten materiellen Erledigung der Hauptsache bereits in der Vergangenheit liegt[79]. Hält der Kläger nämlich seinen Klageantrag in der Hauptsache trotz inzwischen eingetretener Erledigung aufrecht und erklärt den Rechtsstreit insoweit nur hilfsweise für erledigt, kann das Gericht die Klage -auf den Hauptantrag des Klägers- nicht etwa abweisen und zugleich auch noch -auf den Hilfsantrag- feststellen, daß der Rechtsstreit damit erledigt ist. Ein derartiges Urteil wäre unsinnig; durch den Ausspruch der Klageabweisung *ist* der Rechtsstreit erledigt. In solchen Fällen muß das Gericht sowohl den Hauptantrag als auch den Hilfsantrag als unbegründet abweisen[80]. Neben der Klageabweisung bleibt für den Ausspruch, daß der Rechtsstreit damit in der Hauptsache erledigt sei, nach bzw. neben der Abweisung derselben Klage -jedenfalls mangels entsprechenden Feststellungsinteresses des Klägers- kein Raum mehr.

Ein praktisches Bedürfnis für eine hilfsweise einseitige Erledigungserklärung besteht allerdings z.B. in den Fällen, in denen der Kläger etwa seinerseits auf ein (eventuelles) Verteidigungsvorbringen des Beklagten reagiert. Macht der Kläger z.B. eine Kaufpreisforderung in Höhe von 10.000,00 DM gegen den Beklagten geltend und erklärt dieser (hilfsweise) die Aufrechnung mit einer zwischen den Parteien streitigen Gegenforderung, kann der Kläger zur Vermeidung der Abweisung seiner -begründeten- Klage auf die (Hilfs-)Aufrechnung insoweit -hilfsweise- die Feststellung der Erledigung des Rechtsstreits in der Hauptsache beantragen[81].

f) *Fallgruppen*

Insgesamt sind nach alledem im wesentlichen drei Fallgruppen von Hilfsanträgen des Klägers denkbar:

- Die Begründetheit des -eigentlichen oder uneigentlichen- Hilfsantrags hängt

---

[76] Der auf Feststellung der Erledigung gerichtete neue Antrag nebst dem hierauf abzielenden Sachvortrag begründen einen neuen Streitgegenstand; vgl. *Zöller/Vollkommer* § 91a ZPO Rn. 35 und oben unter B.III.1.d. (S. 10 f.).

[77] *Göppinger* S. 64; *Zöller/Vollkommer* § 91a ZPO Rn. 35.

[78] Vgl. *Göppinger* S. 64 ff.; *Bergerfurth* NJW 1968, 530, 531; *ders.* NJW 1992, 1655, 1659 f.; *Zöller/Vollkommer* § 91a ZPO Rn. 35; *Baumbach/Lauterbach/Hartmann* § 91a ZPO Rn. 76; *Thomas/Putzo* § 91a ZPO Rn. 12; BGH NJW 1975, 539, 540; siehe auch nachfolgend unter C.II.10. (S. 57 ff.); aA *Teubner/Prange* MDR1989, 586, 588.

[79] Vgl. hierzu überzeugend BGHZ 106, 359, 366 ff.

[80] Vgl. BGHZ 106, 359, 366 ff.

[81] Vgl. *Göppinger* S. 65, 130 f.; *Bergerfurth* NJW 1992, 1655, 1660; s. auch nachfolgend unter C.II.10. (S. 57 ff.).

materiell-rechtlich von der Begründetheit des Hauptanspruchs ab. Das ist z.B. dann der Fall, wenn sich Haupt- und Hilfsanspruch materiell-rechtlich gegenseitig ausschließen; vgl. etwa den Beispielsfall oben unter A. (S. 1): Klage auf Zahlung des Kaufpreises, hilfsweise auf Rückübereignung der Kaufsache.

- Die Begründetheit des Hilfsanspruchs hängt *materiell-rechtlich nicht* von der Begründetheit des Hauptanspruchs ab. Das wäre etwa der Fall bei einer Klage auf Zahlung von Mietzins, hilfsweise (*eigentliche* Eventualhäufung) oder zutreffendenfalls (*uneigentliche* Eventualhäufung) auf Zahlung von Schadensersatz aus unerlaubter Handlung.
- Der Hilfsantrag des Klägers stellt eine Reaktion auf die Verteidigung des Beklagten gegen die Klage dar. Das ist etwa der Fall bei der (grundsätzlich nur hilfsweise möglichen[82]) Wider-Widerklage oder der hilfsweisen Erledigungserklärung[83].

IV. Haupt- und Hilfsantrag des Beklagten

1. Allgemeines

Die vorstehenden *allgemeinen* Ausführungen zur Verbindung von Haupt- und Hilfsanträgen des Klägers gelten hier im wesentlichen entsprechend, so daß an dieser Stelle auf sie Bezug genommen werden kann. Nachstehend soll deshalb nur auf die Besonderheiten näher eingegangen werden, die sich daraus ergeben, daß sich der Beklagte -anders als der Kläger- regelmäßig in keiner prozessualen Angriffs- sondern in einer Verteidigungssituation befindet.

2. Hauptantrag

a) *Antrag auf Klageabweisung*

In der Regel wird der Beklagte schlicht die Abweisung der Klage beantragen, weil er etwa die vom Kläger zur Begründung des von jenem geltend gemachten Anspruchs vorgetragenen Tatsachen bestreitet, darlegt, daß die Klage nicht schlüssig sei, oder Einreden[84] gegen die Klageforderung erhebt. In Betracht kommt aber auch, daß sich der Beklagte neben bzw. zugleich mit seinem Klageabweisungsantrag mit weiteren (Hilfs-) Anträgen oder Erklärungen gegen die Klageforderung wendet:

b) *Widerklage*

Eine Ausweitung der Klage auf mehrere prozessuale Ansprüche kommt nicht nur durch den Kläger in Betracht. Auch der Beklagte hat grundsätzlich die Möglichkeit,

---

[82] Vgl. hierzu oben unter B.III.2.d. (S. 15).

[83] Vgl. hierzu oben unter B.III.2.e. (S. 16).

[84] Vgl. die Darstellung der verschiedenen Arten von Einreden im Sinne der ZPO bei *Baur/Grunsky* Rn. 134 f. (S. 126 ff.).

über eine bloße Verteidigung gegen die Klage hinaus[85] seinerseits einen -oder mehrere- prozessuale Ansprüche gegen den Kläger im Wege der Widerklage geltend zu machen. Die Widerklage ist eine vom Beklagten[86] (Widerkläger) im Rahmen eines rechtshängigen[87] Rechtsstreits vor Schluß der mündlichen Verhandlung[88] gegen den Kläger (Widerbeklagten)[89] erhobene Klage, mit der er gegen diesen einen eigenen -neuen- prozessualen Gegenanspruch geltend macht[90]. Die Widerklage darf sich also nicht bloß auf die Verneinung des Klageanspruchs beschränken; ihre Zulässigkeit setzt vielmehr voraus, daß sie ihrem Inhalt nach auch als selbständige Klage möglich wäre[91]. Die Widerklage muß in derselben Verfahrensart wie die Klage erhoben werden und den für diese Verfahrensart geltenden Zulässigkeitsvoraussetzungen entsprechen[92]. Da es sich bei der Widerklage um eine selbständige, wenngleich mit der (Vor-) Klage verbundene Klage handelt, müssen für sie auch die allgemeinen Sachentscheidungsvoraussetzungen gegeben sein. Als Beispiel für eine Widerklage sei hier an einen Rechtsstreit gedacht, in welchem der Beklagte gegen die Klageforderung die Aufrechnung mit einem erststelligen Teilbetrag einer Gegenforderung erklärt und zugleich -widerklagend- beantragt, den Kläger zu verurteilen, den überschießenden Restbetrag jener Gegenforderung an ihn zu zahlen.

Sonderregeln für die Widerklage gelten nach § 33 ZPO[93] hinsichtlich der Zuständigkeit des mit ihr befaßten Gerichts. Nach § 33 Abs. 1 ZPO ist das mit der Klage befaßte Gericht auch für die Entscheidung über die Widerklage örtlich zuständig, wenn es für diese sachlich zuständig ist und der Gegenanspruch mit dem durch die Klage erhobenen Anspruch oder mit den gegen ihn vorgebrachten Verteidigungs-

---

[85] Vgl. *Schönke* § 50 III.1. (S. 190).

[86] Vgl. statt vieler: *Zöller/Vollkommer* § 33 ZPO Rn. 18.

[87] Vgl. statt vieler: *Zöller/Vollkommer* § 33 ZPO Rn. 17.

[88] Vgl. BGH NJW-RR 1992, 1085; *Stein/Jonas/Leipold* § 296a ZPO Rn. 15; *Baumbach/Lauterbach/Hartmann* § 296a ZPO Rn. 6; *Zöller/Vollkommer* § 33 ZPO Rn. 9; *Thomas/Putzo* § 33 ZPO Rn. 24.

[89] Die Widerklage muß von dem Beklagten erhoben und -zumindest auch- gegen den Kläger gerichtet sein. Zu den Voraussetzungen, unter denen nach Rspr. und Literatur in gewissen Grenzen auch eine Parteierweiterung mit Hilfe der Widerklage zugelassen wird („Drittwiderklage") vgl. die ausführliche Darstellung von *Zöller/Vollkommer* § 33 ZPO Rn. 18 ff. und auch nachfolgend unter B.IV.2.b. (S. 17 ff.).

[90] Zur Widerklage gegen oder durch Dritte vgl. *Schilken* Rn. 741 (S. 406 f.).

[91] Vgl. *Schilken* Rn. 734 f. (S. 403).

[92] Vgl. *Schilken* Rn. 736 (S. 404); *Zöller/Vollkommer* § 33 ZPO Rn. 24.

[93] Die Regelungen in § 33 Abs. 1 ZPO gelten allerdings nicht, wenn eine Vereinbarung der sachlichen oder örtlichen Zuständigkeit für den Gegenanspruch (Widerklage) unzulässig ist, §§ 33 Abs. 2, 40 Abs. 2 ZPO. In einem solchen Fall ist die Widerklage nach § 145 ZPO abzutrennen und der Rechtsstreit insoweit an das zuständige Gericht zu verweisen oder als unzulässig abzuweisen, vgl. *Baumbach/Lauterbach/Hartmann* § 33 ZPO Rn. 12.

mitteln in Zusammenhang[94] steht.

Das Gericht, bei dem die Klage angebracht ist, muß für die Widerklage zunächst sachlich zuständig sein[95]. Hierbei gelten allerdings die nachfolgenden Besonderheiten: Würde die Widerklage -sofern sie als selbständige Klage erhoben wäre- vor ein Amtsgericht gehören, ist die (Vor-) Klage aber bei einem Landgericht anhängig, ist das Landgericht ohne weiteres auch für die Widerklage zuständig (vgl. § 10 ZPO)[96]. Wird hingegen vor einem Amtsgericht eine Widerklage erhoben, die als -selbständige- Klage bei einem Landgericht anzubringen wäre, hat das Amtsgericht den Rechtsstreit auf Antrag an das zuständige Landgericht zu verweisen § 506 ZPO)[97]. Wird in einem solchen Fall durch keine der Parteien ein entsprechender Verweisungsantrag gestellt und wird die fehlende Zuständigkeit des Amtsgerichts auch nicht nach Maßgabe von § 39 ZPO -durch rügelose Verhandlung- geheilt, ist die Widerklage wegen Unzuständigkeit des angerufenen Gerichts abzuweisen[98]. Wird vor der Zivilkammer des Landgerichts eine Widerklage erhoben, die als -selbständige- Klage in die Zuständigkeit der Kammer für Handelssachen fallen würde, ist die Zuständigkeit der Zivilkammer ohne weiteres gegeben[99]. Wird hingegen vor der Kammer für Handelssachen eine Widerklage mit nicht handelsrechtlichem Gegenstand erhoben, sind (Vor-) Klage und Widerklage auf Antrag des Widerbeklagten (§ 99 GVG) oder -solange noch keine Verhandlung zur Hauptsache erfolgt und darauf ein Beschluß verkündet ist- von Amts wegen (§§ 99 Abs. 2, 97 Abs. 2 GVG) an die Zivilkammer zu verweisen. Grundsätzlich ist hierbei der *gesamte* Rechtsstreit zu verweisen[100]. Unter den Voraussetzungen von § 145 Abs. 2

---

[94] Ob hier ein rechtlicher Zusammenhang erforderlich ist oder ein nur tatsächlicher bzw. wirtschaftlicher genügt, ist streitig. Zu den unterschiedlichen Auffassungen vgl. u.a. *Musielak* Rn. 284 (S. 192); *Zöller/Vollkommer* § 33 ZPO Rn. 15 f.; *Baumbach/Lauterbach/Hartmann* § 33 ZPO Rn. 8; *Zimmermann* § 33 ZPO Rn. 5; *Schilken* Rn. 318 (S. 183); *Rosenberg/Schwab/Gottwald* § 98 II 2 c (S. 554); *Bruns* § 25 II. (S. 205); *Schönke* § 50 III.1. (S. 191). Dieser theoretische Streit spielt in der Praxis allerdings kaum eine Rolle, da im wesentlichen Einigkeit darüber besteht, daß der Begriff des Zusammenhangs jedenfalls weit auszulegen ist, vgl. insbesondere *Thomas/Putzo* § 33 ZPO Rn. 4; *Musielak* Rn. 284 (S. 192) und *Schilken* Rn. 738 (S. 405), der die Möglichkeit einer einheitlichen Beweisaufnahme genügen läßt. Der BGH (NJW 1975, 1228) läßt es genügen, „wenn Anspruch und Gegenanspruch aus verschiedenen Rechtsverhältnissen entspringen, die nach ihrem Zweck und nach der Verkehrsanschauung wirtschaftlich als ein Ganzes, als ein innerlich zusammengehörendes Lebensverhältnis erscheinen".

[95] Vgl. *Zöller/Vollkommer* § 33 ZPO Rn. 12.

[96] Vgl. *Mayer* JuS 1991, 678, 679; *Zöller/Vollkommer* § 33 ZPO Rn. 12.

[97] Vgl. auch *Zöller/Vollkommer* § 33 ZPO Rn. 12; *Thomas/Putzo* § 33 ZPO Rn. 18.

[98] Vgl. *Zöller/Vollkommer* § 33 ZPO Rn. 12.

[99] Vgl. *Gaul* JZ 1984, 57, 62; *Zöller/Vollkommer* § 33 ZPO Rn. 12.

[100] Vgl. *Zöller/Gummer* § 99 GVG Rn. 3.

ZPO[101] kann die Kammer für Handelssachen aber auch die Widerklage abtrennen und nur diese an den zuständigen Spruchkörper verweisen[102]. Bei dem nach § 33 Abs. 1 ZPO darüber hinaus geforderten Zusammenhang zwischen Widerklage und Klage handelt es sich lediglich um eine besondere Zuständigkeitsregelung und nicht um eine Zulässigkeitsvoraussetzung für die Widerklage[103]. Das folgt bereits aus dem Wortlaut und der systematischen Stellung der Vorschrift innerhalb der Gerichtsstandbestimmungen. Zuletzt fehlt es auch an einem praktischen Bedürfnis für eine solche wie von der Gegenmeinung[104] angenommene besondere Zulässigkeitsvoraussetzung für die Widerklage[105]. Soweit es nämlich an einem rechtlichen Zusammenhang[106] zwischen Klage und Widerklage fehlt, eröffnet die Regelung in § 145 Abs. 2 ZPO dem Gericht die Möglichkeit, die Klagen zur Verhandlung in verschiedenen Prozessen voneinander zu trennen. Damit ist dem praktischen Bedürfnis nach einer Beseitigung von unerwünschten Verbindungen von Klage und Widerklage durch das Gesetz bereits hinreichend Rechnung getragen[107].

In der Berufungsinstanz ist die Widerklage nach § 530 Abs. 1 ZPO nur zulässig, wenn der Kläger einwilligt oder das Gericht die Geltendmachung des Gegenanspruchs im Rechtsmittelverfahren für sachdienlich hält[108]. In der Revision ist die Widerklageerhebung grundsätzlich unzulässig[109], da in diesem Rechtszug nur eine rechtliche Prüfung des Berufungsurteils erfolgen kann, weshalb eine Erweiterung des Streitstoffes -wie sie mit einer bislang versäumten Widerklageerhebung aber regelmäßig verbunden ist- ausgeschlossen ist (§ 561 Abs. 1 ZPO)[110].

Die Widerklage muß von dem Beklagten der (Vor-)Klage erhoben und -zumindest

---

[101] Vgl. hierzu *Zöller/Greger* § 145 ZPO Rn. 8 ff.

[102] Vgl. *Zöller/Gummer* § 99 GVG Rn. 3.

[103] *AK/Röhl* § 33 ZPO Rn. 1; Arens/Lüke Rn. 237 (S. 187); *Baumbach/Lauterbach/Hartmann* § 33 ZPO Rn. 1; *Blomeyer* § 61 II.2.a (S. 317);*Jauernig* § 46 II (S. 178); *Musielak* Rn. 284 f. (S. 191 ff.); *Bruns* § 25 II. (S. 205); *Schellhammer* Rn. 1577 (S. 698); *Stein/Jonas/Schumann* § 33 ZPO Rn. 6; *Wieczorek/Schütze/Hausmann* § 33 Rn. 6; *Zöller/Vollkommer* § 33 ZPO Rn. 1; *Schilken* Rn. 738 (S. 404 f.); *Schönke* § 50 III.1. (S. 191); *Uhlmannsiek* S. 35; aA BGHZ 40, 185, 187f.; BGH NJW 1975, 1228; *Rosenberg/Schwab/Gottwald* § 98 II. 2. d (S. 554).

[104] Vgl. BGHZ 40, 185, 187f.; BGH NJW 1975, 1228; *Rosenberg/Schwab/Gottwald* § 98 II.2.d (S. 554).

[105] So im Ergebnis auch *Schilken* Rn. 738 (S. 405).

[106] Zur -weiten- Auslegung des Begriffs des rechtlichen Zusammenhangs vgl. *Thomas/Putzo* § 145 ZPO Rn. 5 und § 33 ZPO Rn. 4.

[107] So auch *Schilken* Rn. 738 (S. 405).

[108] § 530 Abs. 1 ZPO; vgl. hierzu auch *Zöller/Vollkommer* § 33 ZPO Rn. 10; BGH NJW-RR 1992, 733, 736.

[109] Vgl. BGHZ 24, 279, 284 f.; *Thomas/Putzo* § 561 ZPO Rn. 2.

[110] Vgl. *Zöller/Vollkommer* § 33 ZPO Rn. 10; BGH NJW 1989, 170.

auch[111]- gegen den Kläger gerichtet sein. Es ist zwar grundsätzlich zulässig, neben dem Kläger zugleich auch einen bislang am Rechtsstreit nicht beteiligten Dritten mit der Widerklage zu überziehen[112]. Eine solche (auch) gegen einen bislang am Rechtsstreit nicht beteiligten Dritten gerichtete Widerklage (*Drittwiderklage*[113]) ist nach zwischenzeitlich gefestigter[114] Rechtsprechung des Bundesgerichtshofs aber nur unter den Voraussetzungen einer als Klageänderung zu behandelnden Parteierweiterung auf der Kläger- bzw. Widerbeklagtenseite zulässig. Voraussetzung hierfür ist, daß der Drittwiderbeklagte seine entsprechende Einwilligung erklärt[115] oder die subjektive (Wider-)Klagenhäufung sachdienlich ist[116]. Das gilt so aber nur für die erste Instanz; im Berufungsrechtszug ist hingegen stets die Zustimmung des Dritt-

---

[111] Vgl. *Pantle* Rn. 284 (S. 144); BGH NJW 1993, 2120; OLG Zweibrücken VersR 1995, 197. Die Widerklage nur -allein- gegen einen Dritten kann allenfalls dann zulässig sein, wenn der zwischen Klage und Drittwiderklage bestehende Zusammenhang so eng ist, daß die von dem Beklagten mit dem Gegenangriff zu erstreiten beabsichtigte Entscheidung etwa auch für den Kläger verbindlich und für ein weiteres Verfahren der Parteien des Hauptprozesses vorgreiflich sein kann; das kann z.B. bei einer besonders engen gesellschaftlichen Verflechtung zwischen Kläger und widerbeklagtem Dritten der Fall sein, vgl. BGHZ 91 132, 134 f.

[112] Vgl. hierzu grundlegend BGHZ 40, 185, 188: Dort hatten die Beklagten von der Klägerin ein Schreib- und Tabakwarengeschäft gekauft, die Zahlung des Kaufpreises aber nach erklärter Anfechtung des Kaufvertrages wegen arglistiger Täuschung verweigert. Mit ihrer Klage hat die Klägerin die Zahlung des ausstehenden Kaufpreises verlangt. Mit ihrer Widerklage haben die Beklagten sowohl die Klägerin als auch zwei maßgeblich am Zustandekommen des Kaufvertrags beteiligte Dritte als Gesamtschuldner auf Ersatz des ihnen durch den Vertragsschluß entstandenen Schadens in Anspruch genommen. Zur Begründung dieser Widerklage haben sie ausgeführt, daß sie von der Klägerin und den Dritten in bewußtem und gewolltem Zusammenwirken über wesentliche Eigenschaften des Kaufgegenstands arglistig getäuscht worden seien. Der BGH hat die Einbeziehung der bislang am Rechtsstreit nicht beteiligten Dritten im Wege der Widerklage für zulässig erklärt, da nur hierdurch „eine Vervielfältigung und Zersplitterung" des Prozesses vermieden werden könne, und insoweit ausgeführt: „Zusammengehörende Ansprüche sollen einheitlich verhandelt und entschieden werden... Dies trifft auch auf den hier geltend gemachten Gegenanspruch zu, der mit dem Klageanspruch in rechtlichem Zusammenhang steht. Beide Ansprüche müßten auf Klage und Widerklage auch gleichzeitig verhandelt und entschieden werden, wenn zuerst nicht, wie hier, die Klägerin, sondern die Beklagten Klage erhoben hätten und alsdann die Klägerin ihren Anspruch gegen die Beklagten mit einer Widerklage geltend gemacht hätte. Das Ergebnis kann nicht anders sein, wenn sich bei sonst gleicher Sach- und Rechtslage allein die Reihenfolge des Vorgehens der Parteien ändert, es kann nicht vom Zufall dieser Reihenfolge abhängen."

[113] Zum Institut der Drittwiderklage im allgemeinen vgl. *Uhlmannsiek* S. 39 ff.

[114] Vgl. BGHZ 40, 185, 189f.; BGHZ 56, 73, 75; BGHZ 69, 37, 43 f.; BGH NJW 1993, 2120; BGH NJW 1996, 196.

[115] Vgl. BGH NJW 1990, 1265, 1267; OLG Düsseldorf MDR 1990, 728 (rügelose Einlassung, § 267 ZPO, genügt).

[116] Vgl. BGH NJW 1991, 2838; BGH NJW 1996, 196; zur Sachdienlichkeit im allgemeinen vgl. BGH NJW-RR 1987, 58.

widerbeklagten erforderlich[117], es sei denn, ihre Verweigerung erfolgt rechtmißbräuchlich[118]. Eine Einbeziehung Dritter im Wege einer Widerklage im Rahmen der Anschlußberufung ist allerdings nicht möglich. Die grundsätzlich bestehende Möglichkeit des (Wider-)Klägers, die (Wider-)Klage noch in der Berufungsinstanz auf einen Dritten zu erstrecken[119], bietet sich im Rahmen einer unselbständigen Anschlußberufung gerade nicht. Eine Anschlußberufung ist kein Rechtsmittel im eigentlichen Sinn, sondern lediglich eine Antragstellung innerhalb einer fremden Berufung[120]. Daraus folgt, daß sie nur statthaft ist, wenn sie sich gegen den Berufungsführer richtet und mit ihr mehr als die Zurückweisung seines Rechtsmittels erreicht werden soll[121]. Daher kann sie der Berufungsgegner auch nicht gegen einen am Verfahren nicht beteiligten Dritten einsetzen[122].

Ist die Drittwiderklage nach Maßgabe der vorstehenden Ausführungen zulässig, bedarf es -soweit der durch sie in den Rechtsstreit einbezogene Dritte seinen allgemeinen Gerichtsstand nicht beim selben Gericht wie der Beklagte hat und die mangelnde örtliche Zuständigkeit rügt- für die örtliche Zuständigkeit des angerufenen Gerichts einer Gerichtsstandbestimmung nach § 36 Nr. 3 ZPO[123]. Der Grund des Gerichtsstands der Widerklage nach § 33 ZPO, der darin liegt, daß der Kläger den Beklagten vor dem Gericht des Hauptprozesses angegriffen hat, trifft auf den Drittwiderbeklagten gerade nicht zu. Deshalb würde er ohne eine Gerichtsstandbestimmung nach § 36 Nr. 3 ZPO regelwidrig in den Gerichtsstand des Hauptprozesses einbezogen werden[124].

c) *(teilweises) Anerkenntnis*

Das Anerkenntnis stellt keinen Sachantrag im Sinne von § 297 Abs. 1 Satz 1 ZPO dar, sondern die Erklärung des Beklagten (oder des Klägers als Widerbeklagten) an das Gericht, daß der vom Kläger (oder vom Widerkläger) geltend gemachte Anspruch in vollem Umfang oder nur zu einem Teil (teilweises Anerkenntnis) zu Recht

---

[117] Die Zustimmung des Drittwiderbeklagten, der erst in der zweiten Instanz in den Rechtsstreit einbezogen wird, ist schon deshalb grundsätzlich erforderlich, weil er auf diesem Wege eine Tatsacheninstanz verliert; vgl. BGH NJW-RR 1990, 1265, 1267; aA wohl OLG Schleswig MDR 1992, 406 (die bloße Sachdienlichkeit der Parteierweiterung genüge auch in zweiter Instanz).

[118] Vgl. BGH NJW-RR 1990, 1265, 1267; aA wohl OLG Schleswig MDR 1992, 406.

[119] Vgl. BGHZ 91, 132, 134.

[120] Vgl. BGH NJW 1981, 1790; BGH, NJW 1991, 2569.

[121] Vgl. BGH NJW 1991, 2569; BGH NJW 1995, 198, 199.

[122] Vgl. BGH NJW 1995, 198, 199.

[123] Vgl. BGH NJW 1991, 2838; BGH NJW 1993, 2120; aA *Bornkamm* NJW 1989, 2712, 2717.

[124] Vgl. BGH NJW 1992, 982; BGH NJW 1993, 2120.

besteht. Die Erklärung muß in der mündlichen Verhandlung abgegeben werden[125]. Das Gericht hat lediglich zu prüfen, ob die Prozeßvoraussetzungen vorliegen und erläßt dann auf entsprechenden Antrag[126] (§ 307 Abs. 1 ZPO) -ohne Prüfung der Schlüssigkeit und Begründetheit der Klage[127]- ein Anerkenntnisurteil. Erklärt der Beklagte das Anerkenntnis nur hinsichtlich eines Teils der klageweise geltend gemachten Forderung, kann ein Anerkenntnisteilurteil ergehen; hiervon kann das Gericht aber auch absehen und den Rechtsstreit insgesamt in einem einzigen (Anerkenntnisteil- und Schluß-) Urteil entscheiden. Auch in diesem Fall hat das Gericht seine Entscheidung hinsichtlich des anerkannten Teils nur aufgrund des Anerkenntnisses -insoweit also ohne Schlüssigkeits- und Begründetheitsprüfung- zu treffen.

d) *(teilweise) Erledigungserklärung*

Gleichfalls keinen Antrag im eigentlichen Sinne des Zivilprozeßrechts stellt die einseitige (teilweise) Erledigungserklärung des Beklagten dar. Als solcher wäre sie ohnehin nach zu Recht herrschender Meinung[128] unzulässig. Das liegt so auch auf der Hand; denn der Streitgegenstand bestimmt sich nach dem Begehren des Klägers, der allein auch nur befugt ist, über den von ihm geltend gemachten prozessualen Anspruch -z.B. durch Verzicht, Klagerücknahme oder eben durch (einseitige) Erledigungserklärung- zu verfügen[129]. Dem steht es allerdings nicht entgegen, daß der Beklagte -was in der Praxis sogar häufig vorkommt- seiner Meinung, der Rechtsstreit sei (teilweise) erledigt, durch eine entsprechende Erklärung Ausdruck verleiht und seinen Antrag auf Klageabweisung nur noch „hilfsweise" (in vollem Umfang oder nur in Bezug auf den von ihm als erledigt angesehenen Teil) weiterverfolgt.

---

[125] Ausnahme: Im schriftlichen Vorverfahren, § 276 ZPO, kann ein Anerkenntnisurteil auch ohne mündliche Verhandlung ergehen, § 307 Abs. 2 ZPO.

[126] Das ist -trotz des auf den ersten Blick eindeutigen Wortlauts der Vorschrift- streitig; zu den -hier allerdings nicht maßgeblichen- verschiedenen Ansichten vgl. *Baumbach/Lauterbach/Hartmann* § 307 ZPO Rn. 15 f.; nach Auffassung insbesondere von *Thomas/Putzo* § 307 ZPO Rn. 11 müsse ein Anerkenntnisurteil auch dann erlassen werden, wenn der Kläger dies zwar nicht beantragt aber den Sachantrag gestellt habe, da der Kläger nach Anerkenntnis durch den Beklagten kein Rechtsschutzbedürfnis am Erlaß eines streitigen Urteils habe; so auch BGHZ 10, 333, 336.

[127] Vgl. *Zöller/Vollkommer* § 307 ZPO Rn. 4; *Thomas/Putzo* § 307 ZPO Rn. 10.

[128] Vgl. *MünchKomm/Lindacher* § 91a ZPO Rn. 101; *Thomas/Putzo* § 91a ZPO Rn. 42; *Zöller/Vollkommer* § 91a ZPO Rn. 52; *Schrader/Steinert* Rn. 507 (S. 200); *Habscheid* JZ 1963, 624; *Bergerfurth* NJW 1992, 1655, 1659; BGH NJW 1994, 2363, 2364; BGH NJW-RR 1995, 1089,1090; so im Ergebnis wohl auch *Baumbach/Lauterbach/Hartmann* § 91a ZPO Rn. 190, der die einseitige Erledigungserklärung des Beklagten grundsätzlich nur für *unbeachtlich* hält; aA *Schwab* ZZP 72 (1959), 127, 134; *Schwab* ZZP 74 (1961), 212, 213.

[129] Vgl. *MünchKomm/Lindacher* § 91a ZPO Rn. 101; *Thomas/Putzo* § 91a ZPO Rn. 42; *Zöller/Vollkommer* § 91a ZPO Rn. 52; *Bergerfurth* NJW 1992, 1655, 1659; *Brox* JA 1983, 289, 291; BGH NJW 1994, 2364; BGH NJW-RR 1995, 1090.

Eine solche einseitige Erledigungserklärung des Beklagten ist verständigerweise als vorweggenommenes Einverständnis mit einer -hierdurch zugleich herausgeforderten- Erledigungserklärung des Klägers zu würdigen[130]. Erklärt der Kläger den Rechtsstreit daraufhin auch seinerseits für in der Hauptsache erledigt, liegt eine übereinstimmende Erledigungserklärung vor, so daß das Gericht in diesem Fall nur noch über die Kosten des Rechtsstreits zu entscheiden hat (§ 91a ZPO). Verfolgt der Kläger hingegen unverändert seinen Anspruch weiter, hat das Gericht durch Sachurteil zu entscheiden. In diesem Fall ist die „Erledigungserklärung" des Beklagten aus den vorstehenden Gründen als unbeachtlich anzusehen[131].

3. Hilfsantrag

a) *Eventualwiderklage*

Eine Widerklage kann auch hilfsweise erhoben werden, indem sie in ein Eventualverhältnis zum in erster Linie gestellten Klageabweisungsantrag gestellt wird[132]. Insoweit gelten die Ausführungen zum Hilfsantrag des Klägers[133] entsprechend. Mit der Eventualwiderklage wird der Beklagte regelmäßig einen Gegenanspruch geltend machen, dessen Bestehen vom Erfolg bzw. Mißerfolg der Klage abhängt, weshalb in solchen Fällen auch grundsätzlich ein rechtlicher Zusammenhang im Sinne von § 145 Abs. 2 ZPO gegeben sein wird[134].

Als denkbarer Beispielsfall sei eine Klage genannt, gegen die sich der Beklagte in erster Linie damit verteidigt, daß die geltend gemachte Klageforderung wegen von ihm erklärter Aufrechnung mit einem erststelligen Teilbetrag einer von ihm behaupteten Gegenforderung erloschen sei. Stützt der Kläger seine Klageforderung darauf, daß dem Beklagten eine entsprechende Gegenforderung nicht zustehe, könnte dieser neben seinem Klageabweisungsantrag hilfsweise -für den Fall des Erfolgs seines Verteidigungsvorbringens- beantragen, den Kläger im Wege der Widerklage zu verurteilen, an ihn den restlichen, nicht durch die Aufrechnung erloschenen Teilbetrag der Gegenforderung zu zahlen. Bestreitet der Kläger hingegen das Bestehen der vom Beklagten ins Feld geführten Gegenforderung dem Grunde nach nicht, meint aber, der von jenem erklärten Aufrechnung habe ein Aufrechnungsverbot entgegengestanden, könnte der Beklagte -für den Fall der Erfolglosigkeit seines Verteidigungsvorbringens- hilfsweise beantragen, den Kläger im Wege der Widerklage zu verurteilen, ihm gegenüber die dann insgesamt noch bestehende Gegen-

---

[130] Vgl. *Bergerfurth* NJW 1992, 1655, 1659; *Brox* JA 1983, 289, 291.

[131] *Bergerfurth* NJW 1992, 1655, 1659; *Brox* JA 1983, 289, 291; so im Ergebnis auch *Baumbach/Lauterbach/Hartmann* § 91a ZPO Rn. 190; *Zöller/Vollkommer* § 91a ZPO Rn. 52.

[132] Vgl. *Schönke* § 50 III.3. (S. 191); *Pukall* Rn. 198 (S. 260); *Pantle* Rn. 283 (S. 144); BGHZ 21, 13, 14 ff.

[133] Vgl. oben unter B.III.2. (S. 11 ff.).

[134] So im Ergebnis auch *Thomas/Putzo* § 145 ZPO Rn. 5.

forderung zu erfüllen.

b) *Hilfsaufrechnung*

Die Prozeßaufrechnung ist kein Antrag im eigentlichen Sinne, sondern eine rechtsgeschäftliche Willenserklärung nach Maßgabe der §§ 387 ff. BGB, also Ausübung eines privatrechtlichen Gestaltungsrechts durch einseitige, empfangsbedürftige Erklärung des Schuldners gegenüber dem Gläubiger (§ 388 Satz 1 BGB)[135]. Ob die Aufrechnung außergerichtlich, vor oder während des Prozesses erklärt wird, ist insoweit unerheblich[136]. Beruft sich der Beklagte im Prozeß auf eine von ihm erklärte Aufrechnung, kommt es für die sachliche Stelle, an der das Gericht die Wirksamkeit dieser Erklärung zu prüfen hat, maßgeblich auf sein Vorbringen an. Erkennt er die Klageforderung an bzw. setzt er sich gegen sie allein mit der Aufrechnung zur Wehr, hat das Gericht -unter der Voraussetzung, daß die Klage zulässig und schlüssig ist- direkt über die Wirksamkeit der Aufrechnung zu entscheiden. Beruft sich der Beklagte nur hilfsweise auf die Aufrechnung, nämlich für den Fall, daß er mit seiner in erster Linie verfolgten Verteidigung gegen die Klage keinen Erfolg haben sollte, hat das Gericht zuerst die Begründetheit der Klage zu prüfen[137] und sich erst danach -falls es diese bejaht- mit der Wirksamkeit der Eventualaufrechnung zu befassen[138].

Vor diesem Hintergrund kommt eine Trennung zur gesonderten Verhandlung über eine *Eventual*aufrechnung nach § 145 Abs. 3 ZPO unter den dort bezeichneten Voraussetzungen im Ergebnis praktisch kaum in Betracht. Da das Gericht zuerst die Begründetheit der Klage zu prüfen und zu bejahen hat, bevor es sich mit der Eventualaufrechnung befassen kann, dürfte es in solchen Fällen -wegen der insoweit schon bestehenden Klarheit- kaum noch etwas geben, was in Bezug auf die Klageforderung „getrennt" von der Eventualaufrechnung verhandelt werden könnte. Im wesentlichen sind zwei Fallgruppen der Eventualaufrechnung denkbar. Zunächst kommt es in Betracht, daß der Beklagte bereits das Bestehen der Klageforderung in Zweifel zieht, indem er die anspruchsbegründenden Behauptungen des Klägers bestreitet oder anspruchshindernde (z.B. Sittenwidrigkeit) oder anspruchsvernichtende (z.B. Erfüllung) Einwendungen geltend macht und die Aufrechnung nur für den Fall erklärt, daß er mit dieser in erster Linie verfolgten Verteidigung gegen die Klageforderung

---

[135] Vgl. *MünchKomm/Peters* § 145 ZPO Rn. 18; *Thomas/Putzo* § 145 ZPO Rn. 12; *Baumbach/Lauterbach/Hartmann* § 145 ZPO Rn. 8; *Zöller/Greger* § 145 ZPO Rn. 11.

[136] Vgl. *MünchKomm/Peters* § 145 ZPO Rn. 18; *Thomas/Putzo* § 145 ZPO Rn. 12; *Baumbach/Lauterbach/Hartmann* § 145 ZPO Rn. 8; *Baur/Grunsky* Rn. 135 (S. 128); zur Unterscheidung zwischen Erklärung der Aufrechnung und Geltendmachung der Aufrechnung im Prozeß vgl. zusammenfassend *Musielak* JuS 1994, 816, 817.

[137] Vgl. *Baumgärtel/Laumen/Prütting* § 2.3.d (S. 18); *Baur/Grunsky* Rn. 135 (S. 128); *MünchKomm/Peters* § 145 ZPO Rn. 24; *Thomas/Putzo* § 145 ZPO Rn. 15.; *Zöller/Greger* § 145 ZPO Rn. 13.

[138] *Baumgärtel/Laumen/Prütting* § 2.3.d (S. 18); *Grunsky* ZZP 104 (1991), 249, 255.

erfolglos bleibt. Weiter sind Fälle denkbar, in denen der Beklagte zwar das Bestehen der Klageforderung nicht bestreitet, ihr aber eine materiell-rechtliche Einrede (z.B. Verjährung) entgegensetzt, und die Aufrechnung auch hier nur für den Fall erklärt, daß er mit seinem primären Verteidigungsvorbringen keinen Erfolg hat.

c) ***Eventueller Vollstreckungsschutz***

Die Anträge nach §§ 710, 711 Satz 2 ZPO (Ausnahmen von der vor der Zwangsvollstreckung aus vorläufig vollstreckbaren Urteilen zu erbringenden Sicherheitsleistung des Gläubigers) und § 712 ZPO (Befugnis des Schuldners, die vorläufige Vollstreckbarkeit ohne Rücksicht auf eine Sicherheitsleistung des Gläubigers abzuwenden) sind vor Schluß der mündlichen Verhandlung zu stellen, auf die das Urteil ergeht, § 714 Abs. 1 ZPO. Das bedeutet, daß diese -die künftige Vollstreckbarkeit des Urteils betreffenden- Sachanträge[139] vor Schluß der letzten mündlichen Verhandlung, auf die das Urteil ergeht, gestellt werden müssen. In der Praxis geschieht das regelmäßig gemeinsam mit den jeweiligen Anträgen der Partei zur Hauptsache. Häufig findet man hierbei etwa Formulierungen des Klägers, der neben seinem Klageantrag „für den Fall der Verurteilung des Beklagten" beantragt, das Urteil ohne Sicherheitsleistung für vorläufig vollstreckbar zu erklären (§ 710 ZPO) oder des Beklagten, der neben seinem Klageabweisungsantrag „hilfsweise" beantragt, die Vollstreckung ohne Rücksicht auf eine Sicherheitsleistung des Klägers durch eigene Sicherheitsleistung abwenden zu dürfen (§ 712 Abs. 1 ZPO). Trotz dieser geläufigen Formulierungen und obwohl ein Ausspruch des Gerichts über diese Anträge nur unter der -innerprozessualen- Bedingung veranlaßt ist, daß die Klage in der Sache selbst erfolgreich ist, handelt es sich hierbei *nicht* um Hilfsanträge, da mit ihnen kein anderer -neuer- Streitgegenstand in den Rechtsstreit eingeführt wird[140].

---

[139] Um solche handelt es sich bei den Anträgen nach §§ 710, 711 Satz 2, 712 ZPO, vgl. *Thomas/Putzo* § 714 ZPO Rn. 1; *Zöller/Herget* § 714 ZPO Rn. 1.

[140] Vgl. hierzu oben unter B.I. und B.II. (S. 4 ff.).

C. Zulässigkeit von Hilfsanträgen

I. Allgemeine Zulässigkeit bedingter Prozeßhandlungen

1. Unzulässigkeit außerprozessualer Bedingungen

Von einem *außerprozessualen* künftigen Ereignis -wie z.B. dem weiteren Verhalten eines am Rechtsstreit nicht beteiligten Dritten- kann eine Prozeßhandlung, wie etwa die Klageerhebung oder die Einlegung eines Rechtsmittels oder deren Rücknahme nicht abhängig gemacht werden. Das würde der Bedeutung zuwiderlaufen, die solche Handlungen für die gegnerische Partei und auch das Gericht haben. Der Eintritt der jeweiligen Folgen der Prozeßhandlung, insbesondere der Rechtshängigkeit und der Hemmung der Rechtskraft, darf auch nicht zeitweise ungewiß bleiben[141]. Die Verknüpfung einer Prozeßhandlung mit einer außerprozessualen Bedingung ist deshalb unzulässig[142].

2. Zulässigkeit innerprozessualer Bedingungen

Keine Unsicherheit über die Gestaltungswirkung einer Prozeßhandlung wird hingegen in das Verfahren getragen, wenn innerhalb[143] eines Rechtsstreits die Geltendmachung von Angriffs- und Verteidigungsmitteln von einer bestimmten Entwicklung der Prozeßlage, also von einem *innerprozessualen* Vorgang[144], namentlich vom Erfolg oder Mißerfolg einer von derselben oder der gegnerischen Partei[145] unbedingt vollzogenen Prozeßhandlung abhängig gemacht wird. Diese Überlegung trifft insbesondere auf den Hilfsantrag zu. Hier besteht bereits ein -wegen des Hauptantrags[146]- unbedingtes Prozeßverhältnis zwischen den Parteien. Die Entscheidung des Gerichts über den Hauptantrag steht unter keiner Bedingung. Das Gericht hat sich lediglich mit dem Hilfsanspruch erst dann zu befassen, wenn die

---

[141] Vgl. *Rosenberg/Schwab/Gottwald* § 65 IV.1. (S. 356); *Zöller/Greger* Vor § 128 ZPO Rn. 20; *Thomas/Putzo* Einl. III Rn. 14; RGZ 144, 71, 72 f.

[142] Völlig hM, vgl. u.a. *Stein,* JZ 1913, 35; *Baumgärtel,* Prozeßhandlungen, S. 128 f.; *Rosenberg/Schwab/Gottwald* § 65 IV.1. (S. 356); *Schilken* Rn. 137 (S. 78 f.); *Zöller/Greger* Vor § 128 ZPO Rn. 20; *Thomas/Putzo* Einl. III Rn. 14; RGZ 144, 71, 72 f.

[143] Vgl. *Kion* S. 69 ff.; *Rosenberg/Schwab/Gottwald* § 65 IV.2. (S. 356 f.).

[144] Vgl. *Baumgärtel,* Prozeßhandlungen, S. 128 f.; *Blomeyer* § 30 VI.2. (S. 171 f.); *Stein/Jonas/Leipold* Vor § 128 ZPO Rn. 210; *Rosenberg/Schwab/Gottwald* § 65 IV.2. (S. 357); *Schilken* Rn. 138 f. (S. 79).

[145] Vgl. *Zeiss* Rn. 374 (S. 146); *Kion* S. 19; *Zöller/Greger* Vor § 128 ZPO Rn. 20; RGZ 157, 369, 379.

[146] Vgl. nachfolgend unter C.II.2. (S. 29 f.).

innerprozessuale Bedingung hierfür, nämlich die eigene Entscheidung (im Falle der eigentlichen Eventualhäufung also die Abweisung des Hauptantrags), eingetreten ist. Anders als bei einer bedingt erhobenen Klage wird das Gericht hier also in keinem Fall unnötig beschäftigt. Die Zulassung eines Hilfsantrags dient vielmehr der Prozeßökonomie, da hierdurch ein weiterer Rechtsstreit über den nach Eintritt der innerprozessualen Bedingung zur Entscheidung stehenden Hilfsantrag vermieden wird. Vor diesem Hintergrund gehen Rechtsprechung[147] und Literatur[148] völlig zu recht einhellig von der heute ohnedies bereits gewohnheitsrechtlich[149] anzuerkennenden[150] Zulässigkeit einer eventuellen Klagehäufung aus.

II. Zulässigkeitsvoraussetzungen für Hilfsanträge des Klägers

1. Einführung

Die eventuelle Klagenhäufung ist in den Vorschriften der ZPO nicht ausdrücklich geregelt, weshalb jene Bestimmungen für ihre rechtliche Beurteilung allenfalls sinngemäß herangezogen werden können[151]. Das gilt insbesondere für die Bestimmung der Zulässigkeitsvoraussetzungen einer Verbindung von Haupt- und Hilfsantrag. Eine *direkte* Anwendbarkeit etwa der Regelungen in § 260 ZPO nach der für die Zulässigkeit einer unbedingten objektiven Klagehäufung neben der Erfüllung der allgemeinen Prozeßvoraussetzungen[152] für jeden einzelnen Antrag im wesentlichen weiter vorausgesetzt wird, daß sich die verbundenen Anträge allesamt auf dieselben Parteien beziehen und für sämtliche Ansprüche dasselbe Gericht zuständig und dieselbe Prozeßart zulässig sind[153], scheidet deshalb aus. Ähnlich verhält es sich bei den Fällen der subjektiven Klagenhäufung (§§ 59 ff. ZPO). Auch hier fehlt es an einer ausdrücklichen gesetzlichen Regelung der Zulässigkeit einer nur eventuellen Einbeziehung einer weiteren bzw. neuen Partei in den Rechtsstreit. Eine analoge Anwendung der gesetzlichen Bestimmungen über die unbedingte Parteien- oder

---

[147] Vgl. hierzu bereits RGZ 18, 385 ff.; RGZ 58, 293 ff.; RGZ 144, 71, 72 f. und -insoweit unverändert- in neuerer Zeit BGH NJW 1995, 1353, BGH NJW 1996, 2306, 2307; BGH NJW 1996, 3147, 3150.

[148] Vgl. insbesondere *Brox*, FS Carl Heymanns Verlag, 1965, 121, 122; *Merle* ZZP 83 (1970), 436, 437 ff.; *Rosenberg/Schwab/Gottwald* § 65 IV.3.a (S. 357 f.); *Thomas/Putzo* § 260 ZPO Rn. 8; *Zöller/Greger* § 253 ZPO Rn. 1.

[149] Zu den Voraussetzungen einer gewohnheitsrechtlichen Anerkennung *vgl. Enneccerus/Nipperdey* § 38 (S. 261 ff.); *Larenz* S. 356 ff.; *Bydlinski* S. 215 ff.

[150] So auch *Merle* ZZP 83 (1970), 436, 437.

[151] Vgl. BGHZ 26, 295, 296; RGZ 77, 120, 126.

[152] Vgl. hierzu insbesondere die Darstellungen bei *Thomas/Putzo* Vorbem. § 253 ZPO Rn. 10 ff.

[153] Zu den weiteren Einzelheiten vgl. *Thomas/Putzo* § 260 ZPO Rn. 11 ff.

Anspruchshäufung auf diejenigen Fälle, in denen eine solche Klagenhäufung nur hilfsweise erfolgen soll, wird jedoch dem Umstand Rechnung zu tragen haben, daß sich das Gericht -anders als bei einer unbedingten Klagenhäufung- mit der eventuellen Klagenhäufung nicht in jedem Fall, sondern nur unter der Voraussetzung des Eintritts einer bestimmten Bedingung zu befassen hat. Tritt diese Bedingung nicht ein, bleibt der auf die Klagenhäufung gerichtete Hilfsantrag unbeachtet, gleich so, als ob er überhaupt nicht gestellt worden wäre. Den Auswirkungen dieser Abweichung von den gesetzlich geregelten Fällen der unbedingten Klagenhäufung auf die für eine Zulässigkeit von Eventualanträgen zu fordernden Voraussetzungen soll im folgenden nachgegangen werden.

2. Unbedingter Hauptantrag

Erste Zulässigkeitsvoraussetzung für die Verbindung von Haupt- und Hilfsantrag ist zunächst eine nach Maßgabe der hierfür geltenden allgemeinen Vorschriften zulässige Klageerhebung[154], insbesondere die Stellung eines unbedingten Hauptantrags[155]. Wie schon vorstehend unter C.I.2. (S. 27 f.) ausgeführt, können Anträge oder Gesuche an das Gericht zwar grundsätzlich mit der Bedingung verknüpft werden, das Gericht möge über sie nur bei Eintritt eines bestimmten innerprozessualen Vorgangs entscheiden[156]. Das setzt aber voraus, daß die Partei oder ihr Gegner gleichzeitig einen anderen Antrag stellt oder einen gleichgerichteten Sachverhalt vorträgt, der nicht an Bedingungen geknüpft ist und die sichere Grundlage für eine Entscheidung bildet, falls der bedingte Antrag mangels Eintritts der Bedingung nicht Entscheidungsgrundlage sein kann[157]. Anderenfalls würde die Abhängigkeit des Antrags von dem -ungewissen- Bedingungseintritt zu einer im gerichtlichen Verfahren unerträglichen Unsicherheit führen[158], die die Unzulässigkeit derartiger Prozeßhandlungen

---

[154] Vgl. hierzu statt vieler die Darstellung bei *Thomas/Putzo* Vor § 253 ZPO Rn. 10 ff.

[155] Vgl. *Rosenberg/Schwab/Gottwald* § 65 IV.2 (S. 357).

[156] Vgl. hierzu insbesondere *Stein/Jonas/Leipold* Vor § 128 Rn. 210 ff.; *Zöller/Greger* Vor § 128 Rn. 20; BGH NJW 1984, 1240, 1241; RGZ 157, 369 378 f.; BayObLGZ 1987, 46, 49 f.; OLG Stuttgart NJW 1971, 1090, 1091.

[157] Vor diesem Hintergrund läßt der BGH auch die Einlegung einer bedingten -unselbständigen- Anschlußberufung zu, da sich das Berufungsverfahren in einem solchen Fall -anders als bei der bedingten Klageerhebung oder selbständigen Rechtsmitteleinlegung- wegen der unbedingten Berufung des Gegners der Bestand des Rechtsmittelverfahrens „nicht in der Schwebe" befindet; vgl. BGH NJW 1984, 1240, 1241; RGZ 168, 284, 285; so auch *Brox*, FS Carl Heymanns Verlag, 1965, 121, 132; *Blomeyer* § 30 VI.2. (S. 172); *Baumbach/Lauterbach/Albers* § 521 ZPO Rn. 4; *Zöller/Gummer* § 521 ZPO Rn. 10; im Ergebnis so wohl auch *Nathan/Haney* 5. Kapitel § 5 II. (S. 158).

[158] Vgl. *Brox*, FS Carl Heymanns Verlag, 1965, 121, 122; BGH NJW 1995, 1353.

nach sich zieht[159]. Besonders anschaulich wird dies anhand eines Falls, in welchem der Bundesgerichtshof[160] die Unzulässigkeit einer Klage festgestellt hat, mit der die Kläger verschiedene vertragliche Schadensersatzansprüche in einer genau bezeichneten Reihenfolge geltend gemacht und hierbei erklärt haben, das Gericht solle jeweils nur über die nachrangigen Forderungen entscheiden, sofern es für die Entscheidung über die vorrangigen Ansprüche einer Beweisaufnahme bedürfe. Hier hat die von den Klägern gesetzte Bedingung zwar an ein innerprozessuales Ereignis -die vom Gericht festzustellende Notwendigkeit von Beweiserhebungen- angeknüpft, doch war davon nicht nur der jeweils nachrangige Hilfsantrag, sondern die gesamte Klage -einschließlich des vorrangigen (Haupt-) Antrags- erfaßt. Da nämlich jeder der gestellten Anträge stets dann übergangen werden sollte, wenn es für die Entscheidung über ihn einer Beweisaufnahme bedurft hätte, war kein einziger Antrag unbedingt zur Entscheidung durch das Gericht gestellt. Damit mangelte es an einer sicheren Entscheidungsgrundlage. Wäre das Gericht nämlich zu dem Ergebnis gekommen, daß es in jedem Fall einer Beweisaufnahme bedurft hätte, wäre die Bedingung, unter der hier *alle* Anträge gestellt waren, nicht eingetreten. Hiernach hätte kein einziger Antrag als tatsächlich gestellt angesehen werden dürfen. Im Extremfall hätte also die gesamte Klage hinfällig werden können. Eine solchermaßen bedingt erhobene Klage ist unzulässig, da es ihr bereits an der hinreichenden Bestimmtheit eines (Haupt-) Antrags fehlt (§ 253 Abs. 2 Nr. 2 ZPO).

3. Zulässigkeit desselben Rechtswegs

a) *Allgemeines*

Bürgerliche Rechtsstreitigkeiten werden nach der Bestimmung in § 13 GVG dem *ordentlichen* Rechtsweg -dort dem Zivilrechtsweg[161]- zugeordnet. Der Rechtsweg ist das gesetzlich eröffnete Verfahren, in dem die staatliche Gerichtsbarkeit ihren Rechtsschutz gewährt. Dieser Begriff des Rechtswegs folgt aus Art. 19 Abs. 4 GG. Er umfaßt alle Zweige der Gerichtsbarkeit, die die Art. 92, 95 GG vorsehen. Diese sind -mit Ausnahme des Vorrangs der Verfassungsgerichtsbarkeit- untereinander gleichberechtigt. Die Zulässigkeit des jeweils beschrittenen Rechtswegs ist Prozeßvoraussetzung. Sie ist deshalb vom Gericht des ersten Rechtszugs[162] von Amts wegen zu prüfen. Grundlage für diese Prüfung ist hierbei der Sachvortrag des Klägers, da nur er den Streitgegenstand bestimmt[163]. Die Einwendungen des Beklagten sind

---

[159] Vgl. *Rosenberg/Schwab/Gottwald* § 65 IV.2 (S. 357); BGH NJW 1995, 1353.

[160] BGH NJW 1995, 1353.

[161] Zum Begriff vgl. *Thomas/Putzo* § 13 GVG Rn. 5.

[162] Rechtsmittelgerichte haben die Zulässigkeit des beschrittenen Rechtswegs nicht mehr zu prüfen, vgl. § 17a Abs. 5 GVG.

[163] Vgl. *Zöller/Gummer* § 13 GVG Rn. 11; BGHZ 17, 317, 320; BGHZ 67, 81, 84.

daher in diesem Rahmen grundsätzlich[164] unbeachtlich. Das Ergebnis der Prüfung, ob für den vor einem Zivilgericht erhobenen Anspruch der Zivilrechtsweg eröffnet ist, entscheidet sich jedoch nicht danach, ob dem Kläger ein von ihm behaupteter zivilrechtlicher Anspruch auch tatsächlich zusteht oder nicht. Das hat das Gericht erst im Rahmen der Sachprüfung zu entscheiden. Maßgeblich ist hier vielmehr, ob der Tatsachenvortrag des Klägers für den Fall seiner Richtigkeit Rechtsbeziehungen bzw. Rechtsfolgen ergibt, für welche die Rechtswegzuständigkeit der Zivilgerichte begründet ist[165]. Hierbei kommt es nicht auf die vom Kläger behauptete, sondern auf die vom Gericht zu ermittelnde Rechtsnatur des klageweise geltend gemachten Anspruchs an[166]. Stellt das Gericht als Ergebnis dieser Prüfung fest, daß der zu ihm beschrittene Rechtsweg zulässig ist, entscheidet es -vorbehaltlich der Zulässigkeit der Klage im übrigen- über den Rechtsstreit in der Sache selbst. Stellt das Gericht hingegen die Unzulässigkeit des Rechtswegs fest, hat es den Rechtsstreit nach vorheriger Anhörung der Parteien von Amts wegen an das sachlich und örtlich zuständige Gericht des zulässigen Rechtswegs zu verweisen, § 17a Abs. 2 Satz 1 GVG. Eine Abweisung der Klage als unzulässig scheidet in diesen Fällen aus.

b) *Mehrheit materiell-rechtlicher Anspruchsgrundlagen*

Die vorstehend beschriebene Vorgehensweise bei der Prüfung der *Rechtswegzuständigkeit* gilt zunächst nur für diejenigen Fälle, in denen der Kläger einen einzigen prozessualen Anspruch erhebt, den er auch lediglich auf eine einzige materiell-rechtliche Anspruchsgrundlage stützt.

Führt der Kläger zur Begründung des von ihm behaupteten Anspruchs *mehrere* materiell-rechtliche Anspruchsgrundlagen ins Feld, für die insgesamt der Rechtsweg zu dem angerufenen oder dem Gericht einer anderen Gerichtsbarkeit eröffnet ist, ergeben sich grundsätzlich auch noch keine Besonderheiten. Ist der zu dem angerufenen Gericht beschrittene Rechtsweg in Ansehung aller Klagegründe zulässig, entscheidet es über den Rechtsstreit selbst. Ist hingegen für die Gesamtheit der geltend gemachten Klagegründe ein anderer Rechtsweg vorgeschrieben, ist der Rechtsstreit insgesamt an das sachlich und örtlich zuständige Gericht jener anderen Gerichtsbarkeit zu verweisen. Unterfallen die einzelnen Klagegründe unterschiedlichen anderen Rechtswegzuständigkeiten, hat das unzulässigerweise angerufene Gericht den Rechtsstreit insgesamt jedoch nur an eine dieser Gerichtsbarkeiten zu verweisen. Die Auswahl des Gerichts, an die hiernach zu verweisen ist, trifft der Kläger oder -falls dieser eine entsprechende Bestimmung nicht vornimmt- das verweisende Gericht.

---

[164] Vgl. BGHZ 17, 317, 320; BGH NJW 1985, 2820, 2821; *Zöller/Gummer* § 13 GVG Rn. 11; *Baumbach/Lauterbach/Albers* § 13 GVG Rn. 12; zum Sonderfall der negativen Feststellungsklage, bei der es insoweit maßgeblich auf die behauptete Anspruchsgrundlage des Beklagten ankommt, vgl. GemS BGHZ 102, 280, 283; OLG Hamm NJW-RR 1993, 64.

[165] Vgl. GemS BGHZ 97, 312, 313 f.; GemS BGHZ 102, 280, 283; GemS BGHZ 108, 284, 286.

[166] Vgl. *Baumbach/Lauterbach/Albers* § 13 GVG Rn. 11; *Zöller/Gummer* § 13 GVG Rn. 11.

Das übernehmende Gericht hat dann über den Rechtsstreit insgesamt -auch in Ansehung der Klagegründe, die isoliert betrachtet nicht seiner Zuständigkeit unterliegen würden- zu entscheiden, §§ 17a Abs. 2 Satz 2 und 3, 17 Abs. 2 GVG.

Stützt der Kläger seinen -einzigen- prozessualen Anspruch hingegen auf mehrere Klagegründe, von denen -zumindest- einer der Rechtswegzuständigkeit des angerufenen Gerichts unterfällt, während für -zumindest- einen weiteren ein anderer Rechtsweg gegeben ist, kommt eine Verweisung nicht in Betracht. Für diese Fälle gilt die Regelung in § 17 Abs. 2 GVG, nach der das Gericht den Rechtsstreit unter allen in Betracht kommenden rechtlichen Gesichtspunkten zu prüfen hat. Das bedeutet, daß das angerufene Gericht verpflichtet ist, über sämtliche Klagegründe zu entscheiden, sofern nur der Rechtsweg für einen von ihnen gegeben ist[167]. Stützt der Kläger also z.B. seinen -einzigen- mit der Klage vor dem Landgericht geltend gemachten prozessualen Anspruch auf mehrere rechtliche Grundlagen, von denen eine zivilrechtlicher Natur, die andere hingegen verwaltungsrechtlicher Art ist, so hat das Landgericht die Begründetheit der Klageforderung auch in verwaltungsrechtlicher Hinsicht zu prüfen.

c) *Kumulative Klagenhäufung*

Verbindet der Kläger in seiner Klage hingegen *mehrere prozessuale Ansprüche*, von denen wenigstens für einen die Rechtswegzuständigkeit des angerufenen Gerichts gegeben ist, während zumindest ein anderer einem anderen Rechtsweg unterfällt, hat das Gericht den Rechtsstreit von Amts wegen nach entsprechender Trennung (§ 145 Abs. 1 ZPO) wegen des unzulässig vor ihm erhobenen Anspruchs gemäß § 17a Abs. 2 GVG an das zuständige Gericht des zulässigen Rechtswegs zu verweisen[168]. Die Regelung in § 17 Abs. 2 GVG ist auf die kumulative Klagenhäufung nicht anwendbar. Diese Bestimmung erfaßt allein die Fälle der mehrfachen Begründung ein und desselben prozessualen Anspruchs[169].

d) *Eventuelle Klagenhäufung*

Für den Fall der eventuellen Klagenhäufung ergeben sich hier im Verhältnis zur kumulativen Klagenhäufung zunächst grundsätzlich keine Abweichungen. Auch in diesen Fällen verbindet der Kläger mehrere prozessuale Ansprüche in einer einzigen Klage. Die alleinige Besonderheit besteht hier nur darin, daß über die in der Klage

---

[167] Vgl. BGH NJW 1991, 1686 = BGH ZZP 105 (1992), 83, 84, mit Anmerkungen von *Schilken* ZZP 105 (1992), 88 und *Schmidt* JuS 1991, 862 f.

[168] Vgl. *Kissel* NJW 1991, 945, 951; BGH NJW 1991, 1686, mit zustimmender Anmerkung von *Schmidt* JuS 1991, 862 f.; BGH NJW 1996, 1411, 1413; OVG Münster NVwZ 1994, 794, 796; aA wohl *Schilken* ZZP 105 (1992), 88, 91.

[169] Vgl. BT-Drucks. 11/7030 S. 73 und BGH ZZP 105 (1992), 83, 84, mit -allerdings kritischer- Anmerkung von *Schilken;* im Ergebnis so wohl auch *Jauernig* § 4 II. (S. 14 f.).

verbundenen prozessualen Ansprüche in der durch das Eventualverhältnis vorgegebenen Reihenfolge zu entscheiden ist. In diesen Fällen soll zunächst der Haupt-, dann der Hilfsantrag geprüft werden. Das Gericht hat sich mithin vor einer Entscheidung über den Hauptantrag mit dem Hilfsantrag überhaupt nicht zu befassen, also auch nicht die Zulässigkeit des mit dem Hilfsantrag nur *eventualiter* beschrittenen Rechtswegs zu prüfen. Das geschieht erst, wenn die Bedingung unter der der Hilfsantrag gestellt ist, eingetreten ist. Erst dann hat das Gericht die Rechtswegzulässigkeit auch insoweit zu prüfen. Liegt diese vor, entscheidet es selbst. Ist das allerdings nicht der Fall, muß das zunächst nur für den mit dem Hauptantrag beschrittenen Rechtsweg zuständige Gericht den Rechtsstreit zugleich mit der Entscheidung über den Hauptantrag von Amts wegen trennen (§ 145 Abs. 1 ZPO) und gemäß § 17a Abs. 2 Satz 1 GVG zur Entscheidung über den Hilfsantrag an das hierfür zuständige Gericht des zulässigen Rechtswegs verweisen[170].

4. Zuständigkeit desselben Gerichts

a) *Allgemeines*

Nach Art. 101 Abs. 1 Satz 2 GG darf niemand seinem gesetzlichen Richter entzogen werden. Aus diesem Gebot folgt, daß über einen Rechtsstreit nur durch den jeweils zuständigen Richter in der Sache selbst entschieden werden darf. Die *sachliche und örtliche Zuständigkeit* des Gerichts sind deshalb -soweit §§ 38, 39 ZPO keine Gerichtsstandsvereinbarung zulassen oder §§ 512a, 549 Abs. 2 ZPO eine Zuständigkeitsrüge ausschließen- Sachurteilsvoraussetzungen, bei deren Fehlen die Klage grundsätzlich durch Prozeßurteil als unzulässig abzuweisen ist[171]. Ein hiernach ergehendes Prozeßurteil würde den jeweiligen Rechtsstreit aber nur unnötig verzögern und verteuern. Die materielle Rechtskraft eines solchen Prozeßurteils steht nämlich einer erneuten Klageerhebung vor dem zuständigen Gericht nicht entgegen[172]. Zur Vermeidung solcher für die Entscheidung des Rechtsstreits in der Sache selbst nutzlosen Prozeßurteile schafft die Regelung in § 281 ZPO dem angerufenen unzuständigen Gericht die Möglichkeit, den Rechtsstreit auf entsprechenden Antrag des Klägers (§ 281 Abs. 1 Satz 1 ZPO) unter Aufrechterhaltung[173] der Rechtshängig-

---

[170] Vgl. *Heintzmann* S. 16; BGH NJW 1980, 1283 f.

[171] Vgl. *Zöller/Greger* § 281 ZPO Rn. 1.

[172] Vgl. *Baumgärtel/Laumen* JA 1981, 209, 215; *Zöller/Vollkommer* § 322 ZPO Rn. 1; *Baumbach/Lauterbach/Hartmann* § 322 ZPO Rn. 60.

[173] Die Streitsache muß vor der Verweisung bereits rechtshängig (§§ 253 Abs. 1, 261 ZPO) geworden sein, die bloße Anhängigkeit (§ 253 Abs. 5 ZPO) genügt nicht (vgl. *Zöller/Greger* § 281 ZPO Rn. 7); vor Zustellung der Klage kommt eine Verweisung deshalb ohnehin nicht in Betracht; in diesen Fällen ist -auf entsprechenden Antrag des Klägers- nur eine formlose Abgabe ohne Bindungswirkung möglich (vgl. *Zöller/Greger* § 281 ZPO Rn. 7).

keit (§ 17b Abs. 1 Satz 2 GVG)[174] an das zuständige[175] Gericht zu verweisen[176]. Die Verweisung des Rechtsstreits ist unwiderruflich und für das verweisende und grundsätzlich[177] auch für das übernehmende Gericht bindend (§ 281 Abs. 2 Satz 5 ZPO).

b) *Mehrheit materiell-rechtlicher Anspruchsgrundlagen*

Die vorstehenden Ausführungen betreffen allerdings nur diejenigen Fälle, in denen der Kläger einen einzigen prozessualen Anspruch auf eine oder mehrere materielle Anspruchsgrundlagen stützt, die in ihrer Gesamtheit ein und derselben sachlichen und örtlichen Gerichtszuständigkeit unterliegen. Treffen hingegen mehrere materielle Anspruchsgrundlagen zusammen, von denen zumindest eine die Zuständigkeit des angerufenen Gerichts begründet, zumindest eine andere aber in die Zuständigkeit eines anderen Gerichts derselben Gerichtsbarkeit fällt, kann dieses in der Sache selbst nur über die Klagegründe entscheiden, für die die Zuständigkeitsvoraussetzungen vorliegen. Sieht das Gericht den Klagegrund, für den seine Zuständigkeit gegeben ist, nicht als begründet an, muß es die Klage insgesamt abweisen, und zwar hinsichtlich der von ihm zulässigerweise nachprüfbaren Anspruchsgrundlagen als unbegründet und hinsichtlich der nicht seiner Zuständigkeit unterliegenden Anspruchsgrundlagen als unzulässig[178]. Der Kläger kann dann unter diesem Gesichtspunkt bei dem hierfür zuständigen Gericht erneut klagen[179]. Eine Verweisung des gesamten Rechtsstreits an das andere, ebenfalls nur für einen Teil der zusammentreffenden Anspruchsgrundlagen zuständige Gericht kommt nicht in Betracht. Auch das andere Gericht wäre dann nämlich nur für die Entscheidung über einen Teil der

---

[174] Vgl. *Zöller/Gummer* § 17b GVG Rn. 3; *Zöller/Greger* § 281 ZPO Rn. 15a.

[175] Beim zuständigen Gericht in diesem Sinne handelt es sich stets um ein *anderes* Gericht; vgl. *Zöller/Greger* § 281 ZPO Rn. 4. Zwischen verschiedenen Spruchkörpern oder Nebenstellen desselben Gerichts kommt nur eine formlose Abgabe nach Maßgabe des Geschäftsverteilungsplans in Betracht, wobei über einen mangels Bindungswirkung einer solchen Abgabe möglichen Zuständigkeitsstreit das Präsidium entscheidet. Für das Verhältnis zwischen der Zivilkammer und der Kammer für Handelssachen gelten hierbei die Sonderregelungen in §§ 97 ff. GVG. Für die Verweisung an einen *anderen Rechtsweg* gelten die Bestimmungen in §§ 17a, 17b GVG und -für die Verweisung an das Arbeitsgericht- § 48 Abs. 1 ArbGG. Die Verweisung an ein *ausländisches* Gericht ist unzulässig, denn jeder hoheitliche Akt endet an der Staatsgrenze; vgl. *Zöller/Greger* § 281 ZPO Rn. 4, *Baumbach/lauterbach/Hartmann* § 281 ZPO Rn. 4.

[176] Der Regelungszweck von § 281 ZPO dient insoweit auch der Prozeßökonomie, vgl. *Baumbach/Lauterbach/Hartmann* § 281 ZPO Rn. 2; *Zöller/Greger* § 281 ZPO Rn. 1.

[177] Die Bindungswirkung für das aufnehmende Gericht entfällt ausnahmsweise nur dann, wenn der Verweisung jegliche rechtliche Grundlage fehlt, so daß sie objektiv willkürlich erscheint (vgl. BGH NJW 1993, 1273).

[178] Vgl. *Stein/Jonas/Schumann* § 1 ZPO Rn. 10 f. und Vor § 12 ZPO Rn. 24; *Jauernig* § 12.II. (S. 41); BGH NJW 1996, 1411, 1413; BGH NJW 1988, 1466, 1467; BGH NJW 1987, 442; BGH NJW 1986, 2436, 2437; BGH NJW 1974, 410, 411.

[179] Vgl. *Schellhammer* Rn. 1450 f. (S. 645); BGH NJW 1996, 1411, 1413.

geltend gemachten Klagegründe zuständig und könnte damit genausowenig wie das verweisende Gericht über alle Anspruchsgrundlagen durch Sachurteil entscheiden. Es liegt auf der Hand, daß eine solche „Verweisung", die dazu führen könnte, daß anstelle des ursprünglich angerufenen lediglich ein anderes Gericht über einen Teil der konkurrierenden Anspruchsgrundlagen durch Sachurteil und -mangels Zuständigkeit- über den anderen Teil durch Prozeßurteil zu entscheiden hat, keinen Sinn macht und deshalb auszuschließen ist. Gleichfalls außer Betracht bleibt eine auf denjenigen Teil des Verfahrens, für den die Zuständigkeit eines anderen Gerichts begründet ist, *beschränkte* Verweisung des Rechtsstreits. Eine solche Verweisung hätte zum Ergebnis, daß ein und derselbe Rechtsstreit -wegen unterschiedlicher konkurrierender Anspruchgrundlagen- zeitgleich bei verschiedenen Gerichten rechtshängig wäre, was zu einer doppelten Rechtshängigkeit und damit zu einem Prozeßhindernis[180] führen würde.

Da hieraus folgen kann, daß sich mit ein und demselben prozessualen Anspruch gegebenenfalls unterschiedliche Gerichte nacheinander wegen jeweils unterschiedlicher Klagegründe zu befassen haben, wird von einem Teil der Literatur aus Gründen der Prozeßwirtschaftlichkeit die Anerkennung eines allgemeinen Gerichtsstands des Sachzusammenhangs konkurrierender Anspruchsgrundlagen in -zumeist analoger-Anwendung von § 17 Abs. 2 GVG gefordert[181]. Diese Auffassung verkennt aber, daß die Zivilprozeßordnung -von den Sonderfällen der §§ 25, 28, 33 und 34 ZPO abgesehen- keinen allgemeinen Gerichtsstand des Sachzusammenhangs kennt und die analoge Heranziehung von § 17 Abs. 2 GVG zur Begründung eines solchen Gerichtsstands nach Sinn und Zweck der ausdrücklich nur die unterschiedliche *Rechtswegzuständigkeit* erfassenden Norm[182] nicht in Betracht kommen kann. Hinzu kommt, daß diese Ansicht die Möglichkeit von Zuständigkeitsmanipulationen in Kauf nehmen würde, die mit dem Gebot des gesetzlichen Richters nicht zu vereinbaren wären. Der Kläger könnte nämlich hiernach seine Klage willkürlich vor einem sachlich und örtlich unzuständigen Gericht erheben, indem er seinen Anspruch neben der von ihm als allein einschlägig erkannten auch auf eine weitere Begründung stützt, die nur dem Zweck dienen soll, die Zuständigkeit eines ihm „sympathischeren" Gerichts zu begründen. Die Gefahr einer solchen „Wahlmöglichkeit" des Klägers existiert freilich auch in den Fällen, auf die die Regelung in § 17 Abs. 2 GVG direkte Anwendung

---

[180] Vgl. insoweit nur *Zöller/Greger* Vor § 253 ZPO Rn. 19a und § 261 ZPO Rn. 8.

[181] *Thomas/Putzo* Vor § 12 ZPO Rn. 8; *Zöller/Vollkommer* § 12 ZPO Rn. 20 f. und § 32 ZPO Rn. 20; *Rosenberg/Schwab/Gottwald* § 36 VI.2. (S. 181); *Schilken* Rn.287 (S. 169), 319 (S. 183); *Zeiss* Rn. 91 (S. 35); *Schwab*, FS Zeuner (1994), 499, 509 f.; *Hoffmann* ZZP 107 (1994), 3, 11 ff.; so wie hier hingegen *Zöller/Greger* § 281 ZPO Rn. 8; *Baumbach/Lauterbach/Hartmann* § 32 ZPO Rn. 14; *Stein/Jonas/Schumann* § 1 ZPO Rn. 10 f. und Vor § 12 ZPO Rn. 24; *Hager*, FS Kissel (1994), 327, 340; *Würthwein* ZZP 106 (1993), 51, 76 f.; BGH NJW 1996, 1411, 1413.

[182] Vgl. hierzu BT-Drucks. 11/7030 S. 73; BGH ZZP 105 (1992), 83, 84, mit -allerdings kritischer-Anmerkung von *Schilken;* im Ergebnis so wohl auch *Jauernig* § 4 II. (S. 14 f.).

findet. Der maßgebliche Unterschied besteht hier allerdings darin, daß der Kläger in jenen Fällen zwischen zwei „gesetzlichen Richtern“ wählt, nämlich zwischen dem Gericht, zu dem der Rechtsweg nach den allgemeinen Vorschriften eröffnet ist, und demjenigen, das kraft anderer gesetzlicher Regelung (§ 17 Abs. 2 GVG) *auch* zur Entscheidung über die Sache berufen ist. Dort, wo eine solche gesetzliche Regelung fehlt, kann der Beklagte -und um dessen Schutz geht es hier- seinem gesetzlichen Richter nicht durch die analoge Anwendung einer Vorschrift entzogen werden, deren ausdrückliche Anwendbarkeit auf andere Fallgestaltungen beschränkt ist. Die für die Gegenmeinung allein ins Feld geführte Ansicht, die von ihr vertretene Auffassung sei praktischer und prozeßwirtschaftlicher[183], mag zutreffen; bloße Praktikabilitätserwägungen können aber keine dem verfassungsrechtlichen Gebot des gesetzlichen Richters Rechnung tragende gesetzliche Regelung ersetzen[184].

c) *Kumulative Klagenhäufung*

Macht der Kläger mit seiner Klage kumulativ mehrere Ansprüche geltend, gilt dem Grundsatz nach zunächst nichts anderes. Die Regelung in § 260 ZPO stellt insoweit lediglich klar, daß das angerufene Gericht für die Entscheidung über *alle* mit der Klage erhobenen Ansprüche -sachlich und örtlich- zuständig sein muß. Ist das der Fall, kann das Gericht, bei dem die verbundenen Klagen erhoben worden sind, über alle geltend gemachten Ansprüche durch Sachurteil entscheiden. Ist hingegen für die in dem Rechtsstreit verbundenen Ansprüche insgesamt ein und dasselbe andere Gericht zuständig, kann der gesamte Rechtsstreit auf Antrag des Klägers (§ 281Abs. 1 Satz 1 ZPO) ohne weiteres an das sachlich und örtlich zuständige Gericht verwiesen werden. Eine Besonderheit besteht allerdings dann, wenn das angerufene Gericht zwar für -zumindest- einen der verbundenen prozessualen Ansprüche zuständig ist, für -zumindest- einen weiteren Anspruch aber die Zuständigkeit eines anderen Gerichts besteht. In einem solchen Fall hat das angerufene Gericht die in der Klage verbundenen Ansprüche von Amts wegen[185] nach Maßgabe von § 145 Abs. 1 ZPO zu trennen[186]. Nach der Trennung kann das Gericht dann den hierdurch entstandenen neuen Prozeß[187] über den Teil der geltend gemachten Ansprüche, für den die Zuständigkeit des anderen Gerichts besteht, nach entsprechendem Antrag des Klägers an dieses verweisen oder -für den Fall, daß der Kläger trotz rechtlichen Hinweises (§

---

[183] Vgl. etwa *Thomas/Putzo* Vor § 12 ZPO Rn. 8.

[184] Zur -von der Gegenmeinung insoweit überschrittenen- Grenze einer gesetzesüberschreitenden Rechtsfortbildung vgl. *Larenz* S. 426 f.

[185] Zuvor dürfte allerdings ein rechtlicher Hinweis durch das Gericht (§ 139 ZPO) geboten sein. Entsprechende Anträge der Parteien stellen lediglich Anregungen zur Ausübung richterlichen Ermessens dar; vgl. *Zöller/Greger* § 145 ZPO Rn. 6a.

[186] Vgl. *Zöller/Greger* § 145 ZPO Rn. 3.

[187] Vgl. *Zöller/Greger* §145 ZPO Rn. 7.

139 ZPO) keinen Verweisungsantrag stellt- durch Prozeßurteil[188] selbst beenden. In dem anderen durch die Trennung neu entstandenen Prozeß über denjenigen der ursprünglich verbundenen Ansprüche, für den die Zuständigkeit des angerufenen Gerichts gegeben ist, entscheidet dieses dann in jedem Fall selbst.

d) *Eventuelle Klagenhäufung*

Auch hier gelten insoweit keine maßgeblichen Abweichungen zu den Fällen einer unbedingten -kumulativen- Klagenhäufung. Wegen der alleinigen Besonderheit, daß sich das Gericht in diesen Fällen mit dem Hilfsantrag erst nach Eintritt der damit verknüpften Bedingung zu befassen hat, kann dem Grundsatz nach auf die Ausführungen zu oben unter C.II.3.d. (S. 32 f.) Bezug genommen werden. Das Gericht hat sich zunächst allein mit dem Hauptantrag zu befassen. Tritt hiernach die Bedingung ein, unter die der Kläger die Entscheidung über den Hilfsantrag gestellt hat, hat das Gericht erst in diesem Zeitpunkt auch insoweit seine eigene Zuständigkeit zu prüfen. Stellt es hierbei die sachliche oder örtliche Zuständigkeit eines anderen Gerichts fest, hat es den Rechtsstreit zugleich mit der Entscheidung über den Hauptantrag von Amts wegen zu trennen (§ 145 Abs. 1 ZPO)[189]. Nach der Trennung kann das Gericht dann den hierdurch entstandenen neuen Prozeß[190] über den Teil der geltend gemachten Ansprüche, für den die Zuständigkeit des anderen Gerichts besteht, nach entsprechendem Antrag des Klägers (§ 281 Abs. 1 ZPO) an dieses verweisen[191] oder -für den Fall, daß der Kläger trotz rechtlichen Hinweises (§ 139

---

[188] Klageabweisung als unzulässig; der Kläger kann dann vor dem zuständigen Gericht erneut Klage erheben, vgl. hierzu BGH NJW 1996, 1411, 1413; *Zöller/Greger* § 281 ZPO Rn. 8.

[189] Eine Abtrennung schon vor Entscheidung über den Hauptantrag und damit vor Eintritt der mit dem Hilfsantrag verknüpften Bedingung kommt nicht in Betracht, da der durch die Abtrennung entstehende neue Prozeß dann insgesamt unter dem Vorbehalt des Bedingungseintritts in dem anderen -verbleibenden- Verfahren stehen würde und hiernach unzulässig wäre; vgl. oben unter C.II.2. (S. 29 f.).

[190] Vgl. *Zöller/Greger* §145 ZPO Rn. 7.

[191] So im Ergebnis auch *Kion* S. 161 f.; *Baumbach/Lauterbach/Hartmann* § 260 ZPO Rn. 18; *Zöller/Greger* § 260 ZPO Rn. 2; BGH NJW 1981, 2418; aA insoweit hingegen wohl nur *Huber* JuS 1987, 545, 546, der in diesen Fällen (allerdings ohne nähere Begründung) vorschlägt, das Gericht könne den Hauptantrag hier zunächst auch durch Teilurteil als unbegründet abweisen (zur Zulässigkeit eines solchen Teilurteils vgl. nachfolgend unter D.III.1., S. 81 ff.) und den Rechtsstreit dann -nach Rechtskraft des Teilurteils- an das zuständige Gericht zur Entscheidung über den Hilfsantrag verweisen. Die hier gefundene Lösung bietet demgegenüber allerdings den maßgeblichen Vorteil, daß die recht unglückliche Aufteilung der Entscheidungen über Haupt- und Hilfsantrag in Teil- und Schlußurteil zweier unterschiedlicher Gerichte entfällt. Durch den Ausspruch über den Hauptantrag und die Verweisung in ein und derselben Entscheidung kann die zeitliche Verzögerung des Rechtsstreits durch das nach der Auffassung von *Huber* erforderliche Zuwarten auf die Rechtskraft des Teilurteils vermieden werden. Legt der Kläger gegen eine solche Entscheidung kein Rechtsmittel ein, kann sich das empfangende Gericht sofort mit dem Hilfs-

(Fortsetzung...)

ZPO) keinen Verweisungsantrag stellt- die Klage durch Prozeßurteil als unzulässig abweisen. Eine Besonderheit ist allerdings bei der Wider-Widerklage, einer besonderen Form der eventuellen Klagenhäufung[192], zu beachten. In diesen Fällen beurteilt sich die Zuständigkeit des angerufenen Gerichts nach Maßgabe der Regelung in § 33 ZPO[193].

5. Gleichheit der Prozeßart

Neben der Zulässigkeit desselben Rechtswegs und derselben sachlichen und örtlichen Zuständigkeit muß für die kumulativ in einer Klage verbundenen prozessualen Ansprüche auch die Zulässigkeit derselben Prozeßart gegeben sein (§ 260 ZPO). Unzulässig ist es hiernach z.B. eine Wiederaufnahmeklage im Sinne von §§ 578 ff. ZPO (als Rechtsbehelf eigener Art) mit einer gewöhnlichen Klage zu verbinden[194] oder neben einem im gewöhnlichen Verfahren geltend gemachten Anspruch einen weiteren Anspruch im Urkunden- (§ 592 ZPO) oder Wechselprozeß (§ 602 ZPO) zu verfolgen[195]. Das gilt so auch entsprechend für die eventuelle Klagenhäufung[196]. Die einer kumulativen Verbindung zweier unterschiedlichen Prozeßarten unterliegenden Ansprüche entgegenstehenden Gründe bestehen nämlich auch in den Fällen der bedingten Anspruchsmehrheit:

Das Erkenntnisverfahren kann das ordentliche (gewöhnliche) oder ein besonderes, auf bestimmte Arten von Ansprüchen zugeschnittenes und besonders geordnetes sein, wie z.B. der Urkunden-, Wechsel- und Scheckprozeß (§§ 592 bis 605a ZPO), Arrest und einstweilige Verfügung (§§ 916 bis 945 ZPO) oder der Familien- (§§ 606 bis 632 ZPO), Kindschafts- (§§ 640 bis 641i ZPO) oder Unterhaltsprozeß (§§ 642 bis 660 ZPO). Die Besonderheiten jener auf bestimmte Anspruchstypen zugeschnittenen Prozeßarten verbieten es regelmäßig bereits aus sich selbst heraus, diese willkürlich

---

[191] (...Fortsetzung)
antrag befassen. Legt der Kläger hingegen noch nach Verweisung Berufung ein, ist der Rechtsstreit einheitlich (sowohl hinsichtlich des Haupt- als auch des Hilfsantrags) nur beim Rechtsmittelgericht anhängig. Bei der von *Huber* vorgeschlagenen Lösung besteht hingegen zumindest die Gefahr, daß sich das Rechtsmittelgericht zeitgleich mit der Berufung gegen das Teilurteil des verweisenden Gerichts befassen müßte, während das empfangende Gericht über den Hilfsantrag entscheidet. Unabhängig von den hieraus möglicherweise folgenden prozessualen Schwierigkeiten (vgl. hierzu unten unter D.III.1., S. 81 ff.) wäre dies wohl auch kaum noch mit dem Grundsatz der Prozeßwirtschaftlichkeit zu vereinbaren.

[192] Vgl. oben unter B.III.2.d. (S. 15.).

[193] So auch *Zöller/Greger* § 260 ZPO Rn. 2; vgl. hierzu auch oben unter B.IV.2.b. (S. 17 ff.).

[194] Vgl. *Baumbach/Lauterbach/Hartmann* § 260 ZPO Rn. 16.

[195] Vgl. *Zöller/Greger* § 260 ZPO Rn. 2.

[196] So im Ergebnis wohl auch BGH NJW 1982,523, 524; BGH NJW 1982, 2258, 2259 (beide konkret zur Unzulässigkeit der hilfsweisen Verbindung wechselrechtlicher Ansprüche mit solchen aus anderen Rechtsgründen).

untereinander oder mit dem gewöhnlichen Erkenntnisprozeß zu verbinden. Es liegt auf der Hand, daß die Verbindung etwa eines auf Erlaß einer einstweiligen Verfügung gerichteten Verfahrens mit einem gewöhnlichen Erkenntnisverfahren zu kaum überbrückbaren Schwierigkeiten führen würde. Der vom Antragsteller benötigte einstweilige -schnelle- Rechtsschutz könnte ihm nicht in der vom Gesetz vorgesehenen Weise gewährt werden, wenn die Entscheidung über ihn nur gemeinsam mit derjenigen über ein verbundenes gewöhnliches Erkenntnisverfahren erfolgen könnte, dessen Durchführung naturgemäß (man denke etwa nur an das Erfordernis von Beweisaufnahmen) wesentlich mehr Zeit beansprucht, als es ein Eilverfahren gestattet. Andere -offenkundig gleichfalls kaum zu überwindende- Schwierigkeiten würde es etwa auch bereiten, ein Verfahren, in welchem die Amtsermittlung vorgeschrieben ist (z.B. in den von § 616 Abs. 1 ZPO erfaßten Fällen), mit einem gewöhnlichen Erkenntnisverfahren zu verbinden, für das allein der Beibringungsgrundsatz[197] gilt. Das Prozeßrecht dient insbesondere dem Zweck, für jedes Verfahren die Möglichkeit einer gerechten aber auch schnellen Entscheidung sicherzustellen[198]. Das wäre bei einer Verbindung prozessualer Ansprüche, für die jeweils unterschiedliche Prozeßarten und damit auch unterschiedliche prozessuale Maßstäbe gelten, nur schwerlich (wenn überhaupt) in vollem Umfang zu erreichen. Aus *diesem* Grund gestattet die Regelung in § 260 ZPO auch nur die Verbindung von Ansprüchen, für die *dieselbe* Prozeßart zulässig ist. Hierbei macht es aber keinen maßgeblichen Unterschied, ob sich das Gericht von Anfang an und auf jeden Fall -wie bei der kumulativen Klagenhäufung- oder erst nach Eintritt einer damit verbundenen innerprozessualen Bedingung mit den anhand vorstehender Beispiele geschilderten Schwierigkeiten auseinander setzen müßte[199]. Allerdings hat sich das Gericht bei der eventuellen Klagenhäufung zunächst nur mit dem Hauptantrag zu befassen. Erst nach Eintritt der Bedingung, unter die der Kläger die Entscheidung über den einer anderen Prozeßart unterfallenden Hilfsantrag gestellt hat, kann und hat das Gericht den Hilfsantrag als in der Prozeßart des Hauptantrags *unstatthaft* abzuweisen[200].

Innerhalb derselben Prozeßart ist freilich -wie bei der kumulativen Klagehäufung- grundsätzlich auch die eventuelle Verbindung unterschiedlicher Klagearten möglich (z.B. primär Leistungs-, hilfsweise Feststellungsklage).

---

[197] Zum Begriff des Beibringungsgrundsatzes vgl. statt vieler nur *Zöller/Greger* Vor § 128 ZPO Rn. 10.

[198] *Thomas/Putzo* Einl. VI Rn. 3.

[199] Im Ergebnis so wie hier BGH NJW 1982,523, 524; BGH NJW 1982, 2258, 2259 (zur Unzulässigkeit der hilfsweisen Verbindung wechselrechtlicher Ansprüche mit solchen aus anderen Rechtsgründen).

[200] Vgl. BGH NJW 1982,523, 524; BGH NJW 1982, 2258, 2259.

6. Kein der Verbindung entgegenstehendes gesetzliches Verbot

Stehen der Verbindung mehrerer Ansprüche ausdrücklich besondere gesetzliche Verbindungsverbote (vgl. §§ 578 Abs. 2, 610 Abs. 2, 640c Abs. 1 ZPO) entgegen, gelten diese auch für die Fälle einer Eventualklagenhäufung[201]. Allerdings hat sich das Gericht auch hier zunächst nur mit dem Hauptantrag zu befassen und darf erst nach Eintritt der hiermit verbundenen Bedingung auf den Hilfsantrag eingehen. Nach dem Bedingungseintritt hat das Gericht dann den verbotswidrig mit dem Hauptantrag verbundenen Hilfsantrag nach § 145 ZPO abzutrennen[202] und gesondert über ihn zu verfahren. Eine Abweisung als unzulässig kommt -allein wegen der verbotswidrigen Verbindung- nicht in Betracht[203].

7. Identität der Parteien

a) *Allgemeines*

Die grundsätzliche Zulässigkeit der Verbindung mehrerer prozessualer Ansprüche in ein und derselben Klage ist Ausfluß des Grundsatzes der Prozeßwirtschaftlichkeit[204]. Der Kläger soll in die Lage versetzt werden, mehrere Ansprüche statt in einer entsprechenden Anzahl einzelner Prozesse in nur einem einzigen Verfahren durchsetzen zu können. Diese Zweckmäßigkeitserwägung findet jedoch ihre Grenze in den berechtigten Interessen des Beklagten. Diesem soll es nicht zugemutet werden, daß er durch eine solche *objektive Klagenhäufung* in einen Rechtsstreit hineingezogen wird, der sich -auch- über einen Anspruch gegen einen anderen Beklagten verhält, und ihn -insoweit- gar nicht betrifft. Aus diesem Grund stellt die Bestimmung in § 260 ZPO klar, daß die *unbedingte* Verbindung mehrerer prozessualer Ansprüche des Klägers nur dann zulässig ist, wenn diese sich insgesamt gegen denselben Beklagten richten.

b) *Objektive Eventualhäufung*

Die Identität der Parteien muß auch -und erst recht- als Zulässigkeitsvoraussetzung für die *eventuelle* objektive Klagenhäufung gelten. Auch hier läuft der Beklagte

---

[201] Vgl. *Baumbach/Lauterbach/Albers* § 610 ZPO Rn. 1; im Ergebnis so wohl auch *Zöller/Philippi* § 610 ZPO Rn. 4.

[202] Vgl. *Zöller/Greger* § 578 ZPO Rn. 3; *Baumbach/Lauterbach/Albers* § 610 ZPO Rn. 3, § 640c ZPO Rn. 1; *Thomas/Putzo* § 578 ZPO Rn. 6; BGH NJW 1997, 2176, 2177. Eine Abtrennung schon vor Bedingungseintritt kommt nicht in Betracht, da der durch die Abtrennung entstehende neue Prozeß (vgl. *Zöller/Greger* § 145 ZPO Rn. 7) damit insgesamt unter dem Vorbehalt des Bedingungseintritts in dem anderen verbleibenden Verfahren stehen würde und hiernach unzulässig wäre; vgl. oben unter C.II.2. (S. 29 f.).

[203] Vgl. BGH NJW 1997, 2176, 2177.

[204] Im Ergebnis so wohl auch *Baumbach/lauterbach/Hartmann* § 260 ZPO Rn. 3; zum Grundsatz der Prozeßwirtschaftlichkeit im allgemeinen vgl. *Baumbach/Lauterbach/Hartmann* Vor § 128 ZPO Rn. 14 f.

Gefahr, daß ein gegen ihn gerichteter prozessualer Anspruch mit einem hiervon völlig unabhängigen anderen prozessualen Anspruch gegen einen anderen (Hilfs-) Beklagten vermengt werden könnte, was den Rechtsstreit für ihn unnötig komplizieren, verlängern und damit verteuern würde. Die Unzulässigkeit der eventuellen Geltendmachung mehrerer prozessualer Ansprüche gegen verschiedene Beklagte folgt allerdings auch schon aus einem anderen Grund. Macht der Kläger zwei unterschiedliche Ansprüche geltend, von denen er den Antrag 1 primär gegen den Beklagten A und den Antrag 2 nur hilfsweise gegen den Beklagten B erheben will, liegt hierin -wegen der unterschiedlichen Anträge- nicht nur eine *objektive*, sondern -wegen der Mehrheit der Beklagten- auch eine *subjektive* Eventualhäufung. Eine solche subjektive Klagenhäufung ist aber unzulässig:

c) *Subjektive Eventualhäufung*

Bei dem vorstehend unter C.II.7.b. genannten Fall handelt es sich genaugenommen um zwei unabhängige Prozeßrechtsverhältnisse (Anspruch 1 gegen den Beklagten A und Anspruch 2 gegen den Beklagten B), die in einem Prozeß dergestalt miteinander verbunden werden sollen, daß die Entscheidung des gegen den Beklagten B gerichteten Rechtsstreits von einem bestimmten Ausgang des Rechtsstreits gegen den Beklagten A abhängig gemacht wird. Genauso wie die Klage gegen nur einen einzigen Beklagten kann aber auch eine Klage von oder gegen einen Streitgenossen nicht bedingt erhoben werden[205]. Unzulässig ist es vor allem, die Klage gegen einen Beklagten vom -in der Regel negativen- Ausgang des Verfahrens gegen einen anderen Beklagten abhängig zu machen[206]. Bei dem unbedingten Verfahren gegen den Beklagten A handelt es sich insoweit um einen selbständigen Prozeß, dessen bestimmter Ausgang im Verhältnis zur Eventualklage gegen den Beklagten B eine außerprozessuale und damit unzulässige Bedingung darstellt[207].

---

[205] So auch *Rosenberg/Schwab/Gottwald* § 65 IV.3.b (S. 358); *Zöller/Vollkommer* § 60 ZPO Rn. 10; *Kion* S. 82 f.; *MünchKomm/Lüke* § 253 ZPO Rn. 17 und im Ergebnis auch *MünchKomm/Schilken* § 60 ZPO Rn. 11; *Stein/Jonas/Leipold* Vor § 59 ZPO Rn. 3; *Baumbach/Lauterbach/Hartmann* § 59 ZPO Rn. 3; *Thomas/Putzo* § 60 ZPO Rn. 5;*Schellhammer* Rn. 1591 (S. 705); BGH NJW 1972, 2302; BAG 1973, 30; BAG NJW 1994, 1086.

[206] Vgl. *Schönke* § 26 III.1. (S. 97).

[207] Aus diesem Grund ist es z.B. unzulässig, gegen den Beklagten B Klage auf Zahlung eines Kaufpreises in Höhe von 5.000,00 DM nur unter der Bedingung zu erheben, daß eine zugleich gegen den Beklagten A erhobene Klage auf Räumung und Herausgabe von Mieträumen erfolglos bleibt. B hat mit dem gegen A gerichteten Verfahren nichts zu tun. Der Ausgang des gegen A gerichteten Rechtsstreits stellt damit für das Verfahren gegen B eine außerprozessuale Bedingung dar, von der die gegen ihn gerichtete Klage in zulässiger Weise nicht abhängig gemacht werden darf; vgl. oben unter C.I.1. und C.I.2. (S. 27 f.).

d) ***Eventuelle subjektive Klageerweiterung***

Will der Kläger eine bereits anhängige Klage auf einen weiteren Beklagten erstrecken, ist dies gleichfalls nicht bedingt möglich. Hier gilt dasselbe wie bei einer nur bedingten Klageerhebung. Genauso wie die Klage gegen einen Streitgenossen nicht bedingt erhoben werden kann, kann sie auf ihn auch nicht eventuell erweitert werden.

e) ***Eventuelle subjektive Klageänderung***

Gleichfalls unzulässig ist eine nur hilfsweise subjektive Klageänderung. Will der Kläger seine Klage gegen den bisherigen Beklagten fallenlassen und sie statt dessen gegen einen anderen Beklagten richten, handelt es sich um einen gewillkürten Parteiwechsel auf Beklagtenseite. Die für einen gewillkürten Parteiwechsel erforderlichen Parteierklärungen[208] sind zwar Prozeßhandlungen, die als solche grundsätzlich vom Eintritt einer innerprozessualen Bedingung abhängig gemacht werden können. Das Argument, der Ausgang des Rechtsstreits gegen die primär beklagte Partei sei im Verhältnis zur nachrangig beklagten als außerprozessuales künftiges Ereignis anzusehen, da sie an diesem Verfahren -noch- nicht beteiligt ist[209], greift aber auch hier. Zum gewillkürten Beklagtenwechsel ist die Erklärung des Klägers erforderlich, gegen den bisherigen Beklagten keinen Anspruch mehr zu erheben, und die Klage nunmehr gegen den neuen Beklagten zu richten. Dieser Erklärung muß der alte Beklagte (arg. § 269 Abs. 1 ZPO) zustimmen. Selbst wenn nun beide bislang am Rechtstreit beteiligten Parteien diese Erklärungen unter derselben Bedingung abgeben würden, wäre der Eintritt dieser Bedingung im Verhältnis zum neuen Beklagten jedenfalls ein nur außerprozessuales Ereignis, von dem eine gegen ihn gerichtete Klageerhebung nicht abhängig gemacht werden darf[210].

8. Rechtsschutzbedürfnis

a) ***Allgemeines***

Nach den Bestimmungen in § 260 ZPO ist die *unbedingte* objektive Klagenhäufung bei Vorliegen der Sachurteilsvoraussetzungen für jedes der verbundenen Begehren grundsätzlich dann zulässig, wenn der Verbindung kein gesetzliches Verbot (vgl. etwa § 610 Abs. 2 ZPO) entgegensteht, es sich um Ansprüche des Klägers handelt, die sich gegen denselben Beklagten richten und für die insgesamt dasselbe Prozeßgericht zuständig und dieselbe Klageart zulässig ist.

Hinzukommen muß freilich auch in diesen Fällen ein allgemeines *Rechtsschutzbe-*

---

[208] Vgl. hierzu insbesondere *Franz* NJW 1972, 1743, 1744; *Thomas/Putzo* Vorbem. § 50 Rn. 20 ff.

[209] Vgl. oben unter C.II.7.c. (S. 41).

[210] Vgl. oben unter C.I.1. (S. 27).

dürfnis[211] des Klägers an der von ihm beabsichtigten Rechtsverfolgung. Dieses fehlt bei objektiv sinnlosen Klagen, also immer dann, wenn der Kläger kein schutzwürdiges Interesse an dem begehrten Urteil haben kann. Da aber grundsätzlich jeder Rechtsuchende einen verfassungsrechtlichen[212] Anspruch darauf hat, daß die Gerichte sein Anliegen sachlich prüfen und bescheiden, kann das Fehlen des Rechtsschutzbedürfnisses nur bei Vorliegen besonderer Umstände bejaht werden[213]. Das ist etwa dann der Fall, wenn der Kläger einen entsprechenden Titel auf einfacherem Wege als mit der von ihm beabsichtigten Klage erlangen kann[214] oder er seine prozessualen Befugnisse rechtsmißbräuchlich für verfahrensfremde Zwecke einsetzen will[215]. Von dem hiernach erforderlichen allgemeinen Rechtsschutzinteresse zu trennen ist aber die materielle Berechtigung des Klageanspruchs. Stellt sich der geltend gemachte Anspruch als sittenwidrig dar (vgl. z.B. §§ 138, 817 BGB), berührt dies allein die Begründetheit, nicht aber die Zulässigkeit der Klage[216].

In Bezug auf die *unbedingte* objektive Klagenhäufung folgt hieraus, daß sich das Rechtsschutzbedürfnis des Klägers nicht nur auf die einzelnen in der Klage verbundenen Ansprüche, sondern auch auf deren konkrete Verbindung erstrecken muß. Diese Voraussetzung wird allerdings regelmäßig dort gegeben sein, wo nicht schon das Rechtsschutzbedürfnis für die einzelnen in der Klage verbundenen Ansprüche selbst fehlt.

b) ***Besondere Anforderungen an die Verbindung von Haupt- und Hilfsantrag?***

Die vorstehenden Ausführungen zum allgemeinen Rechtsschutzinteresse an der unbedingten Klagenhäufung gelten zunächst auch für die *eventuelle* Klagenhäufung entsprechend. Das Rechtsschutzbedürfnis des Klägers muß sich also im Einzelfall auch auf die konkrete *hilfsweise* Verbindung von Haupt- und Hilfsantrag erstrecken[217]. Ist diese rechtsmißbräuchlich, ist sie unzulässig. Das wird allerdings auch hier regelmäßig nur dann der Fall sein können, wenn schon das Rechtsschutzbedürfnis für zumindest einen der in der Klage verbundenen Eventualansprüche selbst fehlt.

---

[211] Zum Begriff des Rechtsschutzbedürfnisses vgl. *Allorio* ZZP 67 (1954), 321 ff.; *Baumgärtel* ZZP 67 (1954), 423 ff.; *Rosenberg/Schwab/Gottwald* § 92 IV. (S. 515 ff.); *Schönke* AcP 150 (1949), 216 ff.; OLG Frankfurt NJW 1969, 1906 f.

[212] Siehe Art. 19 Abs. 4, 101 Abs. 1 Satz 2, 103 Abs. 1 GG in Verbindung mit dem allgemeinen Rechtsstaatsprinzip; vgl. dazu auch eingehend *Bethge* NJW 1991, 2391, 2393 f.; *Detterbeck* AcP 192 (1992), 325, 328 ff., jeweils mit weiteren Nachweisen.

[213] Vgl. *Zöller/Vollkommer* Einl. Rn. 49 ff.; *Zöller/Greger* Vor § 253 ZPO Rn. 18 ff.

[214] Z.B. im Kostenfestsetzungsverfahren, vgl. BGH NJW 1990, 2060, 2061.

[215] Vgl. die Darstellungen von *Zöller/Vollkommer* Einl. Rn. 50, 57, jeweils mit Beispielen und weiteren Nachweisen.

[216] Vgl. *Zöller/Greger* Vor § 253 ZPO Rn. 18.

[217] So im Ergebnis wohl auch RGZ 144, 71, 73; *Merle* ZZP 83 (1970), 436, 442 (dort: Fn. 22); *Blomeyer* § 42 III.2.a. (S. 248).

Während die Rechtsprechung wohl vor diesem Hintergrund seit jeher zu einer recht rechtgroßzügigen Zulassung der Verbindung von Haupt- und Hilfsanträgen neigt[218], wird von einem gewichtigen Teil der Literatur die Auffassung vertreten, daß zum allgemeinen Rechtsschutzbedürfnis des Klägers an den von ihm verfolgten Klagezielen noch ein besonderes Rechtsschutzbedürfnis an der konkreten Eventualstellung von Prozeßanträgen hinzukommen muß.

aa) *In der Literatur herrschende Meinung*

Nach Ansicht des wohl überwiegenden Teils der Literaturmeinungen sei das Interesse des Klägers an der Verbindung von Haupt- und Hilfsantrag nur dann schutzwürdig, wenn mit dem Hilfsantrag rechtlich oder wirtschaftlich dasselbe oder zumindest ein gleichartiges Ziel wie mit dem Hauptantrag verfolgt werde[219]. In den Fällen, in denen diese Voraussetzung nicht vorliege, sei eine eventuelle Klagenhäufung hingegen unzulässig. Diese -auf den ersten Blick zugegebenermaßen recht griffige- Definition des fehlenden Rechtsschutzinteresses an einer Eventualhäufung von Klageanträgen hält einer genaueren Betrachtung allerdings nicht stand[220]:

α) *Ursprung der herrschenden Literaturmeinung*

Ihren Ursprung hat diese Ansicht in der früher umstrittenen Rechtslage nach der Regelung in § 19 Abs. 4 GKG a.F.[221]. Ohne hier auf nähere Einzelheiten des damaligen Meinungsstands[222] einzugehen, bestand im wesentlichen Streit darüber, wie der Gebührenstreitwert in den Fällen der Verbindung von Haupt- und Hilfsantrag nach der zu dieser Zeit geltenden Rechtslage zu berechnen war. Da sich die Kostenquote der Parteien nach dem Verhältnis ihres jeweiligen Obsiegens oder Unterliegens im

---

[218] Zu den Ursprüngen jener großzügigen Handhabung vgl. insbesondere RGZ 144, 71; BGH MDR 1953, 164.

[219] Vgl. *Brandhuber* S. 94 f.; *MünchKomm/Lüke* § 260 ZPO Rn. 12; *Stein/Jonas/Schumann* § 260 ZPO Rn. 20; *Jauernig* § 88 III. (S. 324 f.); *Musielak/Foerste* § 260 ZPO Rn. 8; *Baur/Grunsky* Rn. 121 (S. 107); *Paulus* Rn. 93 (S. 46); *Schilken* Rn. 731 (S. 402) *Musielak* Rn. 142 (S. 94) oder auch *Nathan/Haney* 5. Kapitel § 5 II. (S. 158), der „denselben Klagegrund" für Haupt- und Hilfsantrag verlangt, und im Ergebnis letztlich wohl ebenso *Dunz* NJW 1962, 1225 ff.; *Goldschmidt* S. 481 f.; *Pfizer* ZZP 21 (1885), 367, 384; aA *Emde* MDR 1995, 990, 991; *Kion* S. 61 ff.; *Merle* ZZP 83 (1970), 436, 439 ff.; *Brox*, FS Carl Heymanns Verlag, 1965, 121, 124 ff.; RGZ 144, 71, 74.

[220] So im Ergebnis auch *Kion* S. 61 ff.; *Merle* ZZP 83 (1970), 436, 439 ff.; *Brox* , FS Carl Heymanns Verlag, 1965, 121, 124 ff.

[221] In der Fassung vor Inkrafttreten des KostRÄndG vom 24.6.1994 (BGBl. I 1325), in Kraft seit dem 1.7.1994.

[222] Vgl. hierzu die Darstellung von *Brandhuber* S. 85 ff.

Verhältnis zum Gebührenstreitwert bestimmt[223], hat das Gericht bei Verurteilung des Beklagten (nur) auf den Hauptantrag diesem die Kosten des Rechtsstreits nach Maßgabe von § 91 Abs. 1 ZPO vollständig aufzuerlegen. Bei vollständigem Unterliegen des Klägers auf Haupt- und Hilfsantrag hat hingegen dieser die Kosten des Rechtsstreits zu tragen, § 91 Abs. 1 ZPO. In diesen beiden Fällen spielte die Frage nach der Höhe des Gebührenstreitwerts, der sich gemäß § 19 Abs. 4 GKG a.F. nach dem Wert des Hauptantrags richtete (der Wert des Hilfsantrags war nach der damaligen Regelung nur dann von Bedeutung, wenn er den des Hauptantrags überstieg), keine Rolle. Umstritten war die Rechtslage jedoch bei erfolglosem Haupt- aber erfolgreichem Hilfsantrag. Der Bundesgerichtshof und ein Teil der Literatur[224] gingen hier zur Bestimmung des Gebührenstreitwerts vom Wortlaut der Regelung in § 19 Abs. 4 GKG a.F. aus, nach welchem der Streitwert dem Wert (nur) des Hauptantrags oder -falls dieser höher sein sollte und über ihn entschieden wurde- demjenigen des Hilfsantrags entsprach. Eine Addition dieser beiden Werte kam hiernach nicht in Betracht[225]. Das führte allerdings in der Tat zu zum Teil nur schwer nachvollziehbaren Ergebnissen. Verlangte der Kläger z.B. mit seinem Hauptantrag die Zahlung von 10.000,00 DM und mit seinem Hilfsantrag die Zahlung von 20.000,00 DM und wurde der Klage unter Abweisung des Hauptantrags auf den Hilfsantrag stattgegeben, wurde der Rechtsstreit insgesamt über einen Betrag in Höhe von 30.000,00 DM geführt, wobei der Kläger in Höhe von 20.000,00 DM und der Beklagte in Höhe von 10.000,00 DM „obsiegt" hatten. Da aber nach jener Auffassung keine Addition der Werte von Haupt- und Hilfsantrag erfolgen konnte, bestimmte sich der Streitwert in diesem Fall nach Maßgabe des -höheren- Hilfsantrags auf lediglich 20.000,00 DM. In dieser Höhe aber hatte der Kläger obsiegt, so daß er entsprechend der am Gebührenstreitwert auszurichtenden Kostenquote keine Kosten zu tragen hatte. Der Beklagte hatte hiernach die *gesamten* Kosten des Rechtsstreits zu tragen, weil er den Rechtsstreit ja in „voller" Höhe, nämlich derjenigen des Gebührenstreitwerts, verloren hatte. Wegen der bei dieser Kostenlösung auf der Hand liegenden Unbilligkeit gegenüber dem letztlich doch zu einem Drittel erfolgreichen Beklagten vertrat ein Teil der Literatur[226] die Auffassung, daß die Werte von Haupt- und Hilfsantrag -allerdings nur zur Ermittlung der Kostenquote- zusammengerechnet werden sollten, um auf dieser Grundlage zu einer dem teilweisen Obsiegen bzw. Unterliegen der Parteien Rechnung tragenden Kostenentscheidung in entsprechender Anwendung der Regelung in § 92 Abs. 2 ZPO zu gelangen. Nach jener Auffassung bestimmte sich der der Kosten-

---

[223] Vgl. hierzu auch nachfolgend unter D.IV.3. (S. 94 ff.).

[224] Vgl. etwa *Hartmann* (25. Auflage) § 19 GKG Rn. 48.

[225] Vgl. *Hartmann* (25. Auflage) § 19 GKG Rn. 48; aA u.a. wohl *Brox* FS Carl Heymanns Verlag, 1965, 121, 124.

[226] Vgl. *Schneider* MDR 1975, 881, 883 f.; *Schneider* (Kostenentscheidung) S. 35, 83; *Thomas/Putzo* (18. Auflage) § 92 ZPO Rn. 2 (nur für das Verhältnis von Obsiegen und Unterliegen, vgl. auch 19. Auflage, § 5 ZPO Rn. 6); *Zöller/Herget* (19. Auflage) § 92 ZPO Rn. 8.

entscheidung zugrunde zu legende Gebührenstreitwert dann nur bei wirtschaftlicher Identität von Haupt- und Hilfsantrag (allein) nach dem Wert des Haupt- oder (für den Fall, daß dieser Höher sei) nach demjenigen des Hilfsantrags. Als „klassischer" Beispielsfall für eine solche wirtschaftliche Identität der Eventualanträge wurde hierbei die Klage auf Grundbuchberichtigung hinsichtlich des Eigentümers, hilfsweise auf (Rück-) Übereignung des Grundstücks genannt[227]. Weil es in diesem Fall sowohl im Haupt- als auch im Hilfsantrag wirtschaftlich und tatsächlich um „dasselbe" geht, nämlich um den jeweils identischen Wert des Grundstückseigentums, sollte dieser Wert nach jener Auffassung auch (allein) zur Bestimmung der Kostenquote herangezogen werden können.

Der überwiegende Teil der Literatur folgte hier allerdings weder der durch die Rechtsprechung vertretenen Auffassung noch diesem nur die Unbilligkeit der Kostenentscheidung ausgleichenden Ansatz. Die Vertreter dieser noch heute herrschenden Meinung in der Literatur sind der Ansicht, daß in den Fällen, in denen Haupt- und Hilfsantrag auf kein rechtlich oder wirtschaftlich gleichartiges Ziel gerichtet sind, das „einzig denkbare Motiv" des Klägers an der „willkürlichen" Verbindung der Eventualanträge nur sein könne, „sich für den Fall, daß er teilweise mit seinen Ansprüchen abgewiesen wird, um die damit an sich verbundene Kostenbelastung drücken" zu wollen, weshalb ihm ein schutzwürdiges Interesse an einer solchen eventuellen Klagenhäufung fehle[228]. Weil die Vertreter dieser Auffassung grundsätzlich auch kein anderes, den geltenden Bestimmungen des Verfahrens- und Kostenrechts entsprechendes praktisches Bedürfnis an der Verbindung von wirtschaftlich und rechtlich ungleichartigen Haupt- und Hilfsanträgen sehen[229], halten sie die Verbindung solcher Eventualanträge konsequenterweise für unzulässig.

β) *Aktueller Stand der herrschenden Literaturmeinung*

Das Ergebnis der vorstehend geschilderten Erwägungen hat sich in der überwiegenden Mehrheit der vertretenen Literaturmeinungen verfestigt, ohne daß die auf der damaligen Rechtslage beruhenden Bedenken vor dem Hintergrund zwischenzeitlich eingetretener Gesetzesänderungen[230] in erkennbarer Weise erneut überprüft worden wären. Aufgrund der jahrzehntelang währenden Praxis, die Verbindung von rechtlich und wirtschaftlich ungleichartigen Eventualanträgen in der Literatur schlicht als unzulässig zu bezeichnen, verzichten heute die meisten Anhänger jener Ansicht zugunsten des bloßen Hinweises auf eine insoweit herrschende Meinung auf die

---

[227] Vgl. etwa *Rosenberg/Schwab/Gottwald* § 65 IV.3.a. (S. 358); *Dunz* NJW 1962, 1225, 1228.

[228] So grundlegend *Dunz* NJW 1962, 1225, 1229, dem die insoweit herrschende Meinung im wesentlichen bis heute folgt.

[229] Vgl. *Stein/Jonas/Schumann* § 260 ZPO Rn. 20.

[230] Insbesondere durch das KostRÄndG vom 24.6.1994 (BGBl. I 1325), in Kraft seit dem 1.7.1994.

nähere Begründung ihrer hierzu vertretenen Auffassung[231]. Die vor diesem Hintergrund nur noch vereinzelt anzutreffenden Begründungen für die Aufrechterhaltung der vertretenen Zulassungsbeschränkung für die Verbindung von Haupt- und Hilfsanträgen lassen sich demnach relativ einfach zusammenfassen:

- Zunächst soll hierdurch verhindert werden, daß der Kläger den Beklagten ohne Kostenrisiko[232] mit einem prozessualen Anspruch überzieht, der möglicherweise später -wegen Nichteintritts der an ihn geknüpften innerprozessualen Bedingen- ohne Sachentscheidung einfach wegfallen kann[233].
- Zudem soll dem Kläger die Möglichkeit genommen werden, den Zuständigkeitsstreitwert zu manipulieren. Da sich der Zuständigkeitsstreitwert nach Maßgabe von § 5 ZPO bei der Verbindung von Haupt- und Hilfsantrag nach dem Wert des höchsten Antrags richtet, kann der Kläger einem Hauptantrag mit amtsgerichtlichem Streitwert einen Hilfsantrag mit landgerichtlichem Streitwert anfügen und damit die Zuständigkeit des Landgerichts auch für den Hauptantrag begründen. Hiervor sei der Beklagte zu schützen[234].
- Zuletzt bestehe für Eventualbegehren mit verschiedenartigen rechtlichen oder wirtschaftlichen Zielen auch kein praktisches Bedürfnis[235].

bb) *Kritische Würdigung*

α) *Abgrenzungskriterien*

Zunächst muß der noch heute herrschenden Literaturmeinung entgegengehalten werden, daß sich für die von ihr geforderte Einschränkung der Zulässigkeit von Eventualanträgen schon keine eindeutigen Abgrenzungskriterien finden lassen[236]. Die Formel, nach der Haupt- und Hilfsantrag auf ein „rechtlich oder wirtschaftlich gleiches oder zumindest gleichartiges Ziel" gerichtet sein müssen, ist zwar sprachlich eingängig, bietet aus sich selbst heraus aber nur wenig Anhaltspunkte für die hiernach konkret geforderten Voraussetzungen einer zulässigen Eventualklagenhäufung. Der bislang noch an keiner Stelle unternommene Versuch einer näheren Darlegung jener Voraussetzungen würde wohl auch kaum über die Auflistung eines Katalogs von

---

[231] Vgl. etwa *Rosenberg/Schwab/Gottwald* § 65 IV.3.a. (S. 358); *Jauernig* § 88 III. (S. 324 f.); *Baur/Grunsky* Rn. 121 (S. 107) und *Zeiss* Rn. 374 (S. 146), die sich allerdings -zu Unrecht- auf RGZ 144, 71 berufen; *Paulus* Rn. 93 (S. 46); *Schilken* Rn. 731 (S. 402) *Musielak* Rn. 142 (S. 94) oder auch *Nathan/Haney* 5. Kapitel § 5 II. (S. 158), der „denselben Klagegrund" für Haupt- und Hilfsantrag verlangt.

[232] Vgl. *MünchKomm/Lüke* § 260 ZPO Rn. 12.

[233] Vgl. *Stein/Jonas/Schumann* § 260 ZPO Rn. 20; *MünchKomm/Lüke* § 260 ZPO Rn. 12.

[234] Vgl. *Stein/Jonas/Schumann* § 260 ZPO Rn. 20; *Musielak/Foerste* § 260 ZPO Rn. 8.

[235] Vgl. *Stein/Jonas/Schumann* § 260 ZPO Rn. 20.

[236] Hierauf haben zu Recht auch schon *Brox*, FS Carl Heymanns Verlag, 1965, 121, 124, und *Kion* S. 68 hingewiesen.

Fallbeispielen hinausreichen können[237]. Letztlich handelt es sich bei der Beurteilung des Vorliegens eines „rechtlich oder wirtschaftlich gleichen oder zumindest gleichartigen Ziels" um die individuelle Beantwortung einer Wertungsfrage, die sich einer Nachprüfbarkeit anhand objektiv greifbarer Kriterien nahezu entzieht. Die bloße Feststellung, daß etwa ein „wirtschaftlich gleichartiges Ziel" verfolgt werde oder nicht, dürfte unterschiedliche Beurteilungen der Zulässigkeit einer Klage in den Augen der hiervon jeweils nachteilig betroffenen Partei kaum einleuchtend begründen können[238].

Diese zumindest unklaren Voraussetzungen einer zulässigen Verbindung von Haupt- und Hilfsantrag bereiten augenscheinlich sogar den Vertretern jener hier näher untersuchten Auffassung einige Schwierigkeiten. So ließe es sich mit dem Wortsinn der von der herrschenden Meinung gefundenen Formel durchaus vereinbaren, die Eventualhäufung zweier auf Geldzahlung gerichteter Ansprüche als zulässig anzusehen, auch wenn sie auf völlig unterschiedlichen Lebenssachverhalten beruhen (z.B. Zahlung ausstehenden Mietzinses in Höhe von 5.000,00 DM, hilfsweise Zahlung eines Kaufpreises in Höhe von 4.000,00 DM), da sie jeweils auf ein „wirtschaftlich gleichartiges Ziel" (Geld) gerichtet sind. Das ist von den Vertretern jener Ansicht offensichtlich aber gerade so nicht gewollt. Deshalb wird zur Vermeidung solcher der herrschenden Meinung zuwiderlaufenden Ergebnisse teilweise ergänzend darauf abgestellt, daß Haupt- und Hilfsanspruch nicht nur auf ein rechtlich oder wirtschaftlich zumindest gleichartiges Ziel (also etwa die Zahlung eines Geldbetrages) gerichtet sein, sondern zugleich auch noch demselben Lebenssachverhalt[239] entspringen müssen. Diese zusätzliche Einschränkung führt hier aber gleichfalls nicht viel weiter. In den Fällen, in denen auch diese Voraussetzungen erfüllt ist, kann es nämlich schon an unterschiedlichen prozessualen Ansprüchen fehlen, so daß die Annahme des Vorliegens von Haupt- und Hilfsantrag ohnehin ausscheidet[240], weshalb sich die Frage nach der Zulässigkeit ihrer Verbindung von vornherein nicht stellt. Größere Klarheit in die von der herrschenden Meinung geforderten Zulässigkeitsvoraussetzungen für die Verbindung von Haupt- und Hilfsanträgen wird hierdurch jedenfalls nicht gebracht.

Hinzu kommt, daß das Abstellen auf einen *rechtlichen* oder wirtschaftlichen Zusammenhang einem prozessualen Zulässigkeitserfordernis gleichkäme, dessen Vorliegen im Einzelfall nur anhand materiell-rechtlicher Voraussetzungen geprüft werden kann. Das dürfte so aber schon vom Ansatz her kaum mit den allgemeinen prozessualen Grundsätzen zu vereinbaren sein. Die Frage nach der Zulässigkeit ist nämlich allein anhand *prozessualer* Gesichtspunkte und Erfordernisse zu beurteilen,

---

[237] So auch *Kion* S. 68.

[238] So auch *Kion* S. 68.

[239] Vgl. *Stein/Jonas/Schumann* § 260 ZPO Rn. 20.

[240] Vgl. oben unter B.II. (S. 4 ff.).

wobei materiell-rechtliche Erwägungen außer Betracht zu bleiben haben[241].

β) *Praktisches Bedürfnis*

Soweit sich ein Teil der herrschende Meinung zur Stütze ihrer Auffassung darauf beruft, daß schon kein praktisches Bedürfnis an der Zulassung von auf unterschiedliche Ziele gerichteten Eventualanträgen bestehe[242], ist ihr entgegenzuhalten, daß die Erfahrungen der gerichtlichen Praxis ein wohl eher gegenteiliges Bild zeichnen dürften. In der Tat geht es einer Vielzahl von Klägern nur darum, überhaupt nur „irgendetwas" vom -in solchen Fällen meist finanzschwachen- Beklagten zu bekommen. Zur Verdeutlichung sei hier als Beispiel[243] ein Fall genannt, in dem sich der Kläger zwar einerseits mehrerer streitiger Forderungen gegen den Beklagten berühmt, sich aber andererseits darüber im klaren ist, daß dieser ohnehin nicht hinreichend liquide ist, um alle diese Forderungen zu begleichen. Hier kann dem Kläger wohl kaum ein schutzwürdiges Interesse daran abgesprochen werden, wenigstens einen Teil seiner streitigen Forderungen -gleich welcher- durchzusetzen. In solchen Fällen geschieht es oft, daß der Kläger den nach seiner Einschätzung beim Beklagten höchstens vollstreckbaren Betrag primär aus einer streitigen Forderung, hilfsweise aus einer weiteren, (hilfs-) hilfsweise aus der dritten usw. einklagt, um hierdurch den ohnehin allenfalls nur zu realisierenden Teil seiner Ansprüche in einem *einzigen* Verfahren zu erstreiten. Wäre der Kläger in solchen Fällen darauf angewiesen, jede einzelne Forderung nacheinander in jeweils gesonderten Prozessen durchzusetzen zu versuchen, wäre dies mit dem Grundsatz der Prozeßwirtschaftlichkeit kaum noch zu vereinbaren[244].

Ist nach alledem ein praktisches Bedürfnis an der Verbindung von auf unterschiedliche Ziele gerichteten Eventualanträgen sehr wohl denkbar, drängt sich im Gegenzug die Frage nach einem entsprechenden Bedürfnis danach auf, solche Anträge gleichwohl nicht zulassen zu wollen. Ein solches sieht die insoweit herrschende Meinung zunächst darin, daß es durch eine entsprechende Zulässigkeitsbeschränkung möglich sei zu verhindern, daß der Kläger den Beklagten mit Rechtsstreitigkeiten überziehe, die wegen ihrer Bedingtheit ohne Sachentscheidung einfach wegfallen könnten[245]. Das überzeugt indes nur wenig. Es liegt nun einmal in der Natur der Sache, daß das Gericht über *jeden* Hilfsantrag nur dann zu entscheiden hat, wenn die mit ihm verknüpfte innerprozessuale Bedingung eingetreten ist. Tritt die Bedingung nicht ein, hat das Gericht über ihn nicht zu befinden, und zwar völlig unabhängig davon, ob mit

---

[241] Vgl. statt vieler *Thomas/Putzo* Vor § 253 ZPO Rn. 8; *Zöller/Greger* Vor § 253 ZPO Rn. 9.

[242] Vgl. *Stein/Jonas/Schumann* § 260 ZPO Rn. 20.

[243] Ein ähnlicher Fall lag wohl BGHZ 11, 192 (= BGH LM Nr. 8 zu § 253 ZPO mit Anmerkung von Johannsen) zugrunde.

[244] In diesem Sinne wohl auch *Kion* S. 66 und *Brox* FS Carl Heymanns Verlag, 1965, 121, 126.

[245] Vgl. *MünchKomm/Lüke* § 260 ZPO Rn. 12; *Stein/Jonas/Schumann* § 260 ZPO Rn. 20.

ihm dasselbe, ein gleichartiges oder ein gänzlich anderes rechtliches oder wirtschaftliches Ziel wie mit dem Hauptantrag verfolgt wird. Wollte man also den Beklagten davor bewahren, mit einem innerprozessual bedingten Anspruch überzogen zu werden, müßte man konsequenterweise die Zulässigkeit der Verbindung von Haupt- und Hilfsantrag insgesamt verneinen. So weit gehen aber selbst die Vertreter jener vorgenannten Auffassung nicht. Stellt man hingegen die grundsätzliche Zulässigkeit von Eventualanträgen nicht in Frage, wird es sich jedoch nicht vermeiden lassen, daß sich der auf Prozeßförderung bedachte Beklagte mit seiner Klageerwiderung vorsorglich auch gegen einen Hilfsantrag zu verteidigen hat, der eventuell gar nicht zur Entscheidung durch das Gericht kommen wird. Will der Beklagte dieses Risiko ausschalten, kann er -soweit das überhaupt seinem Interesse entspricht- eine entsprechende negative Feststellungsklage in Form der Eventualwiderklage erheben[246]: Bei eigentlicher Eventualhäufung der Anträge des Klägers müßte er also z.B. für den Fall, daß der Kläger bereits mit seinem Hauptantrag durchdringt, nur beantragen festzustellen, daß der mit dem Hilfsantrag des Klägers verfolgte Anspruch nicht besteht.

Das Bedürfnis nach einer wie von der herrschenden Meinung geforderten Zulässigkeitsbeschränkung wird auch nicht etwa dadurch begründet, daß der Kläger den Hilfsantrag ansonsten *ohne jedes Kostenrisiko* stellen könne[247]. Ohne näher darauf einzugehen, ob es denn im Einzelfall für die Annahme der Unzulässigkeit eines Antrags überhaupt genügen kann, daß der beantragenden Partei hierdurch nur keine Kosten entstehen, ist diese Sorge -jedenfalls nach der Neufassung der Regelung in § 19 Abs. 1 GKG[248]- nunmehr ohnehin unbegründet. Die von der Partei zu tragende Kostenquote bemißt sich grundsätzlich nach ihrem jeweiligen Obsiegen bzw. Unterliegen im Verhältnis zum Wert des Streitgegenstands, §§ 91, 92 ZPO. Dieser erhöht sich nach § 19 Abs. 1 Satz 2 GKG um den Wert des Hilfsanspruchs, wenn über ihn entschieden worden ist. Das bedeutet aber, daß der Kläger, der in seiner Klage Haupt- und Hilfsanspruch miteinander verbindet, sehr wohl Gefahr läuft, im Falle einer Entscheidung auch über den Hilfsantrag bei einem -auch nur teilweisen- Unterliegen höhere Kosten tragen zu müssen, als wenn er nur den Hauptantrag gestellt hätte. Darauf, ob sich Haupt- und Hilfsantrag auf gleichartige oder gänzlich verschiedene Ziele richten, kommt es dabei gar nicht an.

Auch die Gefahr einer Manipulation des Zuständigkeitsstreitwerts[249] vermag bei näherer Betrachtung das Erfordernis einer wie hier von der herrschenden Meinung verlangten Zulässigkeitsbeschränkung nicht zu begründen. Treffen in einer Klage

---

[246] So auch *Merle* ZZP 83 (1970), 436, 440 f.

[247] So jedenfalls *MünchKomm/Lüke* § 260 ZPO Rn. 12.

[248] Geändert durch die Bestimmungen des KostRÄndG vom 24.6.1994 (BGBl. I 1325), in Kraft seit dem 1.7.1994.

[249] Vgl. *Stein/Jonas/Schumann* § 260 ZPO Rn. 20.

Haupt- und Hilfsantrag zusammen, bestimmt sich der Zuständigkeitswert nach dem Wert des höheren dieser beiden Anträge[250]. Verbindet also der Kläger einen Hauptantrag, dessen Wert für sich allein die Zuständigkeit des Amtsgerichts begründen würde, mit einem Hilfsantrag, der dem Werte nach vor das Landgericht gehört, ist hiernach das Landgericht zuständig, und zwar trotz der Gefahr, daß es sich möglicherweise „nur" mit einem amtsgerichtlichen Fall abmühen muß, wenn es auf den Hilfsantrag nicht ankommen sollte. Auch hier gilt aber, daß dies auf *alle* Fälle der Verbindung von Haupt- und Hilfsantrag zutrifft. Ein besonderes „Manipulationsrisiko" allein darauf zu stützen, daß Haupt- und Hilfsantrag unterschiedliche Ziele verfolgen, geht deshalb fehl.

γ) *Gesetzliche Grundlage*

Zudem kann schlicht festgestellt werden, daß die Auffassung, nach der ein Hilfsantrag rechtlich oder wirtschaftlich stets auf dasselbe oder zumindest ein gleichartiges Ziel wie der Hauptantrag gerichtet sein muß, im Gesetz keine greifbare *Stütze* findet[251]:

Zunächst enthalten die Bestimmungen in § 260 ZPO für die -unbedingte- Klagenhäufung keine entsprechende Regelung. Diese Vorschrift läßt zudem nach ihrem Sinn und Zweck auch nicht erkennen, aus welchem Grund für die eventuelle Klagenhäufung etwas anderes gelten sollte[252]. Die grundsätzliche Zulassung von Klagenhäufungen -gleich ob nun bedingt oder unbedingt- dient letztlich der Prozeßwirtschaftlichkeit[253]. Hierdurch soll eine umfassende Bereinigung der zwischen den Parteien streitigen Rechtsbeziehungen in nur einem Verfahren ermöglicht werden. Diese Möglichkeit wäre durch eine Begrenzung auf diejenigen Fälle, in denen es bei Haupt- und Hilfsantrag um rechtlich oder wirtschaftlich um im wesentlichen dasselbe geht, deutlich und -wie vorstehend aufgezeigt- sogar ohne Not eingeschränkt.

In Ehesachen (§ 610 ZPO) wird die hilfsweise[254] Verbindung zweier auf unterschiedliche Ziele gerichteten Klagen sogar ausdrücklich zugelassen. Insoweit ist der herrschenden Meinung zwar zuzugeben, daß eine analoge Anwendbarkeit jener Bestimmung auf allgemeine Zivilverfahren wegen der Besonderheiten des Eheprozesses nicht unproblematisch ist. Hieraus den Schluß zu ziehen, in allen anderen Fällen sei eine solche Eventualhäufung stets unzulässig, geht aber erst recht nicht

---

[250] Vgl. *Stein/Jonas/Schumann* § 260 ZPO Rn. 20; *Stein/Jonas/Roth* § 5 ZPO Rn. 24;*Thomas/Putzo* § 5 ZPO Rn. 6; *Baumbach/Lauterbach/Hartmann* § 5 ZPO Rn. 6; *Zöller/Herget* § 5 ZPO Rn. 4; aA *Fleischmann* NJW 1993, 506, 507.

[251] So auch *Merle* ZZP 83 (1970), 436, 440.

[252] So im Ergebnis auch *Brox*, FS Carl Heymanns Verlag, 1965, 121, 126, und wohl auch *Merle* ZZP 83 (1970), 436, 441.

[253] Vgl. statt vieler *Baumbach/Lauterbach/Hartmann* § 260 ZPO Rn. 3.

[254] Vgl. *Baumbach/Lauterbach/Albers* § 610 ZPO Rn. 1; *Stein/Jonas/Schumann* § 260 ZPO Rn. 20.

an[255]. Ein solcher Rückschluß verkennt insbesondere, daß die *allgemeine* Möglichkeit der Klagenhäufung in Ehesachen wegen der in diesen Verfahren bestehenden Besonderheiten nur eingeschränkt besteht[256]. Vor diesem Hintergrund wird die Regelung in § 610 Abs. 1 ZPO wohl eher so verstanden werden müssen, daß in den dort besonders genannten Fällen diese allgemeinen Grundsätze -mithin auch die gewohnheitsrechtlich anerkannte Eventualhäufung- ausnahmsweise doch gelten sollen[257]. Soweit der Gesetzgeber hier demnach aber augenscheinlich von der Zulässigkeit der eventuellen Verbindung zweier auf *unterschiedliche* Ziele gerichteten Klagen nach Maßgabe jener allgemeinen Grundsätze ausgegangen ist, stützt dies jedenfalls nicht die Gegenmeinung, nach der solche Eventualhäufungen grundsätzlich unzulässig seien.

Zuletzt dürfte ein nicht geringer Teil der Vertreter der insoweit herrschenden Meinung bislang einfach übersehen haben, daß dem ursprünglichen Anlaß ihrer Forderung nach einer Zulassungsbeschränkung für Eventualanträge[258] durch die zwischenzeitlich erfolgte Neuregelung der Bestimmungen in § 19 Abs. 1 Satz 2 und 3 GKG[259] nunmehr wohl die Grundlage entzogen ist[260]. Nach dem neuen Regelungsinhalt dieser Bestimmungen werden die Werte von Haupt- und Hilfsanspruch zur Ermittlung des -letztlich auch für die Kostenquote maßgeblichen- Gebührenstreitwerts zusammengerechnet, wenn sie *nicht* denselben Gegenstand betreffen, also der Kläger mit ihnen *unterschiedliche* wirtschaftliche oder rechtliche Interessen verfolgt[261]. Durch diese -zugegebenermaßen an etwas versteckter Stelle im Kostenrecht erfolgte- gesetzliche Neuregelung dürfte klargestellt sein, daß auch Haupt- und Hilfsanträge mit verschiedenen wirtschaftlichen und rechtlichen Zielen zulässig sein *müssen*, da es ansonsten keiner speziellen Bestimmung für die Ermittlung des Gebührenstreitwerts für solche Fälle bedurft hätte.

cc) *Ergebnis*

Zusammenfassend ist nach alledem also festzustellen, daß die noch immer herrschende Meinung, nach der die Verbindung von Haupt- und Hilfsantrag nur dann zulässig sei, wenn mit ihnen zumindest gleichartige rechtliche oder wirtschaftliche Ziele verfolgt werden, keine Stütze im Gesetz findet; sie ist vielmehr mit dem geltenden Recht (§ 19 Abs. 1 Satz 2 und 3 GKG) kaum in Einklang zu bringen. Soweit der

---

[255] So aber *Stein/Jonas/Schumann* § 260 ZPO Rn. 20.

[256] Wegen der Einzelheiten hierzu vgl. die Darstellung bei *Zöller/Philippi* § 610 ZPO Rn. 2.

[257] Im Ergebnis so wohl auch *Zöller/Philippi* § 610 ZPO Rn. 2.

[258] Vgl. oben unter C.II.8.b.aa.α. (S. 44 ff.).

[259] Geändert durch die Bestimmungen des KostRÄndG vom 24.6.1994 (BGBl. I 1325), in Kraft seit dem 1.7.1994.

[260] So auch *Emde* MDR 1995, 990, 991.

[261] Vgl. hierzu insbesondere auch *Emde* MDR 1995, 990, 991.

Gesetzgeber zumindest die grundsätzliche Zulässigkeit der Verbindung verschiedenartiger Haupt- und Hilfsanträge voraussetzt, sind weder praktische noch rechtliche Bedürfnisse ersichtlich, die ein Erfordernis erkennen lassen, nach welchem zumindest im Einzelfall Ausnahmen von diesem Grundsatz gelten könnten. Selbst wenn ein solches Erfordernis gleichwohl bestehen würde, wäre die von der herrschenden Meinung vertretene Auffassung jedenfalls nicht geeignet, diesem hinreichend Rechnung zu tragen, da sie keine tauglichen Abgrenzungskriterien zu bieten vermag, nach denen eine objektiv begründbare Unterscheidung zwischen zulässigen und unzulässigen Eventualklagen ermöglicht wird. Die bislang noch immer herrschende Meinung ist mithin unter Berücksichtigung aller hierfür in Betracht kommenden Gesichtpunkte unvertretbar.

Letztlich genügt also jedes *vernünftige, zumindest nicht rechtsmißbräuchliche*[262] Interesse des Klägers an der Eventualhäufung, soweit für jeden einzelnen der in der Klage hilfsweise verbundenen prozessualen Ansprüche ein jeweils allgemeines Rechtsschutzinteresse besteht.

9. Besonderheiten bei der uneigentlichen Eventualhäufung

Die grundsätzliche Zulässigkeit der uneigentlichen Eventualhäufung[263] ist zwischenzeitlich allgemein anerkannt[264]. Soweit vereinzelt die Auffassung vertreten wird, die Zulässigkeit eines uneigentlichen Hilfsantrags sei stets nur unter den Voraussetzungen von § 259 ZPO gegeben[265], besteht für eine solche Einschränkung kein greifbares Bedürfnis[266].

Etwas anderes gilt freilich dann, wenn der uneigentliche Hilfsantrag tatsächlich auf

---

[262] So wohl auch schon RGZ 144, 71, 74: „Das vom Kläger beliebte Vorgehen mag ungewöhnlich und befremdlich sein... Man mag deswegen sein Vorgehen für nicht besonders schutzwürdig halten können. Aber ihm jedes Rechtschutzinteresse abzusprechen, geht nicht an.“

[263] Vgl. oben unter B.III.2.b. (S. 12 ff.).

[264] Vgl. *Kion* S. 163; *Wolf* FS Gaul, 1997, 805; *Rütter* VersR 1989, 1241; *Merle* ZZP 83 (1970), 436; *Mühl* JuS 1964, 108, 111; *Rosenberg/Schwab/Gottwald* § 99 III.2. (S. 562); *Schilken* Rn. 731 (S. 401); *Zeiss* Rn. 374 (S. 146); *Baumbach/Lauterbach/Hartmann* § 260 ZPO Rn. 8; *Stein/Jonas/Schumann* § 260 ZPO Rn. 24, § 253 ZPO Rn. 122; *MünchKomm/Musielak* § 308 ZPO Rn. 15; *Thomas/Putzo* § 260 ZPO Rn. 8; *Zöller/Greger* § 260 ZPO Rn. 4; *Musielak/Foerste* § 260 ZPO Rn. 9; BGH NJW 1986, 2820, 2821; RGZ 144, 71, 73; OLG Köln VersR 1995, 679, 680; BAG NJW 1965, 1042 (Leitsatz); BAG DB 1988, 1660 (Leitsatz); aA wohl nur noch *MünchKomm/Lüke* § 260 ZPO Rn. 16 und *Lüke/Kerwer* NJW 1996, 2121, 2124.

[265] Vgl. *Rütter* VersR 1989, 1241, 1244 ; *Schmidt* ZZP 87 (1974), 49, 69; *Mühl* JuS 1964, 108, 112.

[266] Vgl. oben unter B.III.2.b. (S. 12 ff.); im Ergebnis letztlich so wohl auch *Wolf* FS Gaul, 1997, 805, 809 f.

eine künftige Leistung im Sinne von § 259 ZPO[267] gerichtet ist; in einem solchen Fall müssen die Voraussetzungen jener Bestimmung allerdings gegeben sein. Ein Beispiel: In der schon oben unter B.III.2.b. (S. 12 ff.) genannten Entscheidung des OLG Schleswig[268] hatte die Klägerin die Herausgabe bestimmter Sachen und für den Fall, daß dieser Anspruch bestehe, den weiteren Ausspruch begehrt, daß ihr der Beklagte, wenn er die Sachen nicht herausgeben werde, aufgrund einer zwischen den Parteien getroffenen vertraglichen Vereinbarung zum Wertersatz verpflichtet ist. Hier war der uneigentliche Hilfsantrag[269] auf eine künftige Leistung im Sinne von § 259 ZPO gerichtet: Der -vertraglich vereinbarte- Anspruch auf Wertersatz war „dem Grunde nach bereits entstanden", da er nur noch von der Nichtherausgabe abhing[270]. Hinzukommen mußte (das war dort wohl auch der Fall), daß die Klägerin die Besorgnis der Leistungsverweigerung durch den Beklagten darzulegen hatte.[271]

Aus den Gründen dieser Entscheidung des OLG Schleswig folgert nun ein Teil der Literatur[272], daß auch auf Schadensersatz wegen Nichterfüllung nach § 283 BGB gerichtete uneigentliche Hilfsanträge allgemein zulässig seien. Hat der Kläger für den Fall, daß der Beklagte nicht vor Ablauf einer ihm zu bestimmenden Frist den erhobenen Anspruch befriedigt, das Recht, Schadensersatz wegen Nichterfüllung zu fordern, so kann er nach § 255 Abs. 1 ZPO verlangen, daß diese Frist im Urteil bestimmt wird. Anders als die auf das amtsgerichtliche Verfahren beschränkte Bestimmung in § 510b ZPO sieht es der Wortlaut von § 255 ZPO jedoch gerade nicht ausdrücklich vor, daß der Kläger den ihm erst durch eine künftige Nichterfüllung bzw. nicht fristgemäße Erfüllung des Hauptanspruchs entstehenden Schadensersatzanspruch zugleich mit diesem geltend machen kann. Gleichwohl wird -meist ohne nähere Begründung- die Auffassung vertreten, der Kläger könne seine Klage auf Erfüllung der Hauptschuld und Fristsetzung nach § 255 ZPO im Rahmen einer uneigentlichen Eventualhäufung mit einem auf künftigen Schadensersatz gerichteten Hilfsantrag verbinden[273]. Das trifft so aber nicht zu. Die Gegenmeinung verkennt, daß ein auf

---

[267] Zum Begriff der „künftigen Leistung" im Sinne von § 259 ZPO vgl. statt vieler nur *Zöller/Greger* § 259 ZPO Rn. 1 f.; *Musielak/Foerste* § 259 ZPO Rn. 2 ff.

[268] OLG Schleswig NJW 1966, 1929 f. mit Anmerkung von *Bunte* JuS 1967, 206 ff.

[269] Um einen solchen handelt es sich hier, vgl. oben unter B.III.2.b. (S. 12 ff.).

[270] Zu diesen Voraussetzungen eines nach Maßgabe von § 259 ZPO geltend zu machenden Anspruchs vgl. *Zöller/Greger* § 259 ZPO Rn. 1.

[271] Vgl. auch insoweit *Zöller/Greger* § 259 ZPO Rn. 3.

[272] Vgl. insbesondere *Wolf* FS Gaul, 1997, 805, 809; *Zöller/Greger* § 255 ZPO Rn. 3; *MünchKomm/Emmerich* § 283 BGB Rn. 17; *Staudinger/Löwisch* § 283 BGB Rn. 34; *Ermann/Battes* § 283 BGB Rn. 18.

[273] So vertreten von *Kohler* JuS 1992, 58, 62; *Schmidt* ZZP 87 (1974), 49, 67 ff.; *Erman/Battes* § 283 BGB Rn. 18; *Zöller/Greger* § 255 ZPO Rn. 3; *MünchKomm/Emmerich* § 283 BGB Rn. 17; *Staudinger/Löwisch* § 283 BGB Rn. 34; so im Ergebnis wohl auch *Mühl* JuS 1964, 108, 111; vgl.

(Fortsetzung...)

künftige Leistung gerichteter Antrag -und um einen solchen handelt es ich hier- nur unter den Voraussetzungen von § 259 ZPO zulässig ist. Die Bestimmung in § 259 ZPO gilt jedoch nur für solche Ansprüche, deren Bestand bereits gewiß ist[274]. Das ist aber beim Schadensersatzanspruch nach § 283 BGB gerade nicht der Fall, weil der Beklagte selbst nach rechtskräftiger Verurteilung und auch bei Nichterfüllung der ihm hiernach obliegenden Leistung nicht zum Schadensersatz verpflichtet ist, wenn ihm die Erfüllung aufgrund eines von ihm nicht zu vertretenden Umstands unmöglich wird (§ 283 Abs. 1 Satz 3 BGB). Liegen die Voraussetzungen, unter denen der Kläger auf künftige Leistung klagen darf, aber -wie hier- nicht vor, ist eine entsprechende Klage unzulässig. Nichts anderes kann gelten, wenn die Klage auf künftige Leistung im Wege eines uneigentlichen Hilfsantrags unter einer innerprozessualen Bedingung erhoben wird.

Etwas anderes folgt auch nicht aus der schon mehrfach zitierten Entscheidung des OLG Schleswig[275]. Jener Streitfall wies nämlich eine maßgebliche Besonderheit auf, worauf das OLG in dem genannten Urteil auch ausdrücklich hingewiesen hat. In dem dort entschiedenen Rechtsstreit hatte sich der Beklagte für den Fall der Nichterfüllung *vertraglich* verpflichtet, der Klägerin den ihr durch die Nichterfüllung der streitgegenständlichen Leistung entstehenden Schaden in jedem Fall und *ohne Rücksicht auf die näheren Gründe* zu ersetzen. Allein vor dem Hintergrund dieser Parteivereinbarung ist das OLG Schleswig in jenem Rechtsstreit davon ausgegangen, daß für eine Anwendbarkeit der Bestimmung in § 283 Abs. 1 Satz 3 BGB kein Raum bleibe [276], weshalb in diesem besonderen Fall auch ohne weiteres zeitgleich mit dem Bestehen des Hauptanspruchs die damit einhergehende Verpflichtung zum Ersatz eines Nichterfüllungsschadens festgestellt werden konnte.

Ein weiteres Zulässigkeitsproblem im Rahmen der uneigentlichen Eventualhäufung wird von Teilen der Literatur[277] in solchen Fällen gesehen, in denen der Kläger - insbesondere bei außergewöhnlich hohen Gebührenstreitwerten- sein mit der Klage verbundenes Kostenrisiko dadurch zu mindern sucht, daß er mit seinem „Hauptantrag" einen nur verhältnismäßig geringen Teilbetrag seiner streitigen Gesamtforderung einklagt, und für den Fall, daß das Gericht dem Grunde nach seinen Anspruch für gegeben hält, „hilfsweise" auch den gesamten restlichen Anspruch zur Entscheidung stellt (z.B. Klage auf Zahlung eines erststelligen Teilbetrags in Höhe von 15.000,00 DM, zutreffendenfalls auf Zahlung weiterer -der restlichen-

---

[273] (...Fortsetzung)
auch *Heintzmann* S. 36 f., der hier allerdings nicht vom Vorliegen eines (uneigentlichen) Hilfsantrags, sondern von einem Antrag auf „eventuelle Leistung" durch den Beklagten ausgeht.

[274] Vgl. *Musielak/Foerste* § 259 ZPO Rn. 2; *Zöller/Greger* § 259 ZPO Rn. 1; BGHZ 43, 28, 31; RGZ 168, 321, 325 f.

[275] OLG Schleswig NJW 1966, 1929 f. mit Anmerkung von *Bunte* JuS 1967, 206 ff.

[276] Vgl. OLG Schleswig NJW 1966, 1929, 1930.

[277] Vgl. *Lüke/Kerwer* NJW 1996, 2120; *Wolf* FS Gaul, 1997, 805.

2.000.000,00 DM). In der Tat stellt sich hier das Problem, ob eine solche Antragstellung als zulässig angesehen werden kann. Die mit diesem Problem verbundene Frage findet ihre Antwort allerdings nicht im Bereich der uneigentlichen Eventualhäufung. Um eine solche handelt es sich nämlich nicht. Genaugenommen liegt hier überhaupt kein Fall der -eigentlichen oder uneigentlichen- Eventualhäufung vor[278]. Eine eventuelle Klagenhäufung ist nur dann gegeben, wenn der Kläger mit seinem Hilfsantrag zumindest teilweise[279] einen anderen prozessualen Anspruch geltend macht als mit seinem Hauptantrag[280]. Das ist hier nicht der Fall. Der Kläger macht nur einen einzigen prozessualen Anspruch geltend: Denjenigen auf Erfüllung ein und derselben Forderung. Teilt der Kläger einen einheitlichen Streitgegenstand kumulativ in mehrere Teile, von denen er nur den einen „unbedingt" zur Entscheidung durch das Gericht stellen will, wohingegen er über den anderen Teil nur dann eine Sachentscheidung begehrt, wenn diese für ihn günstig ausfällt, handelt es sich um eine teilweise bedingt und damit unzulässig[281] erhobene Klage. Hieran ändert auch die auf der Dispositionsmaxime beruhende grundsätzliche Zulässigkeit von Teilklagen[282] nichts. Eine solche -zulässige- Teilklage wird hier nur über den erststelligen Teilbetrag erhoben. Die Teilklage über den Rest der insgesamt geltend gemachten Forderung steht hingegen unter der auflösenden Bedingung, daß der Kläger (auch) insoweit obsiegen werde. Eine Klageerhebung nur für den Fall, daß der Kläger den Rechtsstreit auch tatsächlich gewinnt, ist aber unzulässig. Das liegt auf der Hand und folgt letztlich aus der grundsätzlichen Bedingungsfeindlichkeit der Klageerhebung, die auf dem Gedanken beruht, daß die mit ihr verbundenen Folgen -auch nicht in Bezug auf nur einen Teil des Streitgegenstands[283]- ungewiß bleiben dürfen[284]. Für den Ausgangsfall bedeutet das, daß die den erststelligen Teilbetrag betreffende Teilklage zulässig, die mit ihr kumulativ verbundene zweite -nur bedingt erhobene- Teilklage

---

[278] So im Ergebnis wohl auch *Lüke/Kerwer* NJW 1996, 2121, die von einer „neuartigen" Klagenhäufung bzw. der Verbindung von einer bedingt und einer unbedingt erhobenen Teilklage ausgehen; aA hingegen *Wolf* FS Gaul, 1997, 805, 810, der offenbar voraussetzt, daß sich Haupt- und Hilfsantrag unproblematisch zulässigerweise auf ein und denselben Streitgegenstand beziehen können.

[279] Vgl. oben unter B.II.3. (S. 7).

[280] Vgl. oben unter B.II. (S. 4 ff.).

[281] Vgl. oben unter C.I.1. (S. 27).

[282] Vgl. *Rosenberg/Schwab/Gottwald* § 154 V. (S. 929 f.); *Jauernig* § 24 III. (S. 77 f.), § 63 II. (S. 237); *Habscheid* FamRZ 1962, 352, 353; *Wolf* FS Gaul, 1997, 805, 810; *Lüke/Kerwer* NJW 1996, 2121, 2124.

[283] Vgl. *Lüke/Kerwer* NJW 1996, 2121, 2123.

[284] Vgl. oben unter C.I.1. (S. 27).

hingegen als unzulässig anzusehen ist[285].

10. Hilfsweise Erledigungserklärung

a) *Einseitige Erledigungserklärung*

Die einseitige Erledigungserklärung des Klägers ist als Konsequenz ihrer Einordnung als Klageänderung[286] grundsätzlich auch hilfsweise zulässig[287]. Allerdings lehnt die wohl herrschende Meinung[288] die Möglichkeit der einseitigen hilfsweisen Erledigungserklärung des Klägers ab. Zur Begründung dieser Auffassung wird im wesentlichen angeführt, daß das Gericht den Hauptantrag bei einer solchen nur hilfsweise erfolgenden Antragstellung des Klägers zu prüfen und -gerade für den Fall der Erledigung der Hauptsache- zurückzuweisen habe. Hiernach aber sei das Ziel des Hilfsantrags gerade nicht mehr erreichbar; ist die Klage -auf den Hauptantrag- bereits abgewiesen, bleibt für eine Feststellung der Erledigung desselben Rechtsstreits -auf den Hilfsantrag- kein Raum mehr. Das trifft dem Grundsatz nach zwar zu, kann aber nicht für alle Fälle gelten, so daß jedenfalls Ausnahmen von jenem Grundsatz zulässig sein müssen. Die herrschende Meinung verkennt nämlich folgendes: Erwirbt der Beklagte während des Rechtsstreits eine -streitige- Gegenforderung und erklärt er mit ihr die Aufrechnung gegen die Klageforderung, muß sich der Kläger, dessen Klage ohne die Aufrechnung zulässig und begründet wäre, gegen eine ungerechtfertigte Kostenaufbürdung schützen können. Denn entweder ist die Gegenforderung -anders als der Beklagte meint- unbegründet; für diesen Fall hat der Kläger einen Anspruch auf ein obsiegendes Urteil. Oder die Gegenforderung ist begründet; für diesen Fall hat sich die Hauptsache durch ein Ereignis erledigt, das einer verspäteten Erfüllung des Beklagten gleichkommt. In beiden Fällen wären die Kosten des Rechtsstreits dem Beklagten aufzuerlegen (§§ 91 bzw. 91a ZPO). Nach der von der herrschenden Meinung vertretenen Auffassung bleibt hier jedoch die Möglichkeit, daß der Kläger unbilligerweise gleichwohl die Kostenlast zu tragen hat. Stellt er nämlich konsequenterweise seinen Klageantrag, erachtet das Gericht die streitige Gegenforderung aber für begründet, wird die Klage mit der ihm ungünstigen Kostenfolge aus § 91 ZPO abgewiesen. Erklärt der Kläger -um dies zu vermeiden- hingegen die Erledigung des Rechtsstreits in der Hauptsache, obwohl er der Überzeugung ist, daß die streitige

---

285 So im Ergebnis auch *Lüke/Kerwer* NJW 1996, 2121, 2125; aA *Wolf* FS Gaul, 1997, 805, 810 ff., der -ohne auf das Problem einer nur bedingten (Teil-)Klageerhebung näher einzugehen- die Verbindung von Teilklagen in solchen Fällen lediglich aus prozeßökonomischen Gründen für zulässig hält.

286 Vgl. oben unter B.III.1.d. (S. 10 f.) und B.III.2.e. (S. 16).

287 Vgl. *Bergerfurth* NJW 1992, 1655, 1660; *Baumbach/Lauterbach/Hartmann* § 91a ZPO Rn. 76; *AK/Röhl* § 91a ZPO Rn. 39; *Heintzmann* S. 74; BGH NJW 1975, 539.

288 Vgl. *Rosenberg/Schwab/Gottwald* § 132 III.1. (S. 780), 3.b (S. 782); *Stein/Jonas/Bork* § 91a ZPO Rn. 17a, 38; *MünchKomm/Lindacher* § 91a ZPO Rn. 74; *Teubner/Prange* MDR 1989, 586, 587 f.; *Zöller/Vollkommer* § 91a ZPO Rn. 35; BGHZ 106, 359, 368.

Gegenforderung nicht besteht, und schließt sich der Beklagte dieser Erklärung an, gibt der Kläger ohne Not sogar seinen geltend gemachten Anspruch wegen einer möglicherweise unbegründeten Gegenforderung auf. Dieses Beispiel zeigt, daß jedenfalls hier eine sachgerechte Entscheidung nur durch die Zulassung einer einseitigen hilfsweisen Erledigungserklärung des Klägers erzielt werden kann[289], die bei solchen Fallgestaltungen auch nach Maßgabe der Rechtsgedanken zur nachträglichen Eventualhäufung[290] unproblematisch möglich ist. Letztlich handelt es sich hier nämlich nur um eine innerprozessual bedingte Klageänderung. Für den Fall, daß das Gericht die Gegenforderung für begründet erachtet, will der Kläger seinen auf Leistung gerichteten (Haupt-) Antrag nicht mehr weiterverfolgen, sondern begehrt statt dessen die Feststellung, daß sich der Rechtsstreit in der Hauptsache erledigt habe. Angesichts der ansonsten wie vorstehend dargestellten Unbilligkeit des Ausgangs des Rechtsstreits wäre diese (bedingte) Klageänderung durch das Gericht -in entsprechender Anwendung von § 263 ZPO- auch regelmäßig als sachdienlich anzusehen. Soweit eine solche Klageänderung hiernach zulässig ist, hat das Gericht in diesen Fällen gerade nicht (mehr) über den Hauptantrag zu entscheiden, also auch die Klage nicht abzuweisen. Vor diesem Hintergrund aber bleibt -und dies verkennt die herrschende Meinung- jedenfalls in einem solchen Fall sehr wohl noch Raum für die Feststellung der Erledigung des Rechtsstreits.

b) *Übereinstimmende Erledigungserklärungen*

Eine übereinstimmende hilfsweise Erledigungserklärung wird von der herrschenden Meinung im Ergebnis zu Recht als grundsätzlich unzulässig (unwirksam) angesehen[291]. Die für diese Auffassung gefundene Begründung, das Gericht habe in solchen Fällen eine Entscheidung in der Sache selbst zu treffen, was gerade mit den typischen Wirkungen einer übereinstimmenden Erledigungserklärung unvereinbar sei[292], überzeugt indes wenig. Erklären beide Parteien unter primärer Aufrechterhaltung ihrer streitigen Anträge den Rechtsstreit in der Hauptsache nur hilfsweise für erledigt, liegt nämlich schon begrifflich keine hilfsweise „übereinstimmende" Erledigungserklärung vor. Der Kläger macht hier seinen Hilfsantrag davon abhängig, daß die Klage unbegründet sei; der Beklagte will seinen Hilfsantrag hingegen nur für den Fall gestellt wissen, daß die Klage begründet sei. Genaugenommen machen die Parteien ihre Hilfsanträge in einem solchen Fall also von unterschiedlichen innerprozessualen Bedingungen abhängig, von denen entweder nur die eine oder die andere eintreten

---

[289] So auch überzeugend *Bergerfurth* NJW 1992, 1655, 1660.

[290] Vgl. oben unter B.III.2.c. (S. 14 f.).

[291] Vgl. *Rosenberg/Schwab/Gottwald* § 132 II.2.b. (S. 779); *Zöller/Vollkommer* § 91a ZPO Rn. 13; *MünchKomm/Lindacher* § 91a ZPO Rn. 32; *Stein/Jonas/Bork* § 91a ZPO Rn. 17a, 17b; *Teubner/Prange* MDR 1989, 586, 587; *Bergerfurth* NJW 1968, 530, 533.

[292] Vgl. *Zöller/Vollkommer* § 91a ZPO Rn. 13.

kann. Eine Übereinstimmung der Erledigungserklärungen kann vor diesem Hintergrund gar nicht eintreten. Verfolgen die Parteien hiernach aber nicht *denselben* Hilfsantrag, muß die prozessuale Lage so betrachtet werden, als wenn sie unabhängig voneinander -jeder für sich- neben seinem Hauptantrag einen Hilfsantrag geltend machen. Hiernach sind die Hilfsanträge der Parteien aber auch isoliert voneinander zu betrachten. Die Situation stellt sich wegen der fehlenden Übereinstimmung der Erklärungen letztlich genauso dar, als wenn nur jede Partei allein -einseitig- die hilfsweise Erledigung des Rechtsstreits in der Hauptsache erklärt hätte. Die einseitige Erledigungserklärung nur des Beklagten ist aber, gleich ob sie nun unbedingt[293] oder hilfsweise[294] abgegeben wird, unbeachtlich bzw. unzulässig, so daß das Gericht jedenfalls in der Sache hierauf nicht einzugehen braucht[295]. Dasselbe gilt für die in diesem Fall gleichsam als einseitig zu behandelnde hilfsweise Erledigungserklärung des Klägers. Ist diese nach Maßgabe der vorstehenden Ausführungen zu C.II.10.a. (S. 70 ff.) ebenfalls als unzulässig anzusehen, stimmt das hier gefundene Ergebnis mit demjenigen der herrschenden Meinung überein: In diesem Fall sind die „übereinstimmenden" hilfsweisen Erledigungserklärungen beider Parteien unzulässig. Ist die bei solchen Fallgestaltungen als einseitig zu behandelnde hilfsweise Erledigungserklärung des Klägers hingegen zulässig, braucht das Gericht -wie oben unter C.II.10.a. (S. 70 ff.) gezeigt- auch keine Entscheidung in der Sache selbst zu treffen, sondern stellt -auf den Hilfsantrag des Klägers- lediglich die Erledigung der Hauptsache fest. Allerdings wird hier[296] in den insoweit übereinstimmenden „Hilfsanträgen" der Parteien jedenfalls regelmäßig eine im Rahmen der Dispositionsmaxime[297] mögliche Ermächtigung des Gerichts zu sehen sein, im Fall einer solchen „streitigen Erledigungsfeststellung" über die Kosten des Rechtsstreits in analoger Anwendung von § 91a ZPO zu entscheiden[298].

Grundsätzlich anders hingegen stellt sich die Sachlage dar, wenn die übereinstimmenden hilfsweisen Erledigungserklärungen der Parteien nicht an unterschiedliche, sondern an dieselbe Bedingung geknüpft sind, die darüber hinaus auch nicht in

---

[293] Vgl. oben unter B.IV.2.d. (S. 23 f.).

[294] Vgl. unten unter C.III.4. (S. 67 ff.).

[295] Vgl. *MünchKomm/Lindacher* § 91a ZPO Rn. 101; *Thomas/Putzo* § 91a ZPO Rn. 42; *Zöller/Vollkommer* § 91a ZPO Rn. 52; *Schrader/Steinert* Rn. 507 (S. 200); *Habscheid* JZ 1963, 624; *Bergerfurth* NJW 1992, 1655, 1659; BGH NJW 1994, 2363, 2364; BGH NJW-RR 1995, 1089,1090; so im Ergebnis wohl auch *Baumbach/Lauterbach/Hartmann* § 91a ZPO Rn. 190, der die einseitige Erledigungserklärung des Beklagten grundsätzlich nur für *unbeachtlich* hält; aA *Schwab* ZZP 72 (1959), 127, 134; *Schwab* ZZP 74 (1961), 212, 213.

[296] Zur Kostenentscheidung im „Normalfall" der einseitigen Erledigungserklärung des Klägers vgl. oben unter B.III.1.d. (S. 10 f.).

[297] Zur Dispositionsmaxime vgl. *Zöller/Greger* Vor § 129 ZPO Rn. 9.

[298] *So auch Bergerfurth* NJW 1968, 530, 533; im Ergebnis so wohl auch *Zöller/Vollkommer* § 91a ZPO Rn. 13.

einer Entscheidung über einen in der Sache selbst gestellten Hauptantrag besteht. Das ist etwa dann der Fall, wenn die Parteien übereinstimmend die Erledigung des Rechtsstreits in der Hauptsache für den Fall erklären, daß ein widerruflich geschlossener Prozeßvergleich durch die hierzu berechtigte Partei widerrufen wird. In einem solchen Fall müssen die übereinstimmenden hilfsweisen Erledigungserklärungen der Parteien -konsequenterweise auch vor dem Hintergrund der von der herrschenden Meinung vertretenen Auffassung- als zulässig angesehen werden[299].

III. Zulässigkeitsvoraussetzungen für Hilfsanträge des Beklagten

1. Allgemeines

Die allgemeine Zulässigkeit von Hilfsanträgen auch des Beklagten folgt schon aus dem Grundsatz der prozessualen Waffengleichheit[300]. Dieser Grundsatz gewährleistet nicht nur die formelle Gleichheit der prozessualen Rechtsposition der Parteien, sondern weitergehend auch ihre durch das Gericht zu verwirklichende materielle Gleichwertigkeit im Sinne einer vollständigen prozessualen Chancengleichheit[301]. Hieraus folgt, daß die Möglichkeit, zulässigerweise Hilfsanträge stellen zu können, nicht nur auf den Kläger beschränkt sein kann, sondern in gleichem Maße auch dem Beklagten eröffnet sein muß. Vor diesem Hintergrund kann auch hier auf die *allgemeinen* Ausführungen zur grundsätzlichen Zulässigkeit von Hilfsanträgen des Klägers Bezug genommen werden. Nachfolgend wird deshalb nur auf die Besonderheiten näher eingegangen, die sich daraus ergeben, daß sich der Beklagte -anders als der Kläger- prozessual regelmäßig in einer Abwehrposition befindet, bzw. allenfalls einen „Gegenangriff" in der Form einer Widerklage startet.

2. Eventualwiderklage

Die Eventualwiderklage[302] des Beklagten wird heute[303] zu Recht allgemein aus

---

[299] So auch *Rosenberg/Schwab/Gottwald* §132 II.2.b. (S.779); *Bergerfurth* NJW 1992, 1655, 1660 (Fn. 89); *Baumbach/Lauterbach/Hartmann* § 91a ZPO Rn. 75; OLG Frankfurt/ Main MDR 1978, 499.

[300] Allgemein zum Grundsatz der Waffengleichheit vgl. statt vieler nur *Zöller/Vollkommer* Einl. Rn. 101 f. mit zahlreichen weiteren Nachweisen.

[301] *Zöller/Vollkommer* Einl. Rn. 102.

[302] Als Beispiel für das praktische Bedürfnis nach einer Eventualwiderklage sei hier der BGHZ 21, 13 zugrundeliegende Fall genannt: Dort stritten die Parteien um die Wirksamkeit zweier zwischen ihnen geschlossener Verträge. Der Kläger hat mit seiner Klage die Feststellung der Nichtigkeit jener Verträge verlangt. Der Beklagte hat in erster Linie die Abweisung der Feststellungsklage beantragt und hilfsweise -für den Fall, daß die Verträge entgegen seiner Ansicht doch nichtig

(Fortsetzung...)

Gründen der Waffengleichheit[304] und zum Teil auch der Prozeßökonomie[305] als zulässig angesehen[306]. Der Zulässigkeit einer eventuellen -hilfsweisen- Widerklageerhebung steht es insbesondere auch nicht entgegen, daß die Erhebung bedingter Klagen an sich unzulässig ist[307]. Bei der Widerklage handelt es sich nämlich nicht um eine Klage, mit der ein Verfahren erst eingeleitet wird, sondern um ein in einem bereits anhängigen Verfahren gestelltes Verlangen, das ebensowenig wie ein Hilfsantrag des Klägers die Anhängigkeit des Verfahrens selbst in der Schwebe läßt[308]. Ähnlich wie beim Hilfsantrag des Klägers[309] besteht zwischen den Parteien auch hier -wegen des Klageantrags bzw. des Antrags auf Klageabweisung- schon ein unbedingtes Prozeßverhältnis, dessen Unbedingtheit durch eine in seinem Rahmen nur hilfsweise erhobene Widerklage weder entfällt noch sonst in Frage gestellt wird. Auch unter dem noch vom Reichsgericht[310] gegen eine allgemeine Zulässigkeit von Eventualwiderklagen angeführten Gesichtspunkt, die Rechtshängigkeit der einer - eventuellen Widerklage zugrunde liegenden Forderung dürfe nicht bis zur Entscheidung über die Klage offen bleiben, besteht bei genauerer Betrachtung kein Unterschied gegenüber einem Hilfsantrag des Klägers. Der mit dem Hilfsantrag des Klägers bedingt geltend gemachte Anspruch wird -wie nachfolgend[311] näher ausgeführt- sogleich rechtshängig, doch entfällt die Rechtshängigkeit rückwirkend wieder, wenn die mit ihm verknüpfte Bedingung nach der Entscheidung über den Hauptantrag nicht eintritt. Entsprechendes muß für den mit der eventuellen Wider-

---

[302] (...Fortsetzung)
seien- im Wege der Widerklage die Rückzahlung eines zur Erfüllung jener Verträge an den Kläger gezahlten Geldbetrages verlangt. Vgl. im übrigen auch oben unter B.IV.3.a. (S. 24); zur Widerklage im allgemeinen vgl. oben unter B.IV.2.b. (S. 17 ff.).

[303] Zur früher vom Reichsgericht vertretenen Ansicht der Unzulässigkeit einer Eventualwiderklage vgl. RGZ 40, 331.

[304] Vgl. etwa *Paulus* Rn. 206 (S. 98); *Baumbach/Lauterbach/Hartmann* Anh. nach § 253 ZPO Rn. 11.

[305] Vgl. *Baumgärtel*, Prozeßhandlungen, S. 129 f.

[306] Vgl. nur *Thomas/Putzo* § 33 ZPO Rn. 14; *Zöller/Vollkommer* § 33 ZPO Rn. 26; *Baumbach/Lauterbach/Hartmann* Anh. nach § 253 ZPO Rn. 11; *Orfanides* JR 1989, 329; *Paulus* Rn. 206 (S. 98); *Baumgärtel*, Prozeßhandlungen, S. 129 f.; BGHZ 21, 13, 15 ff.; BGHZ 43, 31, 33; BGH NJW 1989, 1486; BGH NJW 1996, 320; BGH NJW 1996, 2165, 2167 ; BGH NJW 1996, 2306, 2308.

[307] Vgl. oben unter C.I.1. (S. 27).

[308] So auch BGHZ 21, 13, 15.

[309] Vgl. hierzu oben unter C.I.2. (S. 27 f.).

[310] Vgl. insbesondere RGZ 40, 331.

[311] Vgl. hierzu nachfolgend unter D.I.2. (S. 72 f.).

klage verfolgten Anspruch gelten[312]. Es kann insoweit keinen Unterschied machen, ob im Rahmen eines im übrigen unbedingten Prozeßverhältnisses der Kläger gegen den Beklagten einen Eventualanspruch geltend macht oder umgekehrt der Beklagte gegen den Kläger. Unabhängig davon, daß eine unterschiedliche Behandlung dieser beiden Fälle schon dem Grundsatz der Waffengleichheit zuwiderlaufen würde, ist hierfür auch ein sachlicher Grund nicht ersichtlich.

Die wie vorstehend dargestellte allgemeine Anerkennung der Zulässigkeit einer Eventualwiderklage besteht allerdings uneingeschränkt nur für die eigentliche[313] Eventualwiderklage, also diejenigen Fälle, in denen der Beklagte die Widerklage unter der -innerprozessualen- Bedingung erhebt, daß er mit seinem primär verfolgten Antrag auf Klageabweisung erfolglos bleibt. Als Beispiel hierfür sei etwa ein Fall genannt, in welchem der Beklagte gegen die Klageforderung mit einer Gegenforderung aufrechnet (§§ 387 ff. BGB) und deshalb primär Klageabweisung beantragt, hilfsweise aber -für den Fall, daß die Aufrechnung unwirksam bzw. unzulässig sei, und er aus diesem Grund antragsgemäß verurteilt werde- widerklagend die Erfüllung der Gegenforderung vom Kläger verlangt. Denkbar wäre hier z.B. aber etwa auch eine auf Feststellung des Nichtbestehens eines vom Kläger ins Feld geführten Hilfsanspruchs für den Fall, daß über diesen wegen Erfolgs seines Hauptantrags (bzw. spiegelbildlich des Mißerfolgs des Klageabweisungsantrags des Beklagten) nicht entschieden wird.

In Betracht kommen aber auch *uneigentliche*[314] Eventualwiderklagen, also Widerklagen, die der Beklagte nur für den Fall des Erfolgs seines primär verfolgten Klageabweisungsantrags zur Entscheidung stellen will. Das ist z.B. dann der Fall, wenn der Beklagte primär die Abweisung der Klage beantragt, weil er gegen die Klageforderung mit einer diese übersteigenden Gegenforderung aufgerechnet hat, und -soweit die Klage wegen der wirksam erklärten Aufrechnung abgewiesen wird- im Wege der Eventualwiderklage die Leistung des durch die Aufrechnung nicht „verbrauchten" (die Klageforderung übersteigenden) Teils der Gegenforderung verlangt. Solche uneigentlichen Eventualwiderklagen werden zwar nach überwiegender Ansicht[315] -zu Recht- für zulässig gehalten, doch wird dieser Auffassung -vereinzelt- entgegengehalten, daß eine Partei, die ihre Anträge auf solche Art verknüpft, im

[312] So auch BGHZ 21, 13, 16.

[313] Zur Unterscheidung von eigentlichen und uneigentlichen Eventualanträgen vgl. oben unter B.III.2.a. und b. (S. 12 ff.).

[314] Zur Unterscheidung von eigentlichen und uneigentlichen Eventualanträgen vgl. oben unter B.III.2.a. und b. (S. 12 ff.).

[315] Vgl. BGH NJW 1996, 2306, 2308; *MünchKomm/Patzina* § 33 ZPO Rn. 24; *Stein/Jonas/Schumann* § 33 ZPO Rn. 27; *Rosenberg/Schwab/Gottwald* § 65 IV.3.c. (S. 359); *Wieczorek/Schütze/Hausmann* § 33 ZPO Rn. 42; *Baumbach/Lauterbach/Hartmann* Anh. nach § 253 ZPO Rn. 12; *Thomas/Putzo* § 33 ZPO Rn. 14; aA *MünchKomm/Lüke* § 260 ZPO Rn. 16 und *Zöller/Vollkommer* § 33 ZPO Rn. 26.

Umfang des Hilfsantrags unbilligerweise vom Prozeß- und Kostenrisiko befreit sei[316]. Das mag insbesondere in solchen Fällen wie dem vorstehend gewählten Beispiel zutreffen. Der Beklagte, der sich nach Klageabweisung wegen erfolgter Aufrechnung mit einem erststelligen Teilbetrag einer Gegenforderung des Bestehens der die Klageforderung überschießenden Restforderung zumindest dem Grunde nach sicher sein kann, wird in der Tat ein -wenn überhaupt- nur geringes Prozeß- und Kostenrisiko eingehen, wenn er diese Restforderung im Wege der (Eventual-) Widerklage gegenüber dem Kläger geltend macht. Bei einem solchen prozessualen Vorgehen des Beklagten handelt es sich aber -und das verkennt die Gegenmeinung- um eine rechtlich unbedenkliche Möglichkeit, das Prozeßrisiko und die Kosten der gerichtlichen Überprüfung eines Anspruchs gering zu halten[317]. Diese Art der Verknüpfung von Haupt- und Hilfsantrag ist mit der Geltendmachung einer Teilforderung zur Klärung der Rechtslage vergleichbar; auch diese allgemein als unbedenklich anerkannte Vorgehensweise ist vor allem darauf ausgerichtet, Prozeßkosten zu sparen. Soweit es dem Beklagten -bezogen auf den hier gewählten Beispielsfall- aber nicht verwehrt werden könnte, den zur Aufrechnung gestellten erststelligen Teilbetrag seiner Gegenforderung in einem gesonderten Prozeß zunächst als Teilforderung zur Klärung der Rechtslage geltend zu machen, um den restlichen Betrag im Falle seines Obsiegens dann gegebenenfalls in einem weiteren Verfahren einzuklagen, kann es ihm schon aus Gründen der Prozeßökonomie nicht versagt sein, dasselbe Ziel durch eine entsprechend gestaltete Eventualwiderklage in nur einem einzigen Verfahren zu erreichen[318].

In jedem Falle unzulässig ist hingegen eine *eventuelle* Drittwiderklage[319]. Die Drittwiderklage kann nach zutreffender Auffassung nur mit Einwilligung des Drittwiderbeklagten oder unter der Voraussetzung ihrer Sachdienlichkeit zulässig sein[320]. Für den Fall ihrer bedingten Erhebung bedeutet das aber, daß der Drittwiderbeklagte ihr dann gleichfalls -und zwar unter derselben Bedingung, unter der auch die Erhebung der Widerklage steht- zustimmen müßte. Da der Drittwiderbeklagte an dem Hauptrechtsstreit aber noch nicht beteiligt ist, wäre eine solche Bedingung dann in jenem Verhältnis eine *außerprozessuale* und damit unzulässige Bedingung. Dasselbe gilt für die Voraussetzung der Sachdienlichkeit einer bedingten Drittwiderklage. Die Feststellung der Sachdienlichkeit der Widerklage würde von dem Eintritt der Bedingung abhängen, unter der sie erhoben wird, da sich das Gericht mit einem Eventualantrag erst nach dem Eintritt der mit ihm verknüpften Bedingung zu befassen hat. Auch hier wäre ein solcher -innerhalb des Hauptrechtsstreits erfolgender- Bedin-

---

316 Vgl. *MünchKomm/Lüke* § 260 ZPO Rn. 16.

317 Vgl. BGH NJW 1996, 2306, 2308.

318 Im Ergebnis so auch BGH NJW 1996, 2306, 2308.

319 Vgl. *Zöller/Vollkommer* § 33 ZPO Rn. 27; *MünchKomm/Patzina* § 33 ZPO Rn. 31.

320 Vgl. oben unter B.IV.2.b. (S. 17 ff.).

gungseintritt im Verhältnis zu dem am Rechtsstreit noch nicht beteiligten Dritten ein außerprozessuales Ereignis, an das die Rechtshängigkeit der gegen ihn gerichteten Widerklage nicht in zulässiger Weise geknüpft werden kann[321]. Überdies würde es sich hier konsequenterweise -da der Dritte in diesen Fällen gemeinsam mit dem Kläger[322] widerverklagt wird- um eine eventuelle Parteierweiterung auf der Klägerseite handeln, die ohnehin schon aus den oben näher ausgeführten Gründen[323] unzulässig wäre.

Eine *Abtrennung* der Eventualwiderklage nach Maßgabe von § 145 Abs. 2 ZPO kommt erst nach Eintritt der mit ihr verknüpften Bedingung in Betracht[324]. Einerseits folgt dies schon aus dem Grundsatz, nach welchem sich das Gericht mit dem Eventualantrag überhaupt erst zu befassen hat, nachdem die mit ihm verknüpfte Bedingung eingetreten ist; andererseits würde die Abtrennung vor Bedingungseintritt dazu führen, daß der durch sie neu entstehende selbständige Prozeß[325] auch weiter unter der Bedingung stehen würde, unter der die Widerklage in dem abgetrennten Verfahren stand. Das hätte dann zur Folge, daß die Klage in jenem neuen Prozeß als unter einer außerprozessualen Bedingung erhoben anzusehen und damit unzulässig wäre[326]. Es liegt auf der Hand und versteht sich von selbst, daß eine solche zwangsläufig nur zur Unzulässigkeit des abgetrennten Verfahrens führende Abtrennung nicht in Betracht kommen kann.

3. Hilfsaufrechnung

Die Zulässigkeit der in der gerichtlichen Praxis häufig auftretenden Hilfsaufrechnung ist allgemein anerkannt[327]. Materiell-rechtlich gesehen handelt es sich nicht um eine

---

[321] Vgl. oben unter C.I.1. (S. 27).

[322] Soweit der Bundesgerichtshof in einer -vereinzelt gebliebenen- Entscheidung (BGHZ 91, 132, 134 f.) die -allerdings unbedingte- Drittwiderklage auch dann für zulässig gehalten hat, wenn sie sich nur gegen einen Dritten und nicht auch gegen den Kläger richtet, bleibt in einem solchen Fall für die Annahme einer Parteierweiterung freilich kein Raum; hier handelt es sich vielmehr um die Begründung eines neuen -eigenständigen- Prozeßverhältnisses mit dem Dritten als alleinigen Beklagten, dessen Zustandekommen in zulässiger Weise aber gleichfalls nicht von einer Bedingung abhängig gemacht werden kann, vgl. oben unter C.I.1. (S. 27) und C.II.2. (S. 29 f.).

[323] Vgl. oben unter C.II.2. (S. 29 f.) und C.II.7.d. (S. 42).

[324] AA wohl *Baumbach/Lauterbach/Hartmann* Anh. nach § 253 ZPO Rn. 12 und § 145 ZPO Rn. 7, der eine Abtrennung der Eventualwiderklage offenbar überhaupt nicht für zulässig hält.

[325] Vgl. *Baumbach/Lauterbach/Hartmann* § 145 ZPO Rn. 6 f.; *Zöller/Greger* § 145 ZPO Rn. 7, 10.

[326] Vgl. oben unter C.I.1. (S. 27) und C.II.2. (S. 29 f.).

[327] Vgl. insbesondere § 19 Abs. 3 GKG und im übrigen statt vieler: *MünchKomm/Peters* § 145 ZPO Rn. 21;*Thomas/Putzo* § 145 ZPO Rn. 15; *Baumbach/Lauterbach/Hartmann* § 145 ZPO Rn. 13; *Zöller/Greger* § 145 ZPO Rn. 13; *Bruns* § 29 IV.1. (S. 254 f.); *Baumgärtel*, Prozeßhandlungen, S. 162 ff.; *Palandt/Heinrichs* § 388 BGB Rn. 3; *MünchKomm/von Feldmann* § 389 BGB Rn. 3 f.

-unzulässige (§ 388 Abs. 2 BGB)- bedingte Aufrechnung[328], denn das Bestehen bzw. die Durchsetzbarkeit der Klageforderung gegenüber dem Beklagten -und nur darum geht es bei der „Bedingung" unter der die Hilfsaufrechnung steht- ist kein künftiges ungewisses Ereignis[329]. Bestreitet der Beklagte in erster Linie das Bestehen der Klageforderung und erklärt die Aufrechnung nur für den Fall, daß das Gericht sie trotz dieses Bestreitens für gegeben erachtet, steht die Aufrechnungserklärung lediglich unter der Voraussetzung, daß die Tatbestandsmerkmale der Aufrechnungslage (§§ 387, 389 BGB) gegeben sind. Das ist aber eine grundsätzliche Voraussetzung für die Wirksamkeit jeder Aufrechnungserklärung, so daß hier das Bedingungsverbot nach § 388 Satz 2 BGB schon von vornherein tatbestandlich nicht greifen kann[330]. Genaugenommen handelt es sich hier also um keine Bedingung, sondern nur um das Erfordernis der Aufklärung eines bereits bestehenden, nur noch nicht abschließend erkannten Zustands[331]. Dasselbe gilt im Ergebnis für diejenigen Fälle, in denen der Beklagte die Klageforderung zwar nicht bestreitet, ihr aber eine materiellrechtliche Einrede (z.B. Verjährung, Stundung) entgegensetzt und nur für den Fall, daß diese nicht durchgreifen sollte, die Aufrechnung erklärt. Auch hier ist die Aufrechnung nicht von einer Bedingung abhängig gemacht, da die vom Gericht zu prüfende Begründetheit der erhobenen Einrede gleichfalls kein zukünftiges ungewisses Ereignis, sondern einen schon bestehenden, nur eben noch nicht abschließend festgestellten Umstand darstellt[332].

Letztlich handelt es sich bei der Eventualaufrechnung also um eine im Sinne von § 388 Abs. 2 BGB unbedingte Aufrechnungserklärung, die das Gericht allerdings nur dann zu berücksichtigen hat, wenn es die Klageforderung für bestehend hält[333], also die Gegenforderung, gegen die die Aufrechnung erklärt werden soll, überhaupt existiert bzw. gegenüber dem Beklagten durchsetzbar ist. Liegen diese Voraussetzungen vor, hat sich das Gericht mit der Hilfsaufrechnung grundsätzlich auch dann zu befassen, wenn es für eine klageweise Geltendmachung der Gegenforderung an

---

[328] Vgl. *MünchKomm/Peters* § 145 ZPO Rn. 21 ff.; *Baumbach/Lauterbach/Hartmann* § 145 ZPO Rn. 13; *Zöller/Greger* § 145 ZPO Rn. 13; *Bruns* § 29 IV.1. (S. 254 f.).

[329] Im Ergebnis übereinstimmend, wenngleich mit teilweise unterschiedlichen Begründungen *Zöller/Greger* § 145 ZPO Rn. 13; *Baumbach/Lauterbach/Hartmann* § 145 ZPO Rn. 13; *Stein/Jonas/Leipold* § 145 ZPO Rn. 51; *MünchKomm/Peters* § 145 ZPO Rn. 22 f.; *Musielak/Stadler* § 145 ZPO Rn. 16; *Palandt/Heinrichs* § 388 BGB Rn. 3; *MünchKomm/von Feldmann* § 389 BGB Rn. 3 f.; *Baur/Grunsky* Rn. 135 (S. 128).

[330] So auch *MünchKomm/Peters* § 145 ZPO Rn. 22; vgl. auch *Rosenberg/Schwab/Gottwald* § 105 II.2. (S. 595); *Jauernig* § 45 II.2. (S. 173); *Stein/Jonas/Leipold* § 145 ZPO Rn. 50.

[331] Vgl. *MünchKomm/von Feldmann* § 389 BGB Rn. 4; RGZ 97, 269, 273.

[332] So im Ergebnis auch *MünchKomm/Peters* § 145 ZPO Rn. 23; *Stein/Jonas/Leipold* § 145 ZPO Rn. 51; *MünchKomm/von Feldmann* § 389 BGB Rn. 4; *Staudinger/Kaduk* § 389 BGB Rn. 35.

[333] Vgl. *Rosenberg/Schwab/Gottwald* § 105 II. 2. (S. 595); *MünchKomm/von Feldmann* § 389 BGB Rn. 4.

sich sachlich oder örtlich unzuständig wäre[334]. Das gilt allerdings nur dann, wenn für die Geltendmachung von Klageforderung und Gegenforderung derselbe Rechtsweg zulässig ist. Unterfällt die Gegenforderung einem anderen Rechtsweg, kann eine Aufrechnung nur dann erfolgen, wenn sie unbestritten oder rechtskräftig festgestellt ist[335]. Ist das nicht der Fall, hat das Gericht den Rechtsstreit nach § 148 ZPO auszusetzen[336], bis der Beklagte eine Entscheidung des zuständigen Gerichts über seine zur Aufrechnung gestellte Gegenforderung herbeigeführt hat[337].

Der Zulässigkeit einer (Hilfs-) Aufrechnung steht es auch nicht entgegen, daß der Beklagte die Gegenforderung zeitgleich schon in einem anderen rechtshängigen Verfahren oder -etwa für den Fall ihres Nichtverbrauchs- im Rahmen einer (Eventual-) Widerklage gegen den Kläger geltend macht[338]. Die Aufrechnungserklärung ist keine Klage im Sinne von § 261 Abs. 1 ZPO, sondern reines Verteidigungsmittel[339]. Durch sie wird deshalb auch keine -der mehrfachen gerichtlichen Geltendmachung entgegenstehende- Rechtshängigkeit der Gegenforderung begründet[340]. Deshalb sind auf sie die an die Rechtshängigkeit anknüpfenden Vorschriften des materiellen und prozessualen Rechts grundsätzlich nicht anwendbar[341]. Soweit hiernach wegen der Bestimmung in § 322 Abs. 2 ZPO die Gefahr begründet wird, daß über dieselbe Forderung zwei rechtskräftige Entscheidungen ergehen

---

[334] Vgl. *Baur/Grunsky* Rn. 135 (S. 130); *Zöller/Greger* § 145 ZPO Rn. 19.

[335] Vgl. *Rupp* NJW 1992, 3274; *Musielak* JuS 1994, 817, 823; *Leipold* ZZP 107 (1994), 216, 219 f.; *Baur/Grunsky* Rn. 135 (S. 130); *Zöller/Greger* § 145 ZPO Rn. 19a, 19b; *Stein/Jonas/Leipold* § 145 ZPO Rn. 33; BGHZ 16, 124 ff.; BVerwG NJW 1987, 2530, 2532; BVerwG NJW 1993, 2255; aA *Schenke/Ruthig* NJW 1992, 2505 ff.; *Schenke/Ruthig* NJW 1993, 1374 ff.; *Zöller/Vollkommer* § 302 ZPO Rn. 11; *Kissel* § 17 GVG Rn. 440; *Schwab* FS Zeuner, 499, 503 f.; *Schilken* ZZP 105 (1992), 88, 89 f.; *Drygala* NZA 1992, 294 ff.; zum Problem der fehlenden internationalen Zuständigkeit des Prozeßgerichts für die Entscheidung über die zur Aufrechnung gestellte Gegenforderung vgl. BGH NJW 1993, 2753 = BGH ZZP 107 (1994), 211 mit Anmerkung von *Leipold*.

[336] Gegebenenfalls nach Erlaß eines Vorbehaltsurteils über die Klageforderung (vgl. BGHZ 16, 124 ff.) und unter Fristsetzung zur Klageerhebung analog § 151 ZPO [vgl. *Zöller/Gummer* § 13 GVG Rn. 49; *MünchKomm/Peters* § 145 ZPO Rn. 31; BVerwG NJW 1987, 2530, 2532; aA *Paulus* Rn. 196 (S. 95), *Kröger/Jakobs* JA 1981, 266, 269].

[337] Vgl. *Zöller/Greger* § 145 ZPO Rn. 19a; *Zöller/Gummer* § 13 GVG Rn. 49; *Musielak* JuS 1994, 817, 823; BVerwG NJW 1987, 2530, 2532.

[338] Vgl. *Zöller/Greger* § 145 ZPO Rn. 18; BGH NJW 1961, 1862 (Leitsatz).

[339] Der Beklagte wendet das Erlöschen der Klageforderung nach § 389 BGB ein; vgl. *Zöller/Greger* § 145 ZPO Rn. 18; *Thomas/Putzo* § 145 ZPO Rn. 13.

[340] Vgl. *Rosenberg/Schwab/Gottwald* § 105 IV.2 (S. 598); *Jauernig* § 45 III. (S. 174); *Stein/Jonas/Leipold* § 145 ZPO Rn. 42; *Zöller/Greger* § 145 Rn. 18 und § 261 ZPO Rn. 4; *Baumbach/Lauterbach/Hartmann* § 145 ZPO Rn. 15; *Thomas/Putzo* § 145 ZPO Rn. 20; BGHZ 57, 242, 243; BGH NJW 1986, 2767; BGH NJW-RR 1994, 379, 380; aA *Bettermann* ZZP 85 (1972), 486 ff.; *Schmidt* ZZP 87 (1974), 29, 39.

[341] So im Ergebnis auch *Zöller/Greger* § 145 ZPO Rn. 18.

können, kann dem allerdings dadurch begegnet werden, daß der andere Rechtsstreit, mit welchem die (hilfsweise) zur Aufrechnung gestellte Gegenforderung eingeklagt werden soll, wegen der Ungewißheit über das Erlöschen jener Forderung nach § 148 ZPO bis zur Entscheidung über den Aufrechnungseinwand ausgesetzt wird[342].

4. Hilfsweise Erledigungserklärung

Die einseitige Erledigungserklärung des Beklagten wird von der zu Recht völlig herrschenden Meinung als unzulässig angesehen, da der Beklagte über den Streitgegenstand nicht verfügen kann[343]. Das gilt unabhängig davon, ob die einseitige Erledigungserklärung des Beklagten bedingt oder unbedingt abgegeben wird.

Vereinzelt wird allerdings angenommen, der Beklagte müsse sich aus Gründen der Waffengleichheit einer unbedingten Erledigungserklärung des Klägers -unter primärer Aufrechterhaltung seines Klageabweisungsantrags- hilfsweise zumindest *anschließen* können[344], um hierdurch für ihn möglicherweise ungünstige Kostenfolgen zu vermeiden[345].

Läßt man -wenn auch nur wie hier auf Ausnahmefälle[346] beschränkt- die hilfsweise einseitige Erledigungserklärung des Klägers zu, scheint das vordergründig aus dem Grundsatz der Waffengleichheit hergeleitete Argument, daß das, was dem Kläger recht sei, dem Beklagten nur billig sein müsse, auf den ersten Blick durchaus treffend. Einer näheren Betrachtung hält diese Ansicht jedoch nicht stand. Die Annahme der Zulässigkeit einer bedingten einseitigen Erledigungserklärung des Klägers kann -wenn überhaupt[347]- allein daraus hergeleitet werden, daß es sich bei ihr im Ergebnis letztlich um eine -bedingte- Klageänderung handelt[348]. Eine solche ist aber nur dem Kläger möglich, da der Beklagte -wie eingangs bereits erwähnt- über den Streitgegenstand nicht verfügen kann. Daran ändert auch der Grundsatz der Waffengleichheit nichts, aus dem sich hier deshalb auch keine -nur auf den Fall der Anschließung an die Erledigungserklärung des Klägers beschränkte- Zulässigkeit der einseitigen hilfsweisen Erledigungserklärung des Beklagten herleiten läßt.

---

[342] Vgl. *Stein/Jonas/Leipold* § 145 ZPO Rn. 43; *Zöller/Greger* § 145 ZPO Rn. 18a; aA (Aussetzung des Prozesses, in dem aufgerechnet wird) OLG Dresden NJW 1994, 139; differenzierend: *Lindacher* JZ 1972, 429, 430.

[343] Vgl. oben unter B.IV.2.d. (S. 23 f.) und C.II.10.b. (S. 58 ff.).

[344] Vgl. *Bergerfurth* NJW 1968, 530, 532 f.; *Bergerfurth* NJW 1992, 1655, 1660; OLG Koblenz ZIP 1987, 1413, 1417.

[345] Vgl. *Bergerfurth* NJW 1968, 530, 532 f.

[346] Vgl. oben unter B.III.2.e. (S. 16) und C.II.10.a. (S. 57 f.).

[347] Vgl. oben unter B.III.2.e. (S. 16) und C.II.10.a. (S. 57 f.).

[348] Statt seines ursprünglichen Klageantrags will der Kläger (hilfsweise) beantragen festzustellen, daß sich der Rechtsstreit in der Hauptsache erledigt hat; vgl. hierzu im einzelnen oben unter C.II.10.a. (S. 57 f.).

Auch das weitere von der Gegenmeinung angeführte Argument, dem Beklagten müsse jedenfalls die Möglichkeit eröffnet werden, eine Kostenentscheidung nach § 91a ZPO auch dann herbeiführen zu können, wenn er sich der unbedingten Erledigungserklärung des Klägers nicht (unbedingt) anschließen will[349], vermag nicht zu überzeugen. Zur Verdeutlichung soll das nachfolgende Fallbeispiel dienen: Der Kläger meint, zwischen ihm, dem Beklagten und einem Dritten sei ein Vertrag zustande gekommen, aus dem er berechtigt sei, von dem Beklagten und dem Dritten als Gesamtschuldnern (§ 421 BGB) die Zahlung eines Betrages in Höhe von insgesamt 50.000,00 DM verlangen zu können. Mit seiner Klage nimmt der Kläger allein den Beklagten auf Zahlung jener 50.000,00 DM in Anspruch. Der Beklagte hingegen meint, der der Klageforderung zugrundeliegende Vertrag sei allein zwischen dem Kläger und dem Dritten zustandegekommen, weshalb nicht er als Gesamtschuldner, sondern allein der Dritte auf die Klageforderung zu zahlen habe. Nach Eintritt der Rechtshängigkeit zahlt nun der Dritte die gesamte Klagesumme an den Kläger, der den Rechtsstreit daraufhin in der Hauptsache für erledigt erklärt. In solchen Fällen sieht die Gegenmeinung[350] ein zwingendes Bedürfnis dafür, daß der Beklagte, der die Klageforderung als von vornherein unbegründet ansieht, seinen Antrag auf Klageabweisung aufrechterhalten und sich daneben hilfsweise der Erledigungserklärung des Klägers anschließen können muß. Zur Begründung dieser Ansicht wird ins Feld geführt, der Beklagte könne allein hierdurch eine ihm ansonsten nachteilige Kostenentscheidung weitgehend verhindern: Würde das Gericht auf den Hauptantrag des Beklagten feststellen, daß die Klage von Anfang an unbegründet war, habe der Kläger die Kosten des Rechtsstreits nach § 91 ZPO zutragen; käme das Gericht hingegen zu dem Ergebnis, der Rechtsstreit habe sich in der Hauptsache erledigt, könne es auf den Hilfsantrag des Beklagten über die Kosten des Rechtsstreits nach Maßgabe von § 91a ZPO entscheiden und im Rahmen der hierbei anzustellenden Billigkeitserwägungen gegebenenfalls zu seinen Gunsten berücksichtigen, wann und wodurch die Erledigung eingetreten ist [351].

Jener von der Gegenmeinung[352] vertretenen Ansicht kann zwar zugute gehalten werden, daß der Beklagte auf diese Weise tatsächlich möglichst weitgehend vom Risiko befreit werden kann, mit den Kosten des Rechtsstreits belastet zu werden. Gerade darin liegt aber die Unbilligkeit dieser Auffassung. Der Verringerung des Kostenrisikos des Beklagten steht spiegelbildlich zwangsläufig eine entsprechende Risikoerhöhung auf der Seite des Klägers gegenüber. Unabhängig davon, daß für eine solche Risikoverlagerung schon kein Anlaß besteht, ist sie gerade auch mit dem von der Gegenmeinung herangezogenen Grundsatz der Waffengleichheit nicht

---

[349] Vgl. *Bergerfurth* NJW 1968, 530, 532 f.

[350] Vgl. *Bergerfurth* NJW 1968, 530, 532 f.

[351] Vgl. *Bergerfurth* NJW 1968, 530, 532 f.

[352] Vgl. *Bergerfurth* NJW 1968, 530, 532 f.

vereinbar, nach dem eine gleichmäßige Verteilung des Risikos am Verfahrensausgang und der Kostenbelastung gewährleistet werden soll[353].

Daneben ist die vorstehend bezeichnete Gegenmeinung auch schon aus allgemeinen Erwägungen abzulehnen. Die *unbedingte* einseitige Erledigungserklärung des Klägers entspricht nach zutreffender Auffassung einer Klageänderung, gerichtet auf die Feststellung, daß sich der Rechtsstreit in der Hauptsache erledigt hat[354]. Im Fall einer „normalen" Klageänderung hat der Beklagte grundsätzlich die Möglichkeit zu entscheiden, ob er den geänderten Klageanspruch mit der ihm dann möglicherweise günstigen Kostenfolge nach § 93 ZPO anerkennt oder ob er seinen Antrag auf Klageabweisung aufrechterhalten will. Hält er seinen Klageabweisungsantrag aufrecht und unterliegt er, weil die Klage begründet ist, hat er die Kostenfolge aus § 91 ZPO zu tragen. Das entspricht so dem normalen Prozeßrisiko jeder Partei. Ähnlich verhält es sich bei der unbedingten einseitigen Erledigungserklärung des Klägers. Auch hier hat der Beklagte die Wahl, ob er sich der Erledigungserklärung mit der ihm dann gegebenenfalls günstigen Kostenfolge aus § 91a ZPO anschließen oder seinen Klageabweisungsantrag weiter verfolgen will. Schließt er sich der Erledigungserklärung nicht an und stellt das Gericht die Erledigung des Rechtsstreits in der Hauptsache fest, ist er mit seinem Klageabweisungsantrag unterlegen und hat die Kosten nach Maßgabe von § 91 ZPO[355] zu tragen. Genausowenig, wie es dem Beklagten bei der „normalen" Klageänderung möglich ist, den geänderten Klageanspruch nur für den Fall im Sinne von § 93 ZPO anzuerkennen, daß er mit seinem Klageabweisungsantrag unterliegen werde, kann es hier in Betracht kommen, daß er sich der Erledigungserklärung des Klägers nur unter dem Vorbehalt -also hilfsweise- anschließt, daß sich der Rechtsstreit auch tatsächlich als in der Hauptsache erledigt herausstellt.

Soweit nach den vorstehenden Ausführungen eine hilfsweise Anschließung des Beklagten an die *unbedingte* einseitige Erledigungserklärung des Klägers als unzulässig anzusehen ist, gilt das im Ergebnis auch für eine hilfsweise Anschließung des Beklagten an eine *bedingte* Erledigungserklärung des Klägers. In diesem Fall liegt nämlich eine *übereinstimmende* hilfsweise Erledigungserklärung vor, die schon aus den oben unter C.II.10.b. (S. 58 ff.) angeführten Gründen unzulässig ist.

---

[353] Vgl. hierzu statt vieler *Zöller/Vollkommer* Einl. Rn. 102.

[354] Vgl. hierzu im einzelnen oben unter B.III.1.d. (S. 10 f.) und C.II.10.a. (S. 57 f.).

[355] Vgl. oben unter B.III.1.d. (S. 10 f.).

D. Verbindung von Haupt- und Hilfsantrag in der ersten Instanz

I. Rechtshängigkeit

1. Allgemeines

Rechtshängigkeit bedeutet die tatsächliche Existenz eines Urteilsverfahrens über einen prozessualen Anspruch. An die Rechtshängigkeit knüpfen sowohl das Prozeßrecht[356] als auch das materielle Recht[357] unterschiedliche Wirkungen, deren einzige Gemeinsamkeit der Zeitpunkt ihres Eintritts ist.

a) *Beginn der Rechtshängigkeit*

Die Rechtshängigkeit beginnt[358] mit Zustellung (§ 261 Abs. 1 ZPO) der Klageschrift (§§ 253 Abs. 1, 498 ZPO) an den (Wider-)Beklagten bzw. seinen Vertreter oder mit der Klageerhebung in der mündlichen Verhandlung, wenn der Anspruch im Rahmen eines bereits bestehenden Klageverfahrens zur Entscheidung durch das Gericht gestellt wird[359]. Die Rechtshängigkeit entsteht durch jede Klageerhebung, insbesondere auch durch Erhebung einer Widerklage, und auch dann, wenn die Prozeßvoraussetzungen fehlen oder ein Prozeßhindernis besteht[360]. Die Rechtshängigkeit wird

---

[356] Die prozessualen Wirkungen der Rechtshängigkeit ergeben sich u.a. insbesondere aus §§ 261 Abs. 3, 263, 265, 266, 302 Abs. 4, 717 ZPO; hinzu kommt u.a. die Zulässigkeit der Widerklage, § 33 ZPO, der Hauptintervention, § 64 ZPO, der Streithilfe, § 66 ZPO, und der Streitverkündung.

[357] Wegen der materiell-rechtlichen Wirkungen der Rechtshängigkeit vgl. u.a. insbesondere §§ 209, 284, 291, 292, 407, 818, 987, 989, 996, 1002, 1613, 2023 BGB; §§ 140 Abs. 2, 372 Abs. 2, 433 Abs. 2, 440 Abs. 3 HGB; vgl. auch Art. 152 EGBGB.

[358] Zuweilen wird die Wirkung der Rechtshängigkeit auch vordatiert (Vorwirkung); etwa für die durch Widerklage erhobenen Ansprüche auf den Zeitpunkt der Zahlung oder Leistung (§§ 302 Abs. 4 Satz 4, 600 Abs. 2, 717 Abs. 2, 3, 1042c Abs. 2 ZPO), im Mahnverfahren auf den Zeitpunkt der Zustellung des Mahnbescheids (§§ 696 Abs. 3, 700 Abs. 2 ZPO) und hinsichtlich der Wahrung bzw. Unterbrechung von Fristen (§§ 270 Abs. 3, 693 Abs. 2 ZPO). Auch für die summarischen Eilverfahren des Arrests und der einstweiligen Verfügung wird angenommen, daß die Rechtshängigkeit bereits mit der Einreichung des Antrags bei Gericht beginnt; vgl. *Rosenberg/Schwab/Gottwald* § 100 II.1.c (S. 567); *Stein/Jonas/Schumann* § 261 ZPO Rn. 5.

[359] Das kommt etwa bei einer Widerklageerhebung oder Klageerweiterung in mündlicher Verhandlung in Betracht; zu den Voraussetzungen vgl. *Stein/Jonas/Schumann* § 261 ZPO Rn. 36.

[360] Vgl. *Rosenberg/Schwab/Gottwald* §100 II.1.d (S. 567 f.); *Stein/Jonas/Schumann* § 261 ZPO Rn. 5, 44.

deshalb auch durch Klageerhebung vor einem unzuständigen Gericht begründet[361].

b) *Ende der Rechtshängigkeit*

Die Rechtshängigkeit endet zur selben Zeit und auf dieselbe Weise wie der Prozeß selbst, also insbesondere durch rechtskräftiges Urteil, Vergleich, übereinstimmende Erledigungserklärungen der Parteien, usw.; im Fall der Klagerücknahme ist der Rechtsstreit als nicht anhängig geworden anzusehen (§ 269 Abs. 3 ZPO), die Rechtshängigkeit endet hier also rückwirkend[362] auf den Zeitpunkt ihres ursprünglichen Beginns.

2. Hilfsantrag

Der Umstand, daß ein Anspruch nur hilfsweise erhoben wird, steht dem Eintritt seiner Rechtshängigkeit nicht entgegen[363]; die Rechtshängigkeit des Hilfsantrags beginnt also unter denselben Voraussetzungen wie diejenige eines unbedingt gestellten Antrags[364]. Anders als beim unbedingt geltend gemachten prozessualen Anspruch ist die Rechtshängigkeit des hilfsweise erhobenen Anspruchs allerdings durch die rechtskräftige Entscheidung über den Hauptantrag auflösend bedingt[365]. Für den Fall dieses Bedingungseintritts -also bei eigentlicher Eventualhäufung, wenn dem Hauptantrag stattgegeben wird; bei uneigentlicher Eventualhäufung, wenn er abgewiesen wird- will der Kläger den Hilfsantrag nämlich gerade nicht (mehr) zum Gegenstand des Prozesses machen. Diese prozessuale Situation ist mithin derjenigen vergleichbar, in der der Kläger seinen geltend gemachten Anspruch nicht mehr weiterverfolgen will und deshalb die Klage zurücknimmt[366]. In der Literatur wird deshalb auch vereinzelt die Auffassung vertreten, der Hilfsantrag trage -in Ansehung seiner Rechtshängigkeit- eine Art „antezipierter Klagerücknahme" in sich[367]. Diese Gleichheit der Interessenlage zwischen einer Klagerücknahme und dem Fall, daß über den Hilfsantrag wegen rechtskräftiger Entscheidung über den Hauptantrag nicht zu

---

[361] Vgl. *Rosenberg/Schwab/Gottwald* §100 II.1.d (S. 567 f.); *Stein/Jonas/Schumann* § 261 ZPO Rn. 44.

[362] Vgl. *Rosenberg/Schwab/Gottwald* § 100 II.2. (S. 568); *Zöller/Greger* § 269 ZPO Rn. 17.

[363] Vgl. *Kion S.* 157;*Merle* ZZP 83 (1970), 436, 442; *Zeiss* Rn. 374 (S. 146); *Goldschmidt* S. 481; *Lämmert* ZZP 16 (1891), 428, 431; *Wolf* FS Gaul (1997), 805; *Stein/Jonas/Schumann* § 261 ZPO Rn. 5.

[364] Zum Sonderfall der (hilfsweisen) Aufrechnung vgl. oben unter C.III.3. (S. 64 ff.).

[365] Vgl. *Kion* S. 59 ff., 157; *Merle* ZZP 83 (1970), 436, 442; *Zeiss* Rn. 374 (S. 146); *Goldschmidt* S. 481; *Baumgärtel,* Prozeßhandlungen, S. 129; *Stein/Jonas/Schumann* § 261 ZPO Rn. 5.

[366] So im Ergebnis auch *Kion* S. 158 f.; *Merle* ZZP 83 (1970), 436, 442.

[367] Vgl. *Merle* ZZP 83 (1970) 436, 442; im Ergebnis so wohl auch *Oehlers* NJW 1970, 845 („sozusagen von vornherein schon zurückgenommen"); zu weit gehend hingegen *Hellwig* (ZPR) 84, der von einem „antezipierten Klageverzicht" spricht.

entscheiden ist, rechtfertigt insoweit eine entsprechende Anwendbarkeit der Regelung in § 269 Abs. 3 Satz 1 ZPO[368]. Hiernach entfällt die Rechtshängigkeit des Hilfsantrags rückwirkend, so daß er als nicht anhängig geworden anzusehen ist (entspr. § 269 Abs. 3 Satz 1 ZPO). Das hat einerseits zur Folge, daß der (Hilfs-)Anspruch erneut im Wege einer Klage geltend gemacht werden kann. Andererseits bedeutet das aber auch, daß die materiell-rechtlichen Wirkungen der Rechtshängigkeit als von Anfang an nicht eingetreten anzusehen sind[369]. Hieraus folgt insbesondere aber auch, daß die Bestimmung in § 212 Abs. 1 BGB auf diese Fälle gleichfalls entsprechend anzuwenden ist[370]. Die durch die -hilfsweise- gerichtliche Geltendmachung des Anspruchs eingetretene Unterbrechung der Verjährung (§ 209 BGB)[371] muß danach ebenfalls rückwirkend als nicht eingetreten angesehen werden. Konsequenterweise muß es dem Kläger dann aber auch offenstehen, sich die ansonsten entsprechend § 212 Abs. 1 BGB entfallende Unterbrechungswirkung durch eine erneute gerichtliche Geltendmachung des (Hilfs-) Anspruchs innerhalb von sechs Monaten zu erhalten (entspr. § 212 Abs. 2 BGB)[372].

II. Verfahren

1. Begründeter Hauptantrag

Stellt sich der Hauptantrag als begründet heraus, hat sich das Gericht im Fall der eigentlichen Eventualhäufung[373] mit dem Hilfsantrag des Klägers überhaupt nicht zu befassen, denn es ist an die Anträge des Klägers gebunden, § 308 Abs. 1 ZPO, und für den Fall seines Obsiegens auf den Hauptantrag will er gerade keine Entscheidung über seinen Hilfsantrag. Hier gelten keine Besonderheiten, der Rechtsstreit wird entschieden, gleich so, als ob der Kläger gar keinen Hilfsantrag gestellt hätte. Hat der Kläger seinen Hilfsantrag hingegen im Rahmen einer uneigentlichen Eventualhäu-

---

368 So auch *Kion* S. 158 f.; *Merle* ZZP 83 (1970), 436,442; *Zeiss* Rn. 374 (S. 146); *Goldschmidt* S. 481; *Baumgärtel*, Prozeßhandlungen, 138f.; im Ergebnis aA *Petersen* ZZP 16 (1891), 493, 504, 512.

369 Vgl. *Kion* S. 159 f.

370 So auch *Kion* S. 159 f.; *Oehlers* NJW 1970, 845; BGH NJW 1968, 692, 693; aA OLG Celle NJW 1965, 1486 f.

371 Für die Verjährungsunterbrechung bei der (hilfsweisen) Aufrechnung gilt § 209 Abs. 2 Nr. 3 BGB; zum Sonderfall der (hilfsweisen) Aufrechnung (keine Begründung der Rechtshängigkeit einer zur Aufrechnung gestellten Gegenforderung) im allgemeinen vgl. oben unter C.III.3. (S. 64 ff.).

372 So auch *Kion* S. 159 f. (Fn. 12); *Brandhuber* S. 45; *Wolf* FS Gaul (1997), 805; *Palandt/Heinrichs* § 209 BGB Rn. 3, § 212 BGB Rn. 4;*MünchKomm/von Feldmann* § 212 BGB Rn. 10; BGH NJW 1968, 692, 693; aA *Oehlers* NJW 1970, 845 f.

373 Vgl. oben unter B.III.2.a. (S. 12).

fung[374] gestellt, muß das Gericht auch über den Hilfsantrag befinden. Spiegelbildlich hierzu verhält es sich mit den Hilfsanträgen des Beklagten. Unterliegt er mit seinem auf Klageabweisung gerichteten Hauptantrag, weil die Klageforderung begründet ist, hat sich das Gericht mit dem eigentlichen Hilfsantrag des Beklagten zu befassen; eine Entscheidung über den uneigentlichen -nur für den Fall des Erfolgs seines Klageabweisungsantrags gestellten- Hilfsantrag des Beklagten kommt dann nicht in Betracht.

2. Teilweise begründeter Hauptantrag

Ist der Kläger mit seinem Hauptantrag nur teilweise erfolgreich, stellt sich die Frage, ob das Gericht auch in diesen Fällen über den -eigentlichen oder uneigentlichen- Hilfsantrag zu befinden hat. Zur Verdeutlichung des Problems sollen hier die drei nachfolgenden Fallbeispiele dienen:

- *Fall A:* Der Kläger vermietet dem Beklagten eine Wohnung zum monatlichen Mietzins von 2.000,00 DM. Wegen diverser vorhandener Mängel weigert sich der Beklagte, den vertraglich vereinbarten Mietzins für die Monate Januar und Februar zu zahlen. Das genaue Ausmaß der Mängel ist zwischen den Parteien streitig. Der Kläger verlangt vom Beklagten die Zahlung von 2.000,00 DM als Mietzins für den Monat Januar, hilfsweise als Mietzins für den Monat Februar. Das Gericht kommt zu dem Ergebnis, daß der Hauptantrag wegen des bestehenden Mietminderungsrechts des Beklagten in Höhe von lediglich 1.500,00 DM begründet ist.
- *Fall B:* Der Beklagte nutzt Räume des Klägers. Zwischen den Parteien ist streitig, ob zwischen ihnen ein wirksamer Mietvertrag über diese Räume zustande gekommen ist. Der Kläger verlangt vom Beklagten in erster Linie vertraglich geschuldeten Mietzins in Höhe von 5.000,00 DM, hilfsweise eine Nutzungsentschädigung in Höhe des derzeit ortsüblichen Mietzinses von 4.900,00 DM für denselben Zeitraum. Das Gericht kommt zu dem Ergebnis, daß der Mietvertrag zwischen den Parteien zwar wirksam zustande gekommen ist, der mit dem Hauptantrag geltend gemachte vertragliche Mietzinsanspruch des Klägers aber nur in Höhe von 4.500,00 DM besteht.
- *Fall C:* Zwischen den Parteien ist streitig, ob ein bestimmter Werkvertrag zwischen ihnen oder dem Kläger und einem Dritten zustande gekommen ist. Der Kläger verlangt aus diesem Vertrag Werklohn in Höhe von 2.000,00 DM vom Beklagten, weil er meint, dieser sei sein Vertragspartner geworden. Für den Fall der Begründetheit dieses Hauptantrags verlangt er vom Beklagten die Zahlung weiterer 6.000,00 DM als Schadensersatz wegen Verletzung einer vertraglichen Nebenpflicht aus dem streitigen Werkvertrag. Das Gericht kommt hier zu dem Ergebnis, daß der Werkvertrag zwar tatsächlich zwischen den Parteien zustande gekommen ist, der primär geltend gemachte Werklohnanspruch aber nur in Höhe von 1.000,00 DM besteht.

In allen drei Fällen ist die Bedingung, unter die der Kläger die Entscheidung über seinen Hilfsantrag gestellt hat, auf den ersten Blick jedenfalls nicht *vollständig* eingetreten, weil er mit seinen jeweiligen Hauptanträgen in den Fällen A und B nur teilweise unterlegen (eigentliches Eventualverhältnis) und im Fall C nur teilweise erfolgreich (uneigentliches Eventualverhältnis) ist.

Im *Fall A* will das Gericht dem Kläger auf seinen Hauptantrag nur 1.500,00 DM

---

[374] Vgl. oben unter B.III.2.b. (S. 12 ff.).

statt der beantragten 2.000,00 DM zusprechen. Würde sich das Gericht schon aufgrund dieses teilweisen Unterliegens ohne weiteres mit dem Hilfsantrag befassen, könnte es zu dem Ergebnis kommen, daß auch dieser etwa nur in Höhe von 1.500,00 DM oder sogar in vollem Umfang begründet ist. Hier wird das in solchen Fällen bestehende Problem offenbar. Eine Verurteilung des Beklagten zur Zahlung von 1.500,00 DM auf den Hauptantrag und zugleich zur Zahlung weiterer 1.500,00 DM bzw. 2.000,00 DM auf den Hilfsantrag kommt nicht in Betracht, weil das über den Antrag des Klägers -der insgesamt nur 2.000,00 DM vom Beklagten verlangt-hinausgehen würde (§ 308 Abs. 1 Satz 1 ZPO). Denkbar ist allenfalls, daß das Gericht den nur teilweise begründeten Hauptantrag mit einem erststelligen Teilbetrag der hilfsweise geltend gemachten Februarmiete bis zum Erreichen der Klagesumme „auffüllt". Das kommt jedoch nur dann in Betracht, wenn es so auch vom Kläger beantragt ist (§ 308 Abs. 1 Satz 1 ZPO). Fehlt es an einem ausdrücklich hierauf gerichteten Antrag, ist der tatsächlich mit dem Eventualverhältnis verfolgte Wille des Klägers durch Auslegung[375] seiner Anträge zu ermitteln, wobei der Kläger -im Rahmen der richterlichen Hinweispflicht (§ 139 ZPO)- gegebenenfalls ergänzend zu befragen ist[376]. Erst hiernach kann festgestellt werden, ob die Bedingung, unter der der Hilfsantrag steht, tatsächlich eingetreten ist. Im Zweifel wird in solchen Fällen aber wohl davon auszugehen sein, daß der Kläger, der seinen entgegenstehenden Willen nicht ausdrücklich äußert, ein solches „Auffüllen" seines teilweise unbegründeten Hauptantrags durch einen Teil des Gegenstands seines Hilfsantrags gerade nicht will[377]. Nur so wird man dem von ihm für seine Anträge gewählten *Eventualverhältnis* gerecht. Eine Verurteilung des Beklagten auf den Haupt- *und* (teilweise) den Hilfsantrag hat der Kläger nicht beantragt.

Anhand des Beispiels von *Fall B* soll das vorstehend gefundene Ergebnis weiter verdeutlicht werden. Hier liegt es nämlich auf der Hand, daß der Kläger nach Sinn und Zweck der mit seinen Eventualanträgen beabsichtigten Rechtsverfolgung mit Sicherheit keine Entscheidung auch über seinen Hilfsantrag will. Haupt- und Hilfsantrag schließen sich in diesem Fall gegenseitig aus. Entweder besteht ein Vertragsverhältnis zwischen den Parteien -dann wäre der *Haupt*antrag dem Grunde nach gegeben- oder nicht. Nur wenn das Gericht das Bestehen einer vertraglichen Anspruchsgrundlage verneint, kommt der mit dem Hilfsantrag geltend gemachte gesetzliche Anspruch in Betracht. Mit einer Entscheidung, nach der der Hauptantrag der Höhe nach nur teilweise begründet ist, stellt das Gericht deshalb zugleich klar, daß hier ein *vertraglicher* Anspruch des Klägers besteht, und sein Hilfsantrag deshalb

---

[375] Zum hierbei anzulegenden Auslegungsmaßstab vgl. *Baumbach/Lauterbach/Hartmann* Grundz. § 128 ZPO Rn. 52; *Zöller/Greger* Vor § 128 ZPO, Rn. 25; BGH NJW-RR 1995, 1469, 1470; BGH NJW 1994, 1537, 1538; BGH NJW-RR 1994, 568; BGH NJW 1991, 1183 f.

[376] Vgl. *Baumbach/Lauterbach/Hartmann* Grundz. § 128 ZPO Rn. 52.

[377] AA wohl *Brox*, FS Carl Heymanns Verlag, 1965, 121, 127, der offenbar meint, das Gericht könne den Hauptantrag in einem solchen Fall ohne weiteres auf diese Weise „auffüllen".

schon dem Grunde nach ausscheidet. Die genaue Betrachtung des vom Kläger gewählten Eventualverhältnisses seiner Anträge zeigt, daß die Bedingung, unter die er die Befassung des Gerichts mit dem Hilfsantrag gestellt hat -die Feststellung des Nichtbestehens einer vertraglichen Grundlage für seine Klageforderung- nicht eingetreten ist. Eine Entscheidung auch über den Hilfsantrag darf hier deshalb nicht erfolgen.

Im *Fall C* hingegen wird sich das Gericht trotz des nur teilweisen Erfolgs des Hauptantrags mit dem uneigentlichen Hilfsantrag des Klägers auseinanderzusetzen haben. Durch das uneigentliche Eventualverhältnis seiner Anträge will der Kläger hier offenkundig zunächst einmal geklärt haben, ob das streitige Vertragsverhältnis zwischen den Parteien überhaupt besteht. Nur falls das Gericht dies bejahen sollte, will er eine Entscheidung auch über seinen -dann auch nur in Betracht kommenden- Eventualantrag. Diese Bedingung ist hier eingetreten. Soweit das Gericht den Hauptantrag auch nur teilweise für begründet hält, muß es zwangsläufig auch der Auffassung sein, daß der streitige Vertrag zwischen den Parteien zustande gekommen ist. Gerade -und nur- für diesen Fall hat der Kläger seinen uneigentlichen Hilfsantrag gestellt.

Die vorstehenden Beispiele verdeutlichen, daß für die Beantwortung der Frage, ob sich das Gericht auch bei nur teilweise begründetem bzw. unbegründetem Hauptantrag mit dem Hilfsantrag zu befassen hat, maßgeblich allein auf den hinter seinen jeweiligen Anträgen stehenden Willen des Klägers abzustellen ist. Kommt dieser Wille aus den schriftsätzlichen Äußerungen des Klägers oder seinem Vortrag in der mündlichen Verhandlung nicht eindeutig zum Ausdruck, hat ihn das Gericht -namentlich durch Auslegung und gegebenenfalls ergänzend hierzu auch durch Befragen des Klägers- zu erforschen.

3. Unbegründeter Hauptantrag

Hier gilt spiegelbildlich dasselbe wie oben unter D.II.1. (S. 73) zum begründeten Hauptantrag gesagt. Im Falle der uneigentlichen Eventualhäufung hat sich das Gericht mit dem Hilfsantrag nicht zu befassen; bei der eigentlichen Eventualhäufung muß es hingegen über ihn entscheiden.

4. Zur Zeit unbegründeter Hauptantrag

Ist der Hauptantrag als zur Zeit unbegründet abzuweisen, weil die mit ihm verfolgte Klageforderung etwa noch nicht fällig geworden ist, hängt es auch hier vom im Einzelfall erklärten Willen des Klägers (§ 308 Abs. 1 ZPO) ab, ob sich das Gericht mit seinem eigentlichen Eventualantrag zu befassen hat. Gegebenenfalls ist der wirkliche Wille des Klägers durch richterlichen Hinweis (§ 139 ZPO) oder Auslegung seines Antrags zu ermitteln[378]. In der Regel wird aber der durch die eigentliche Eventualhäufung zum Ausdruck gebrachte Wille des Klägers darauf gerichtet sein, eine Entscheidung über den Hilfsantrag nur dann herbeiführen zu wollen, wenn das Gericht zu der Auffassung gelangt, daß der primär verfolgte Anspruch von ihm nicht zu realisieren ist. Diese Frage wird durch eine Abweisung der Klage als zur Zeit unbegründet aber gerade nicht abschließend geklärt. Hier besteht regelmäßig noch die Möglichkeit, daß der Hauptanspruch etwa kurzfristig fällig wird und ihn der Kläger alsbald erfolgreich geltend machen kann. In solchen Fällen wird deshalb wohl regelmäßig davon auszugehen sein, daß es schon am Eintritt der Bedingung, unter der der eigentliche Hilfsantrag gestellt worden ist, fehlt.

Deutlich wird das etwa auch in den Fällen, in denen sich Haupt- und Hilfsantrag gegenseitig dergestalt ausschließen, daß dem Kläger aus materiell-rechtlichen G-ründen nur der eine, nicht aber der andere Anspruch zustehen kann. Stellt das Gericht in einem solchen Rechtsstreit fest, daß der primär erhobene Anspruch nach materiellem Recht zwar dem Grunde nach allein in Betracht kommt aber mangels Fälligkeit derzeit noch nicht zugesprochen werden kann, liegt hierin regelmäßig zugleich auch -inzident- die Feststellung, daß die materiell-rechtlichen Voraussetzungen des hilfsweise geltend gemachte Anspruchs nicht gegeben sein können. Hier liegt es auf der Hand, daß die Bedingung, unter der der Hilfsantrag steht, nicht eingetreten ist. Aus der Art der eventuellen Verknüpfung seiner Anträge folgt eindeutig, daß der Kläger eine Entscheidung über den Hilfsantrag nur will, wenn die von ihm primär in Betracht gezogene materiell-rechtliche Anspruchsgrundlage ausscheidet; diese Voraussetzung liegt in solchen Fällen aber gerade nicht vor.

5. Unzulässiger Hauptantrag

Wird der Antrag als unzulässig abgewiesen, kommt eine Befassung des Gerichts mit dem *eigentlichen* Hilfsantrag des Klägers auch hier nicht ohne weiteres in Betracht[379]. In diesen Fällen ist maßgeblich auf den erklärten Willen des Klägers (§ 308 Abs. 1 ZPO) abzustellen. In der Regel wird der Kläger seinen Hilfsantrag nur für den Fall stellen, daß die von ihm primär erhobene Klageforderung unbegründet ist. In der Praxis kommt es deshalb häufig vor, daß der Kläger, der in *jedem* Fall der Erfolglosigkeit seines Hauptantrags eine Entscheidung über den Hilfsantrag herbeiführen will, diesen vorsorglich schon von vornherein entsprechend formuliert (etwa „für *jeden* Fall der Erfolglosigkeit des Hauptantrags..." oder „für den Fall der Unbegründetheit *oder* Unzulässigkeit des Hauptantrags..."). Gegebenenfalls ist der wirkliche

---

[378] So auch *Brox*, FS Carl Heymanns Verlag, 1965, 121, 127; zum hierbei anzulegenden Auslegungsmaßstab vgl. *Baumbach/Lauterbach/Hartmann* Grundz. § 128 ZPO Rn. 52; *Zöller/Greger* Vor § 128 ZPO; BGH NJW-RR 1995, 1469, 1470; BGH NJW 1994, 1537, 1538; BGH NJW-RR 1994, 568; BGH NJW 1991, 1183 f.

[379] Vgl. hierzu insbesondere *Brox*, FS Carl Heymanns Verlag, 1965, 121, 127.

Wille des Klägers auch hier durch richterlichen Hinweis (§ 139 ZPO)[380] oder Auslegung seines Antrags zu ermitteln[381]. In diesen Fällen versteht es sich nämlich nicht von selbst, daß der Eintritt der Bedingung, unter die der Kläger die Entscheidung über seinen Hilfsantrag gestellt hat, auch durch die Unzulässigkeit des Hauptantrags ausgelöst werden soll[382]. Hier wird es vielmehr im Einzelfall darauf ankommen, ob die Prozeßvoraussetzung, deren Fehlen das Gericht an einer Sachentscheidung über den Hauptantrag hindert, in einem neuen -anderen- Verfahren über den Hauptanspruch gegeben sein kann oder ob auch eine neue Klage aus demselben Grund unzulässig wäre. Für den ersten Fall wird der Kläger möglicherweise erst den Hauptanspruch ein weiteres Mal -in einem neuen Prozeß- geltend machen wollen, bevor er eine Entscheidung über den Hilfsantrag wünscht. Ist das prozessuale Hindernis, das der Sachentscheidung über den Hauptantrag entgegensteht, allerdings auch für einen neuen Rechtsstreit nicht zu beheben, wird es wohl regelmäßig im Interesse des Klägers liegen, daß auch über seinen Hilfsantrag entschieden wird.

6. Zurücknahme des Hauptantrags

Nimmt der Kläger die mit dem Hauptantrag verfolgte Klage nach Maßgabe der hierfür geltenden Bestimmungen (vgl. § 269 ZPO) teilweise zurück, gelten keine Besonderheiten[383]. In solchen Fällen hat sich das Gericht zunächst mit dem verbleibenden Teil des Hauptantrags zu befassen und erst danach -soweit die hiermit verbundene Bedingung eingetreten ist- gegebenenfalls auch über den Hilfsantrag zu entscheiden. Nimmt der Kläger hingegen seinen Hauptantrag insgesamt (vollständig) zurück, weil er nur noch seinen Hilfsantrag weiterverfolgen will, hat er zugleich im Wege der Klageänderung (§ 263 ZPO) klarzustellen, daß er seinen bisherigen Hilfsantrag nunmehr unbedingt zur Entscheidung durch das Gericht stellen will. Unterläßt er das, nimmt er also lediglich seinen Hauptantrag zurück und verfolgt seinen Hilfsantrag unverändert weiter, hat das Gericht hinsichtlich des Hauptantrags nach § 269 Abs. 3 ZPO über die insoweit angefallenen Kosten zu entscheiden und im übrigen die Klage auf den Hilfsantrag durch Prozeßurteil als unzulässig abzuweisen, da der dann zur Entscheidung verbleibende Hilfsantrag einer bedingten -und damit unzulässigen[384]- Klage entsprechen würde.

---

[380] Vgl. *Huber* JuS 1987, 545, 546.

[381] So auch *Brox*, FS Carl Heymanns Verlag, 1965, 121, 127; zum hierbei anzulegenden Auslegungsmaßstab vgl. *Baumbach/Lauterbach/Hartmann* Grundz. § 128 ZPO Rn. 52; *Zöller/Greger* Vor § 128 ZPO; BGH NJW-RR 1995, 1469, 1470; BGH NJW 1994, 1537, 1538; BGH NJW-RR 1994, 568; BGH NJW 1991, 1183 f.

[382] So auch *Brox*, FS Carl Heymanns Verlag, 1965, 121, 127.

[383] Zur Klagerücknahme im allgemeinen vgl. statt vieler *Zöller/Greger* § 269 ZPO Rn. 1 ff.; zur teilweisen Klagerücknahme vgl. *Zöller/Greger* § 269 ZPO Rn. 19a.

[384] Vgl. oben unter C.I.1. (S. 27).

7. Zurücknahme des Hilfsantrags

Nimmt der Kläger seinen Hilfsantrag -ganz oder teilweise- zurück, gelten zunächst keine wesentlichen Besonderheiten. Vor Beginn der mündlichen Verhandlung ist eine Einwilligung des Beklagten in die Zurücknahme des Hilfsantrags nicht erforderlich, § 269 Abs. 1 ZPO. Nach Beginn der mündlichen Verhandlung -über den Hilfsantrag- ist hingegen die entsprechende Einwilligung des Beklagten erforderlich. Maßgeblicher Zeitpunkt ist damit auch hier grundsätzlich (§ 137 Abs. 1 ZPO) das Verlesen des Klageabweisungsantrags des Beklagten[385], soweit dieser sich -was allerdings regelmäßig der Fall sein dürfte- sowohl auf den Haupt- als auch auf den Hilfsantrag bezieht. Allerdings setzt die Bestimmung in § 269 Abs. 1 ZPO den Beginn einer streitigen Verhandlung *in der Sache selbst* voraus[386]. Hierzu sind Erklärungen tatsächlichen oder rechtlichen Inhalts zum Streitgegenstand erforderlich[387]. Deshalb genügt der unter Bezugnahme auf die Klageerwiderungsschrift verlesene Antrag, (auch) den Hilfsantrag als in der Sache *unbegründet* abzuweisen, nicht aber der Antrag, (auch bzw. nur) den Hilfsantrag *ohne* Sachentscheidung durch reines Prozeßurteil als unzulässig abzuweisen. Durch die Verlesung (allein) eines solchen Antrags wird in der Sache selbst noch nicht streitig verhandelt, hat also die mündliche Verhandlung im Sinne von § 269 Abs. 1 ZPO auch noch nicht begonnen[388]. Maßgeblich für das Erfordernis der Einwilligung des Beklagten zur Zurücknahme des Hilfsantrags ist, ob er sich in Ansehung des Hilfsantrags bereits mündlich zur Sache erklärt hat.

Verweigert der Beklagte seine hiernach erforderliche Einwilligung, ist die Zurücknahme des Hilfsantrags wirkungslos[389]. In diesem Fall hat das Gericht -nach Eintritt der hierfür maßgeblichen Bedingung- über den (zulässigen) Hilfsantrag durch Sachurteil zu entscheiden, soweit ihn der Kläger auch noch nach der entsprechenden Erledigungserklärung ausdrücklich aufrechterhält. Stellt der Kläger nach einer solchermaßen wirkungslosen Rücknahmeerklärung in Ansehung des Hilfsantrags allerdings keinen Sachantrag mehr, kann der Beklagte -für den Fall des Bedingungseintritts- insoweit ein Versäumnisurteil (§ 333 ZPO) gegen den Kläger erwirken.

Ist die Zurücknahme des Hilfsantrags hiernach wirkungslos, kommt es für die Kostenfolge maßgeblich auf den Eintritt der mit dem Hilfsantrag verknüpften Bedingung an. Tritt diese nicht ein, hat das Gericht über den Hilfsantrag nicht zu entscheiden. In diesen Fällen erfolgt die Kostenentscheidung nach §§ 91 ff. ZPO, also regelmäßig nach Maßgabe des jeweiligen Obsiegens bzw. Unterliegens der Parteien

---

[385] Vgl. insoweit statt vieler *Zöller/Greger* § 269 ZPO Rn. 13.

[386] Vgl. *Zöller/Greger* § 269 ZPO Rn. 13; *Thomas/Putzo* § 39 ZPO Rn. 5 ff.

[387] Vgl. *Thomas/Putzo* § 39 ZPO Rn. 5 ff.

[388] Vgl. *Zöller/Greger* § 269 ZPO Rn. 13.

[389] Vgl. *Zöller/Greger* § 269 ZPO Rn. 16.

auf den Hauptantrag. Tritt die Bedingung (etwa die Erfolglosigkeit des Hauptantrags) hingegen ein, ist zu unterscheiden: Hat der Kläger den Hilfsantrag nach seiner wirkungslosen Rücknahmeerklärung nicht mehr weiterverfolgt, und hat der Beklagte insoweit den Erlaß eines Versäumnisurteils beantragt, folgt die Kostenentscheidung hinsichtlich des Hauptantrags aus § 91 Abs. 1 Satz 1 ZPO und hinsichtlich des Hilfsantrags aus § 344 ZPO. Hat der Kläger seinen Hilfsantrag allerdings weiterverfolgt, ergibt sich die Kostenentscheidung einheitlich aus den §§ 91 ff. ZPO, gemessen am jeweiligen Obsiegen bzw. Unterliegen der Parteien auf Haupt- *und* Hilfsantrag. In beiden Fällen wird der für die Ermittlung der Kostenquote (und der Höhe der Gebühren) maßgebliche Gebührenstreitwert nach Maßgabe von § 19 Abs. 1 Satz 2 GKG durch Zusammenrechnung der Werte von Haupt- und Hilfsantrag ermittelt, weil hier -nach entsprechendem Bedingungseintritt- auch über den Hilfsantrag entschieden worden ist.

Ist die Zurücknahme des Hilfsantrags hingegen wirksam, folgt die Kostenentscheidung hinsichtlich des Hauptantrags aus §§ 91 ff. ZPO und hinsichtlich des Hilfsantrags aus § 269 Abs. 3 ZPO. Für die Ermittlung der hieraus folgenden Kostenquote sind die Werte von Haupt- und Hilfsantrag allerdings *nicht* nach § 19 Abs. 1 Satz 2 GKG zusammenzurechnen, da über den zurückgenommenen Hilfsantrag keine Entscheidung ergeht. In diesen Fällen folgen Kostenquote und Gebührenhöhe allein dem Gebührenstreitwert des Hauptantrags[390]. Dasselbe gilt, wenn der Kläger Haupt- *und* Hilfsantrag, die Klage also insgesamt zurücknimmt. Auch hier ergeht über den Hilfsantrag keine Entscheidung im Sinne von § 19 Abs. 1 Satz 2 GKG. Nimmt der Kläger also (auch) den Hilfsantrag zurück, ist die hieraus folgende gesetzliche Kostentragungspflicht nach § 269 Abs. 3 ZPO allein für die Kostengrundentscheidung von Bedeutung. Für die Ermittlung der Kostenquote und damit letztlich auch für die Bemessung der Höhe der von ihm zu tragenden Kosten kommt es hingegen -wegen der ausdrücklichen Bestimmung in § 19 Abs. 1 Satz 2 GKG- allein auf den Wert des Streitgegenstands des Hauptantrags an.

8. Geänderter Haupt- oder Hilfsantrag

Nach der Bestimmung in § 263 ZPO ist eine Änderung der Klage nach Eintritt der Rechtshängigkeit nur dann zulässig, wenn der Beklagte in die Klageänderung einwilligt oder das Gericht sie für sachdienlich hält. Da der Umstand, daß ein Anspruch nur hilfsweise erhoben wird, dem Eintritt seiner Rechtshängigkeit nicht entgegensteht[391], gilt diese Regelung nicht nur für eine Änderung des mit der Klage verfolgten Hauptantrags, sondern uneingeschränkt auch für eine Änderung des klägerischen Hilfs-

---

[390] So im Ergebnis wohl auch *Zöller/Greger* § 269 ZPO Rn. 18a (dort aber ausdrücklich nur für den Fall der Hilfswiderklage).

[391] Vgl. oben unter D.I.2. (S. 72 f.).

antrags[392].

Die Vorschrift in § 263 ZPO dient dem Schutz des Beklagten, in dessen Rechtsschutzanspruch eingegriffen wird, wenn er in einem bereits rechtshängigen Verfahren durch eine nachträgliche Veränderung des Klageantrags und damit des Streitgegenstands genötigt wird, sich gegen einen anderen -geänderten- Angriff zu verteidigen[393]. Deshalb findet diese Vorschrift nicht nur dann (entsprechende) Anwendung, wenn der Kläger den jeweiligen Haupt- oder Hilfsantrag ändert bzw. nachträglich seinen bisherigen (Haupt-) Antrag mit einem Hilfsantrag verbindet[394], sondern auch dann, wenn der Kläger die Reihenfolge seiner hilfsweise verbundenen Anträge vertauscht, also den bisherigen Hauptantrag nur noch hilfsweise und primär den bisherigen Hilfsantrag zur Entscheidung stellt[395].

III. Erstinstanzliche Entscheidungen

1. Entscheidung nur über den Hauptantrag des Klägers (Teilurteil)

Erachtet das Gericht den Hauptantrag im Falle der eigentlichen Eventualhäufung[396] für begründet, entscheidet es nur über diesen, ohne auf den Hilfsantrag einzugehen[397]. Das liegt auf der Hand; die Nichtbefassung mit dem Hilfsantrag entspricht insoweit den Anträgen des Klägers (§ 308 Abs. 1 ZPO), der für den Fall des Obsiegens auf seinen Hauptantrag gerade keine Entscheidung über den Eventualantrag will.

Anders stellt sich die Situation allerdings dar, wenn mit der Entscheidung über den Hauptantrag die Bedingung eintritt, unter der der Hilfsantrag gestellt ist. Das ist dann der Fall, wenn das Gericht den Hauptantrag bei der eigentlichen Eventualhäufung für unbegründet oder bei der uneigentlichen Eventualhäufung[398] für begründet hält. In diesen Fällen hat sich das Gericht jeweils auch mit dem Hilfsantrag zu befassen und über diesen zu entscheiden. Das entspricht so dem Wesen der eventuellen Klagenhäufung schlechthin und ist dem Grundsatz nach auch allgemein anerkannt. Streit besteht indes über die Frage, ob in diesen Fällen die Entscheidung über den Hilfsantrag stets zugleich und in ein und demselben Urteil zu erfolgen hat wie der Aus-

---

[392] Vgl. auch *Kion* S. 162.

[393] Zum Schutzzweck von § 263 ZPO vgl. *Zöller/Greger* § 263 ZPO Rn. 1.

[394] Zur entsprechenden Anwendbarkeit der Bestimmung in § 263 ZPO auf die Fälle der nachträglichen Eventualhäufung vgl. oben unter B.III.2.c. (S. 14 f.).

[395] Vgl. *Kion* S. 162; BGH NJW 1985, 1841, 1842; BGH WPM 1983, 1162, 1163; BGH WPM 1981, 798, 799; BGH NJW 1970, 44, 45.

[396] Vgl. oben unter B.III.2.a. (S. 12).

[397] Vgl. oben unter D.II.1. (S. 73 f.).

[398] Vgl. oben unter B.III.2.b. (S. 12 ff.).

spruch über den Hauptantrag. Die insoweit zu Recht herrschende Meinung vertritt die Auffassung, das Gericht könne hier auch zunächst durch Teilurteil allein über den Hauptantrag befinden und sich erst danach -im Schlußurteil- mit dem Hilfsantrag befassen[399]. Ein Teilurteil ist nach Maßgabe von § 301 Abs. 1 ZPO zulässig, wenn von mehreren in einer Klage verbundenen prozessualen Ansprüchen nur der eine oder nur ein Teil eines Anspruchs zur Entscheidung reif ist und wenn das Teilurteil von dem weiteren Verlauf des Verfahrens nicht mehr betroffen wird[400]. Diese Voraussetzungen sind bei einem allein den Hauptantrag betreffenden (Teil-) Urteil erfüllt, weil es sich bei Haupt- und Hilfsantrag stets um verschiedene Streitgegenstände handelt[401] und die Entscheidung über den Hauptantrag vom Ausgang des weiteren Rechtsstreits über den Hilfsantrag inhaltlich unabhängig ist[402]. Allerdings wird die Zulässigkeit eines auf die Entscheidung nur über den Hauptantrag beschränkten Teilurteils teilweise verneint[403]. Zwar spielt dieser Meinungsstreit in der gerichtlichen Praxis -wenn überhaupt- eine allenfalls untergeordnete Rolle, da die Gerichte in der Regel ohnehin kaum von der ihnen nach Maßgabe von § 301 ZPO eingeräumten Möglichkeit der Entscheidung durch Teilurteil Gebrauch machen[404], doch soll diesem Streit in der Folge gleichwohl etwas eingehender nachgegangen werden.

Zunächst kann gegen die Zulässigkeit eines solchen Teilurteils nicht ins Feld geführt werden, daß der Kläger in diesen Fällen dazu neigen dürfte, hiergegen stets ein Rechtsmittel einzulegen, um zu vermeiden, daß im Falle der Abweisung auch seines Hilfsantrags durch das Schlußurteil eine Weiterverfolgung seines Hauptantrags wegen zwischenzeitlichen Ablaufs der Rechtsmittelfrist nicht mehr möglich ist[405]. Einerseits vermag schon der diesem Argument zugrundeliegende Gedanke nicht zu

---

[399] Vgl. RGZ 102, 174, 175 f.; BGHZ 6, 178, 180; BGH NJW 1956, 1154 f.; BGH JR 1971, 331, 332, mit zustimmender Anmerkung von *Bähr* JR 1971, 332 f.; BGHZ 77, 392, 394; BGHZ 115, 187, 188; BGHZ 120, 96, 97; BGH NJW 1992, 2080, 2081; BGH NJW 1995, 2361; *Baumbach/Lauterbach/Hartmann* § 301 ZPO Rn. 17; *Thomas/Putzo* § 260 ZPO Rn. 17; *Stein/Jonas/Leipold* § 301 ZPO Rn. 12; *Kion* S. 165 ff.; *Lent* JR 1951, 375, 376; *Brox* , FS Carl Heymanns Verlag, 1965, 121, 128; *Merle* ZZP 83 (1970), 436, 447; *Blomeyer* § 84 III. (S. 450); *MünchKomm/Musielak* § 301 ZPO Rn. 9; *Zimmermann* § 301 ZPO Rn. 4; aA *de Lousanoff* S. 135 f.; *Bülow* DNotZ 1971, 376, 377; *Zöller/Vollkommer* § 301 ZPO Rn. 8; aA wohl auch *Wieczorek* (2. Aufl.) § 301 ZPO Anm. B.II.b.

[400] Vgl. BGHZ 20, 311, 312; BGH NJW 1993, 2173; BGH NJW 1997, 453, 454 f.; *Prütting* ZZP 94 (1981), 103, 105 f.; *Zöller/Vollkommer* § 301 ZPO Rn. 2, 7; *Baumbach/Lauterbach/Hartmann* § 301 ZPO Rn. 5; *Thomas/Putzo* §301 ZPO Rn. 3.

[401] Vgl. oben unter B.II. (S. 4 ff.).

[402] Vgl. *Brox*, FS Carl Heymanns Verlag, 1965, 121, 128; *Kion* S. 165.

[403] Vgl. *de Lousanoff* S. 135 f.; *Bülow* DNotZ 1971, 376, 377; *Zöller/Vollkommer* § 301 ZPO Rn. 8; *MünchKomm/Musielak* § 301 ZPO Rn. 9.

[404] Vgl. hierzu auch die Ausführungen von *MünchKomm/Musielak* § 301 ZPO Rn. 2 ff.

[405] So im Ergebnis aber *de Lousanoff*, S. 135.

überzeugen, daß sich die Zulässigkeit bestimmter Gerichtsentscheidungen nach der Wahrscheinlichkeit zu bemessen habe, mit welcher gegen sie die Einlegung von Rechtsmitteln zu erwarten ist. Andererseits räumt die entsprechende Gegenmeinung selbst ein, daß die Zulässigkeit von Teilurteilen nur über den Hauptantrag des Klägers dann davon abhängig wäre, ob gegen sie in zulässiger Weise (noch) ein Rechtsmittel eingelegt werden kann oder nicht[406]. Das überzeugt nicht. Aus welchem Grund die Abweisung eines auf Zahlung von 1.501,00 DM[407] gerichteten Hauptantrags durch Teilurteil unzulässig sein soll, während ein im übrigen völlig gleichlautendes Teilurteil über einen auf Zahlung von lediglich 1.499,00 DM[408] gerichteten Hauptantrag hingegen als zulässig anzusehen wäre, ist nicht nachvollziehbar.

Die Gegenmeinung stützt ihre Bedenken gegen Teilurteile nur über den Hauptantrag des Klägers allerdings überwiegend auch darauf, daß auf diese Weise bei Fortführung des Prozesses in zwei Instanzen -insbesondere in den Fällen, in denen sich Haupt- und Hilfsantrag gegenseitig ausschließen[409]- einander widersprechende Entscheidungen ergehen könnten. Für den Fall etwa, daß das Gericht durch ein solches Teilurteil z.B. den Hauptantrag abweise, könne der Kläger hiergegen ein Rechtsmittel einlegen, noch während der Rechtsstreit über den Hilfsantrag in der ersten Instanz anhängig ist[410]. Verurteile das Gericht der ersten Instanz den Beklagten daraufhin auf den Hilfsantrag durch Schlußurteil und erwachse diese Entscheidung in Rechtskraft, noch bevor das Berufungsgericht über das gegen die Abweisung des Hauptantrags gerichtete Rechtsmittel entschieden habe, sei zu befürchten, daß das Gericht der zweiten Instanz das angefochtene Teilurteil abändern und den Beklagten auch auf den Hauptantrag verurteilen könne. Unabhängig davon, daß sich zwei auf diese Weise in unterschiedlichen Instanzen ergehende Urteile inhaltlich widersprechen könnten, sei es jedenfalls auch mit dem Wesen der Eventualhäufung nicht vereinbar, dem Kläger, der etwa bei der eigentlichen Eventualhäufung nur *eine* Rechtsfolge beanspruchen wollte, *zwei* Ansprüche (auf den Haupt- *und* auf den Hilfsantrag) zuzusprechen.

---

[406] Vgl. *de Lousanoff*, S. 135.

[407] Vgl. § 511a Abs. 1 Satz 1 ZPO.

[408] Vgl. § 511a Abs. 1 Satz 1 ZPO.

[409] Vgl. etwa das oben unter A. (S. 1) genannte Fallbeispiel.

[410] Die Auffassung, nach der dies praktisch gar nicht möglich sei, weil sich die Prozeßakten (allein) beim Rechtsmittelgericht befinden würden, weshalb das Gericht der ersten Instanz -mangels Akten- nicht durch Schlußurteil über den Hilfsantrag entscheiden könne (vgl. *Brox*, FS Carl Heymanns Verlag, 1965, 121, 128), kann aufgrund der zwischenzeitlich vorangeschrittenen Verbreitung von Fotokopiergeräten wohl nicht mehr aufrechterhalten bleiben. Hinzu kommt, daß das erstinstanzliche Gericht dem bei ihm anhängig gebliebenen Verfahrensteil -zumindest auf Antrag einer der Parteien (vgl. *Zöller/Vollkommer* § 301 ZPO Rn. 12)- auch dann Fortgang zu geben hat, wenn gegen das Teilurteil über den schon beschiedenen Verfahrensteil ein Rechtsmittel eingelegt worden ist (vgl. *MünchKomm/Musielak* § 301 ZPO Rn. 2).

Diese von der Gegenmeinung erhobenen Bedenken gegen die Zulässigkeit eines Teilurteils nur über den Hauptantrag des Klägers erweisen sich bei näherer Betrachtung gleichfalls als unbegründet. Die unmittelbare Wirkung der eventuellen Klagenhäufung besteht in der Bindung des Gerichts an eine bestimmte Reihenfolge bei den Entscheidungen über Haupt- und Hilfsantrag[411]. Diese Bindungswirkung gilt aber nicht nur für die erste Instanz, sondern ist während des gesamten Verfahrens bis zum rechtskräftigen Abschluß des Rechtsstreits zu beachten[412]. Das prozessuale Abhängigkeitsverhältnis zwischen Haupt- und Hilfsantrag bleibt also auch in der zweiten Instanz bestehen. Daraus folgt, daß die erstinstanzliche Entscheidung über den Hilfsantrag in jedem Fall (also unabhängig davon, ob sie durch Vollendurteil oder durch Schlußurteil ergeht) stets nur unter der Bedingung erfolgen kann, daß der Ausspruch über den Hauptantrag in Rechtskraft erwächst[413]. Hält das Gericht der ersten Instanz den Hauptantrag (im Fall der eigentlichen Eventualhäufung) für unbegründet, den Hilfsantrag hingegen für begründet, wird es den Beklagten -unter Abweisung des Hauptantrags- auf den Hilfsantrag verurteilen. Wendet sich der -nur durch die Abweisung seines Hauptantrags beschwerte[414]- Kläger gegen diese Entscheidung mit der Berufung, kann das Rechtsmittelgericht das angefochtene Urteil abändern und den Beklagten auf den Hauptantrag verurteilen. Damit ist die Rechtshängigkeit des Hilfsantrags rückwirkend beseitigt[415] und dem Begehren des Klägers, der für diesen Fall gar keine Entscheidung über seinen Hilfsantrag wollte, in vollem Umfang entsprochen[416]. In diesem Fall wird die erstinstanzliche Entscheidung über den Hilfsantrag wirkungslos, ohne daß es insoweit einer ausdrücklichen Aufhebung bedarf[417]. Nichts anderes kann gelten, wenn das Gericht der ersten Instanz über Haupt- und Hilfsantrag nicht gemeinsam durch Vollendurteil, sondern getrennt durch Teil- (Abweisung des Hauptantrags) und Schlußurteil (Verurteilung des Beklagten auf den Hilfsantrag) entschieden hat[418]. Auch hier steht der durch das Schlußurteil erfolgte Ausspruch über den Hilfsantrag unter der auflösenden Bedingung der Rechtskraft des Teilurteils über den Hauptantrag[419]. Ein solches auflösend bedingtes Urteil steht auch mit den allgemeinen zivilprozessualen Grundsätzen für diejenigen Fälle in Einklang, in denen -ähnlich wie hier- dem Endurteil ein selbständig anfecht-

---

[411] So zu Recht schon *Kion* S. 167 und im Ergebnis auch *Bähr* JR 1971, 332 f.

[412] Vgl. *Kion* S. 167 und im Ergebnis auch *Bähr* JR 1971, 332 f.

[413] Vgl. *MünchKomm/Musielak* § 301 ZPO Rn. 9; *Rosenberg/Schwab/Gottwald* § 99 IV.3.e. (S. 565).

[414] Vgl. hierzu unten unter E.II.2.b. (S. 103 ff.).

[415] Vgl. oben unter D.I.2. (S. 72 ff.).

[416] Vgl. *Brox*, FS Carl Heymanns Verlag, 1965, 121, 136; *Rosenberg/Schwab* § 100 IV.3.e. (S. 603).

[417] Vgl. hierzu unten unter E.II.2.b. (S. 103 ff.).

[418] So zu Recht auch *MünchKomm/Musielak* § 301 ZPO Rn. 9.

[419] So auch *Kion* S. 167; *Bähr* JR 1971, 332 f.

bares Zwischenurteil vorausgeht (§§ 256 Abs. 2, 280, 304 ZPO)[420].

Nach alledem überzeugen die von der Gegenmeinung ins Feld geführten Bedenken gegen die Zulässigkeit eines Teilurteils über den Hauptantrag nicht. Die Besorgnis zweier sich widersprechender Entscheidungen über Haupt- und Hilfsantrag ist ebenso unbegründet wie die Gefahr, daß der Beklagte sowohl auf den Haupt- als auch auf den Hilfsantrag verurteilt werden könnte: Weist das Gericht der ersten Instanz den Hauptantrag durch Teilurteil ab und verurteilt den Beklagten durch Schlußurteil auf den Hilfsantrag, steht der Ausspruch des Schlußurteils unter der aufschiebenden Bedingung der Rechtskraft des vorangegangenen Teilurteils. Ändert das Rechtsmittelgericht das Teilurteil ab und verurteilt den Beklagten auf den Hauptantrag, wird seine erstinstanzliche Verurteilung auf den Hilfsantrag hierdurch ohne weiteres[421] genauso gegenstandslos wie in den Fällen, in denen das Gericht des ersten Rechtszugs der Klage unter Abweisung des Hauptantrags auf den Hilfsantrag durch Vollendurteil stattgegeben hat und das Rechtsmittelgericht abweichend hiervon zu dem Ergebnis kommt, daß die Klage schon auf den Hauptantrag begründet ist. Vor diesem Hintergrund ist es auch nicht zwingend erforderlich, daß das Gericht der ersten Instanz -wie teilweise vorgeschlagen wird[422]- das Verfahren bis zur Rechtskraft des Teilurteils über den Hauptantrag aussetzen muß, um die von der Gegenmeinung befürchteten Schwierigkeiten zu vermeiden[423].

Allerdings ist in diesen Fällen das folgende zu beachten: Weist das Gericht des ersten Rechtszugs den Hauptantrag durch Teilurteil zurück und verurteilt den Beklagten durch Schlußurteil auf den Hilfsantrag, enthält in der Regel nur dieses Schlußurteil eine Kostenentscheidung[424]. Legt der Kläger nun (nur) gegen das keinen Kostenausspruch enthaltende Teilurteil Berufung ein und ändert das Berufungsgericht -weil es das Rechtsmittel für erfolgreich hält- die angefochtene Entscheidung dahingehend ab, daß der Beklagte schon auf den Hauptantrag verurteilt wird, entfällt damit -wie vorstehend ausgeführt- das den erstinstanzlichen Kostenausspruch enthaltende Schlußurteil. Das erscheint auf den ersten Blick recht mißlich, da das Rechtsmittelgericht -weil das Schlußurteil nicht angegriffen ist (§§ 536, 537 ZPO)- hier nun möglicherweise gehindert sein könnte, auch die Kostenentscheidung der ersten Instanz abzuändern. Das Problem liegt auf der Hand: Durch das teilweise Unterliegen

---

[420] So im Ergebnis auch *Rosenberg/Schwab* § 100 IV.3.e. (S. 603); vgl. eingehend hierzu unten unter E.II.2.b. (S. 103 ff.).

[421] So im Ergebnis auch *Rosenberg/Schwab* § 100 IV.3.e. (S. 603); eines ausdrücklichen Ausspruchs hierüber bedarf es nicht; gleichwohl wird es angebracht sein, daß das Rechtsmittelgericht hierauf im Tenor seiner das Teilurteil abändernden Entscheidung klarstellend hinweist; vgl. auch unten unter E.II.2.b. (S. 103 ff.).

[422] Vgl. *Brox*, FS Carl Heymanns Verlag, 1965, 121, 128; *Merle* ZZP 83 (1970), 436, 447; aA *Koll* ZZP 31 (1903), 388, 389 f.

[423] So zutreffend auch *Bähr* JR 1971, 332, 333.

[424] Vgl. hierzu statt vieler *Zöller/Vollkommer* § 301 ZPO Rn. 11.

(wegen des den Hauptantrag abweisenden Teilurteils) und Obsiegen (wegen des dem Hilfsantrag stattgebenden Schlußurteils) des Klägers wird die erstinstanzliche Kostenentscheidung in solchen Fällen grundsätzlich eine Kostenquotelung enthalten, die mit dem in zweiter Instanz gefundenen Ergebnis (vollständiges Obsiegen des Klägers schon auf den Hauptantrag) nicht im Einklang stehen würde. Wäre das Rechtmittelgericht nun gehindert, diesen erstinstanzlichen Kostenausspruch abzuändern, müßte der auf sein Rechtsmittel vollständig erfolgreiche Kläger gleichwohl einen Teil der (erstinstanzlichen) Kosten des Rechtsstreits tragen. Zu einem solchermaßen unbilligen Ergebnis kann es jedoch -nach genauerer Betrachtung jener Fälle- gar nicht kommen. Meint das Rechtsmittelgericht, die Klage sei schon auf den Hauptantrag begründet, spricht es das im Berufungsurteil aus. Damit aber geschieht zweierlei: Zunächst entfällt hierdurch -rückwirkend- die Bedingung, unter der sich das Gericht der ersten Instanz auch mit dem Hilfsantrag zu befassen gehabt hätte, so daß -wie oben näher dargelegt- letztlich auch das über diesen befindende Schlußurteil in Wegfall gerät. Zugleich wird dadurch aber auch das angefochtene Teilurteil in ein Schlußurteil bzw. Vollendurteil allein über den Hauptantrag geändert. Kommt das Rechtsmittelgericht nämlich zu dem Ergebnis, daß schon der Hauptantrag begründet ist, bleibt für einen Ausspruch auch über den Hilfsantrag (gleich ob durch Vollend- oder Schlußurteil) mangels rückwirkend entfallendem Bedingungseintritts kein Raum. Entscheidet das Rechtsmittelgericht hiernach aber denknotwendig durch Vollendurteil bzw. ändert es das angefochtene Teilurteil in ein solches ab, hat es auch eine entsprechende Kostenentscheidung zu treffen. Auch hier gilt also letztlich im Ergebnis dasselbe wie in den Fällen, in denen das Gericht der ersten Instanz der Klage in einem einzigen (Vollend-) Urteil unter Abweisung des Hauptantrags auf den Hilfsantrag stattgegeben und der Kläger hiergegen -wegen der Abweisung seines Hauptantrags- Berufung eingelegt hat[425]. In diesen wie in jenen Fällen entfällt rückwirkend die Rechtshängigkeit des Hilfsantrags und damit auch der ihn betreffende (Kosten-) Ausspruch des erstinstanzlichen Gerichts. In diesen wie in jenen Fällen hat das Rechtsmittelgericht damit die Kosten des gesamten Rechtsstreits (einschließlich derjenigen der ersten Instanz) dem schon auf den Hauptantrag vollständig unterlegenen Beklagten aufzuerlegen.

2. Entscheidung nur über den Hilfsantrag des Klägers (Teilurteil)

Eine Entscheidung nur über den Hilfsantrag des Klägers (Teilurteil) ohne vorherige bzw. gleichzeitige Entscheidung über den Hauptantrag ist unzulässig[426]. Das folgt so bereits aus der Eventualstellung der Anträge, nach der über den Hilfsantrag erst dann entschieden werden soll, wenn die Entscheidung über den Hauptantrag *zuvor* einen

---

[425] Vgl. hierzu unten unter D.I.2. (S. 72 f.).

[426] Vgl. *Stein/Jonas/Leipold* § 301 ZPO Rn. 12; *Thomas/Putzo* § 301 ZPO Rn. 3; *AK/Fenge* § 301 ZPO Rn. 8; *Zöller/Vollkommer* § 301 ZPO Rn. 8; BGH NJW-RR 1989, 650.

bestimmten Ausgang genommen hat; an diese Reihenfolge ist das angerufene Gericht gebunden, § 308 ZPO. Eine Vorabentscheidung über den (bedingt) gestellten Hilfsantrag, ohne daß zuvor die hieran geknüpfte Bedingung (Ausgang des Rechtsstreits in Bezug auf den Hauptantrag) eingetreten ist, kommt deshalb nicht in Betracht[427]

3. Entscheidung auch über den Hilfsantrag des Klägers

Ist die Bedingung, unter die der Kläger die Befassung mit dem Hilfsantrag gestellt hat, eingetreten (Unbegründetheit bzw. Unzulässigkeit des Hauptantrags bei der eigentlichen Eventualhäufung oder Begründetheit des Hauptantrags bei der uneigentlichen Eventualhäufung), hat das Gericht auch über den Hilfsantrag zu entscheiden. Das Sachurteil verhält sich dann regelmäßig sowohl über den Haupt- als auch zugleich über den Hilfsantrag.

4. Entscheidung über den Hilfsantrag des Beklagten

Hier gilt das zur Entscheidung über den Hilfsantrag des Klägers Gesagte entsprechend. Ist die Bedingung, unter die der Beklagte seinen Hilfsantrag gestellt hat (in der Regel die Erfolglosigkeit seines primär verfolgten Klageabweisungsantrags) eingetreten, hat sich das Gericht mit dem Eventualantrag zu befassen. Das Sachurteil ergeht in diesen Fällen unter Berücksichtigung des Vorbringens des Beklagten zu seinem Hilfsantrag.

5. Häufige Verfahrensfehler

Die Vielgestaltigkeit der Verbindung von Haupt- und Hilfsanträgen bietet eine fast unerschöpfliche Quelle für immer wieder neue prozessuale Fallstricke, die -einerseits angesichts der Komplexität der Materie, andererseits wegen der stetig zunehmenden Arbeitsbelastung insbesondere bei den erstinstanzlichen Gerichten- geradezu zwangsläufig zu den unterschiedlichsten Verfahrensfehlern führen können. Eine der Hauptursachen hierfür stellt aber unter anderem auch das prozessuale Vorbringen der Parteien selbst dar. Vielfach werden Hilfsanträge als solche nicht ausdrücklich bezeichnet, ohne daß sich ihre Eventualstellung in sonstiger Weise zweifelsfrei aus dem Parteivortrag ergibt, oder „Hilfsanträge" gestellt, die -wegen ihres mit dem „Hauptantrag" identischen Streitgegenstands- in Wirklichkeit gar keine sind[428]. Die in solchen Fällen erforderliche Aufklärung des Parteiwillens (§ 139 ZPO) unterbleibt hier häufig, wenn das Gericht hierfür -infolge der vordergründigen Mißverständlichkeit des Vorbringens- keine Veranlassung sieht.

Eine vollständige Aufzählung aller denkbaren Fehler und ihrer in der Praxis auftretenden Auswirkungen dürfte wegen der Vielfältigkeit der in Betracht kommen-

---

[427] So im Ergebnis auch schon *Koll* ZZP 31 (1903), 388, 389; *Cahn* JW 1920, 1014, 1015.

[428] Vgl. hierzu etwa die Fallbeispiele oben unter B.II.1. und B.II.2. (S. 4 ff.).

den Möglichkeiten ein kaum zu bewältigendes Unterfangen darstellen. Aus diesem Grund sollen nachfolgend lediglich drei besonders häufig auftretenden Schwierigkeiten bei der Behandlung von Eventualanträgen kurz skizziert werden:

- Erkennt etwa das Gericht einen nicht ausdrücklich als solchen bezeichneten (eigentlichen) Hilfsantrag nicht, und weist es des Hauptantrag ab, *ohne auf den Hilfsantrag einzugehen*, bleibt dem Kläger lediglich die Möglichkeit, eine entsprechende Urteilsergänzung nach Maßgabe von § 321 ZPO zu beantragen[429].
- Läßt das Gericht den *Hauptantrag außer Acht*, da "jedenfalls der Hilfsantrag begründet sei", und entscheidet nur über den Hilfsantrag, liegt tatsächlich nur ein insoweit unzulässiges Teilurteil vor[430]; durch die Eventualstellung seiner Anträge hat der Kläger zum Ausdruck gebracht, daß er eine Entscheidung über den Hilfsantrag nur unter der Bedingung eines bestimmten Ausgangs des Rechtsstreits (Erfolg oder Erfolglosigkeit des Hauptantrags) über den zunächst zur Entscheidung gestellten Hauptantrag herbeiführen will. An diese Eventualstellung ist das Gericht gebunden, § 308 ZPO[431]. Hält es sich hieran nicht, liegt ein von Amts wegen durch das Rechtsmittelgericht zu berücksichtigender absoluter Verfahrensmangel vor[432], der regelmäßig zur Aufhebung und Zurückverweisung an die Vorinstanz (§§ 538 ff.; 565 ZPO) führen wird[433].
- Ähnliches gilt, wenn das Gericht eine Hilfswiderklage wie eine unbedingt erhobene Widerklage behandelt und über sie entscheidet, obwohl die mit ihr verknüpfte Bedingung nicht eingetreten ist. Auch hier liegt ein insoweit von Amts wegen zu berücksichtigender Verfahrensfehler vor; zur im Rechtsmittelverfahren erforderlichen Abänderung einer solchen fehlerhaften Entscheidung wird es in der Regel genügen, wenn das Rechtsmittelgericht lediglich den vorinstanzlichen Ausspruch

---

[429] So auch *MünchKomm/Rimmelspacher* § 536 ZPO Rn. 27; *Stein/Jonas/Grunsky* § 537 ZPO Rn. 11; *Thomas/Putzo* § 260 ZPO Rn. 18; ist das wegen Versäumung der Frist nach § 321 Abs. 2 ZPO nicht mehr möglich, so ist damit zwar die Rechtshängigkeit des Hilfsantrags erloschen, doch kann der Anspruch im Wege der Klageänderung dann noch in die Berufungsinstanz gebracht werden; vgl. *MünchKomm/Rimmelspacher* § 536 ZPO Rn. 27; *Stein/Jonas/Grunsky* § 537 ZPO Rn. 11; *Thomas/Putzo* § 260 ZPO Rn. 18; *Wieczorek/Rössler* § 537 ZPO Anm. C.III.; *Rosenberg/Schwab/Gottwald* § 139 III.3.b. (S. 839).

[430] Vgl. *Thomas/Putzo* §260 ZPO Rn. 17; *Zöller/Vollkommer* § 301 ZPO Rn. 8; BGH NJW-RR 1989, 650.

[431] Vgl. Bruns § 25 I. (S. 205); *Zöller/Vollkommer* § 260 ZPO Rn. 4, 4a; *Thomas/Putzo* § 260 ZPO Rn. 17; *Baumbach/Lauterbach/Hartmann* § 260 ZPO Rn. 9; BGH NJW-RR 1992, 290.

[432] Vgl. BGH NJW 1982, 1757, 1759; BGH NJW-RR 1989, 650.

[433] Für eine sachliche Entscheidung des Revisionsgerichts wird es in diesen Fällen regelmäßig schon an den tatsächlichen Feststellungen zum Hauptantrag im Tatbestand der angefochtenen Entscheidung fehlen; dasselbe dürfte im Ergebnis grundsätzlich auch gegen die Sachdienlichkeit einer Selbstentscheidung des Berufungsgerichts sprechen, da in der Regel hier das gesamte erstinstanzliche Verfahren zum Hauptantrag nachgeholt werden müßte, vgl. *Zöller/Gummer* § 540 ZPO Rn. 5.

über die -mangels Bedingungseintritts- nicht zur Entscheidung gestellte Widerklage aufhebt.

IV. Streitwert und Kostenentscheidung

1. Zuständigkeitsstreitwert

a) ***Allgemeines***

Nach §§ 23 Nr. 1, 71 Abs. 1 GVG bestimmt sich die sachliche Zuständigkeit des Amts- oder Landgerichts nach dem „Wert des Streitgegenstands“, soweit keine ausschließliche bzw. streitwertunabhängige Zuständigkeit[434] besteht. Dieser Zuständigkeitsstreitwert wird durch den Streitgegenstand bestimmt, bzw. durch das, was der Kläger begehrt, also mit seiner Klage erreichen will[435]. Maßgeblich ist hiernach grundsätzlich das wirtschaftliche Interesse, das der Kläger mit seiner Klage verfolgt[436]. Verlangt der Kläger vom Beklagten etwa die Zahlung von 20.000,00 DM, entspricht dieser Betrag dem Wert seines mit der Klage verfolgten wirtschaftlichen Interesses, so daß sich der Zuständigkeitsstreitwert in diesem Fall auf eben jene Summe, nämlich 20.000,00 DM beläuft. Für den Fall der kumulativen Klagenhäufung nach Maßgabe von § 260 ZPO bestimmt die Regelung in § 5 ZPO deshalb, daß die Werte der in der Klage verbundenen Ansprüche zusammenzurechnen sind. Fordert der Kläger also vom Beklagten die Zahlung von 10.000,00 DM aus einem Darlehensvertrag und weitere 5.000,00 DM aus einem Kaufvertrag, sind diese Werte zu addieren, so daß sich hier ein Zuständigkeitsstreitwert von insgesamt 15.000,00 DM ergibt.

Wird allerdings neben einem Anspruch klageweise noch ein anderer geltend gemacht, der nur aus diesem folgt, auf dasselbe Interesse gerichtet ist oder ihm als Begründung oder Voraussetzung dient, so liegt -trotz zweier unterschiedlicher prozessualer Anträge- wirtschaftlich betrachtet letztlich nur ein einziges Begehren vor. Als Beispiele[437] seien hier etwa Fälle genannt, in denen der Kläger auf Kaufpreiszahlung und Abnahme der Kaufsache oder auf Leistung und Feststellung des Annahmeverzugs mit der Gegenleistung klagt. In diesen Beispielsfällen sind die kumulativ verbundenen Anträge wirtschaftlich auf dasselbe Ziel gerichtet: Im ersten Fall will der Kläger die Durchführung des Kaufvertrags, im zweiten Fall richten sich

---

[434] Vgl. etwa § 23 Nr. 2 GVG.

[435] Vgl. *Zöller/Herget* § 3 ZPO Rn. 2.

[436] Vgl. *Zöller/Herget* § 3 ZPO Rn. 2; *Thomas/Putzo* § 2 ZPO Rn. 13; *Anders/Gehle* § 1 II. Rn. 6 (S. 2); *Schumann* NJW 1982, 1257, 1258.

[437] Vgl. auch die Fallbeispiele bei *Zöller/Herget* § 5 ZPO Rn. 8; *Baumbach/Lauterbach/Hartmann* § 5 ZPO Rn4 ff.

die Anträge auf einen Leistungsanspruch und dessen einfachere Durchsetzbarkeit im Rahmen der Zwangsvollstreckung (vgl. § 756 Abs. 1 ZPO). In solchen Fällen wirtschaftlicher Identität sind die Werte der in der Klage verbundenen Ansprüche nicht zusammenzurechnen[438]. Das liegt nach den eingangs dargestellten Überlegungen auch auf der Hand: Maßgeblich für den Zuständigkeitsstreitwert ist der Wert des vom Kläger wirtschaftlich verfolgten Interesses. Verfolgt er dasselbe Interesse mit zwei Anträgen, verdoppelt sich dieses nicht; es verbleibt vielmehr bei *einem* einzigen Interesse, das dann aber auch nur allein für die Bestimmung des Zuständigkeitsstreitwerts heranzuziehen ist. Hieraus folgt für den Fall, daß der Wert des einen Antrags -würde man ihn isoliert betrachten- höher ist als derjenige des anderen (im vorstehenden Beispielsfall etwa dürfte das wirtschaftliche Interesse des Klägers an der Leistung wohl höher zu bewerten sein als sein Interesse an der bloßen Feststellung, daß der Beklagte mit der Gegenleistung in Verzug sei), daß nur der höhere Wert für die Bestimmung des Zuständigkeitsstreitwerts heranzuziehen ist, weil der niedrigere in ihm -wegen der im übrigen gegebenen wirtschaftlichen Identität- ohnehin schon enthalten ist[439].

b) *Besonderheiten bei der eventuellen Klagenhäufung*

Für die Bestimmung des Zuständigkeitsstreitwerts bei der *eventuellen* Klagenhäufung gilt allerdings etwas anderes. Die Regelung in § 5 ZPO, nach der die Werte mehrerer mit ein und derselben Klage geltend gemachter Ansprüche zusammenzurechnen sind, geht von einer *gleichzeitigen* Geltendmachung der verbundenen Ansprüche aus. Das ist bei der eventuellen Klagenhäufung aber nicht der Fall. Hier wird zunächst nur der Hauptantrag zur Entscheidung durch das Gericht gestellt, das sich erst nach dem Eintritt der mit dem Hilfsantrag verknüpften Bedingung auch mit diesem zu befassen hat. Bei der Eventualklagenhäufung fallen die verbundenen Ansprüche also nicht nebeneinander, sondern -wenn überhaupt- nacheinander an. Deshalb kann die nach der Bestimmung in § 5 ZPO geforderte Zusammenrechnung nach dem Sinn und Zweck jener Vorschrift hier nicht greifen[440]. Nach richtiger Auffassung ist deshalb auf den Antrag mit dem höchsten Wert abzustellen, unabhängig davon, ob es sich bei diesem um den Haupt- oder den Hilfsantrag handelt[441]. Übersteigt dieser den in § 23

---

[438] Vgl. *Frank* S. 164 ff., 206; *Zöller/Herget* § 5 ZPO Rn. 8; *MünchKomm/Lappe* § 5 ZPO Rn. 10; *Thomas/Putzo* § 5 ZPO Rn. 5 ff.

[439] So auch *Thomas/Putzo* § 5 ZPO Rn. 5.

[440] Vgl. *Stein/Jonas/Roth* § 5 ZPO Rn. 24.

[441] Das entspricht der völlig herrschenden Meinung, vgl. insbesondere *Stein/Jonas/Roth* § 5 ZPO Rn. 24; *Wieczorek/Schütze/Gamp* § 5 ZPO Rn. 22; *MünchKomm/Lappe* § 5 ZPO Rn. 16; *Thomas/Putzo* § 5 ZPO Rn. 5 f.; *Baumbach/Lauterbach/Hartmann* § 5 ZPO Rn. 6; *Zöller/Herget* § 5 ZPO Rn. 4; *Hillach/Rohs* § 14 III. b. (S. 63); *Anders/Gehle*, Stichwort „echte Hilfsanträge", Rn. 1 (S. 83); aA offenbar nur *Fleischmann* NJW 1993, 506 ff., nach dessen Lösungsvorschlag, über (Fortsetzung...)

Nr. 1 GVG bezeichneten Betrag, ist die Zuständigkeit des Landgerichts begründet (§ 71 Abs. 1 GVG). Nur hierdurch kann gewährleistet werden, daß das Amtsgericht nicht über einen seine sachliche Zuständigkeit übersteigenden Hilfsantrag zu entscheiden hat. Zwar besteht hierbei dann andererseits die Gefahr, daß das Landgericht einen zur amtsgerichtlichen Zuständigkeit gehörenden Hauptanspruch zuerkennt, ohne dann überhaupt noch über den seine Zuständigkeit begründenden -höheren- Hilfsantrag entscheiden zu können. Das ist aber -anders als wenn das Amtsgericht über einen der landgerichtlichen Zuständigkeit unterfallenden Hilfsantrag entscheiden müßte- hinnehmbar, wie sich aus einer entsprechenden Heranziehung des in § 10 ZPO gesetzten Wertungsmaßstabs ergibt[442]. Zuletzt kommt es auch nicht darauf an, ob über einen nach dieser Maßgabe die Zuständigkeit des Landgerichts begründenden Hilfsantrag wegen des weiteren Prozeßverlaufs überhaupt entschieden wird oder nicht[443], da die einmal begründete sachliche Zuständigkeit des Landgerichts, das sich dann möglicherweise nur mit einem amtsgerichtlichen Antrag zu befassen hat, auch durch den Nichteintritt der mit dem Hilfsantrag verknüpften Bedingung wegen der Bestimmung in § 261 Abs. 3 Nr. 2 ZPO nicht nachträglich wieder entfallen kann[444].

c) *Hilfsaufrechnung, Eventualwiderklage*

Bei der Aufrechnung werden für die Ermittlung des Zuständigkeitsstreitwerts ebenso wie bei der Widerklage (vgl. § 5 ZPO) Klageforderung und Gegenforderung *nicht* zusammengerechnet[445]. Im Falle der Aufrechnungserklärung bleibt für den Zuständigkeitsstreitwert allein der Wert der Klageforderung maßgeblich[446], bei Klage und Widerklage ist für die Bestimmung der sachlichen Zuständigkeit gemäß der Bestimmung in § 5 ZPO allein der jeweils höhere der beiden Streitwerte heranzuziehen[447]. Das gilt so auch entsprechend für die Hilfsaufrechnung und die Hilfswiderklage.

2. Gebührenstreitwert

a) *Haupt- und Hilfsantrag*

Die Ermittlung des Gebührenstreitwerts bei der Verbindung von Haupt- und Hilfs-

---

[441] (...Fortsetzung)
Haupt- und Hilfsantrag sei gegebenenfalls nacheinander durch verschiedene (Amts- bzw. Land-) Gerichte zu entscheiden, wohl weder mit der Bestimmung in § 261 Abs. 3 Nr. 2 ZPO noch mit dem Grundsatz der Prozeßwirtschaftlichkeit zu vereinbaren sein dürfte.

[442] So auch *Stein/Jonas/Roth* § 5 ZPO Rn. 24.

[443] Vgl. *Anders/Gehle*, Stichwort „echte Hilfsanträge", Rn. 1 (S. 84).

[444] Vgl. *Stein/Jonas/Roth* § 5 ZPO Rn. 24; *Schumann* NJW 1982, 2800, 2801.

[445] Vgl. *Zöller/Herget* § 5 ZPO Rn. 2, 9.

[446] Vgl. *Thomas/Putzo* § 3 ZPO Rn. 19; *Baumbach/Lauterbach/Hartmann* § 3 ZPO Anh. Rn. 23.

[447] Vgl. *Thomas/Putzo* § 5 ZPO Rn. 5; *Baumbach/Lauterbach/Hartmann* § 5 ZPO Rn. 12.

antrag erfolgt nach Maßgabe der Regelung in § 19 Abs.1 Satz 2 GKG. Nach dieser Bestimmung wird ein hilfsweise geltend gemachter Anspruch nur dann mit dem Hauptanspruch zusammengerechnet, wenn eine Entscheidung über ihn ergeht. Eine Ausnahme hiervon (keine Zusammenrechnung) besteht nach § 19 Abs. 1 Satz 3 GKG nur dann, wenn zwar über Haupt- und Hilfsantrag entschieden wird, beide Anträge aber auf einen identischen Gegenstand gerichtet sind[448]. In diesem Fall ist für die Bestimmung des Gebührenstreitwerts allein der jeweils höhere Wert von Haupt- *oder* Hilfsantrag maßgeblich.

b) *Eventualwiderklage*

Das gilt so auch entsprechend für solche Rechtsstreitigkeiten, in denen der Beklagte eine Hilfswiderklage erhebt. Grundsätzlich werden zwar die Werte von Klage und Widerklage zusammengerechnet, § 19 Abs. 1 Satz 1 GKG, doch gilt dies für die Hilfswiderklage nur dann, wenn über sie auch entschieden worden ist, (analog) § 19 Abs. 1 Satz 2 GKG[449]. Eine Ausnahme hiervon (keine Zusammenrechnung) besteht auch in diesen Fällen dann, wenn die mit der Klage und der (Hilfs-) Widerklage verfolgten Gegenstände identisch sind, § 19 Abs. 1 Satz 3 GKG.

---

[448] Vgl. hierzu entsprechend auch die Ausführungen oben unter D.IV.1.a. (S. 89). Beispiel 1: Die Parteien streiten darüber, ob zwischen ihnen ein wirksamer Kaufvertrag zustande gekommen ist. Der Kläger meint, dies sei nicht der Fall, und verlangt vom Beklagten die Herausgabe der nach seiner Auffassung noch immer in seinem Eigentum stehenden Kaufsache nach § 985 BGB; hilfsweise -für den Fall, daß der vom Beklagten angenommene Kaufvertrag doch zustande gekommen sei- stützt er seine Klage darauf, daß er vom Kaufvertrag wirksam zurückgetreten sei, und verlangt vom Beklagten die Rückübereignung des von jenem noch nicht bezahlten Kaufgegenstands, § 346 BGB. Wird in diesem Fall über Haupt- und Hilfsantrag entschieden, bemißt sich der Gebührenstreitwert nur nach dem einfachen Wert des Kaufgegenstands (§§ 1, 12 GKG, 6 ZPO), weil es in beiden Anträgen wirtschaftlich übereinstimmend nur darum geht; eine Zusammenrechnung der Gegenstandswerte von Haupt- und Hilfsantrag (zweifacher Wert der Kaufsache) kommt hier nicht in Betracht. Beispiel 2: Verlangt der Kläger vom Beklagten eine bestimmte Leistung und hilfsweise -für den Fall, daß diese Leistung noch nicht fällig sei- die Feststellung, daß der Beklagte verpflichtet ist, die streitgegenständliche Leistung spätestens an einem bestimmten künftigen Termin zu erbringen, geht es auch hier -trotz zweier unterschiedlicher prozessualer Anträge- wirtschaftlich um dasselbe: Der Beklagte soll eine bestimmte geschuldete Leistung erbringen. Auch hier kommt eine Wertzusammenrechnung der auf denselben Gegenstand (die Erbringung der geschuldeten Leistung) Haupt- und Hilfsanträge nicht in Betracht. Da in diesem Fall aber das wirtschaftliche Interesse des Klägers an der sofortigen Leistung höher zu bewerten ist als sein Interesse an der bloßen Feststellung einer entsprechenden künftigen Leistungspflicht des Beklagten, ist hier nach § 19 Abs. 1 Satz 3 GKG (allein) der höhere Wert des Leistungsantrags für die Festsetzung des Gebührenstreitwerts maßgeblich.

[449] Vgl. *Zöller/Herget* § 3 ZPO Rn. 16 (Stichwort „Eventualwiderklage"); *Thomas/Putzo* § 33 ZPO Rn. 31; *Baumbach/Lauterbach/Hartmann* § 3 ZPO Anh. Rn. 71 (Stichwort „Hilfswiderklage"); *Anders/Gehle* Stichwort „Widerklage" Rn. 8 (S. 289).

c) ***Hilfsaufrechnung***

Rechnet der Beklagte gegen die Klageforderung mit einer Gegenforderung auf, ist hinsichtlich des Gebührenstreitwerts zu unterscheiden: Bestreitet der Beklagte die Klageforderung nicht und erklärt die Aufrechnung unbedingt oder bestreitet er zwar primär die Klageforderung, ist aber die von ihm hilfsweise zur Aufrechnung gestellte Gegenforderung unstreitig, verbleibt es allein beim Wert der Klageforderung[450]. In diesen Fällen hat das Gericht nämlich jeweils entweder nur über die Klageforderung oder über die in gleicher Höhe zur Aufrechnung gestellte Gegenforderung zu entscheiden; bedarf es demnach keiner streitigen Entscheidung über *beide* Forderungen (Klage- *und* Gegenforderung), sind ihre Werte auch nicht zusammenzurechnen. Bestreitet der Beklagte allerdings die Klageforderung und erklärt hilfsweise die Aufrechnung mit einer gleichfalls (vom Kläger) bestrittenen Gegenforderung, sind die Werte von Klageforderung und Gegenforderung zusammenzurechnen, soweit auch über die bestrittene Aufrechnungsforderung eine der Rechtskraft fähige Entscheidung (§ 322 Abs. 2 ZPO) ergeht (§ 19 Abs. 3 GKG)[451]. Übersteigt die Gegenforderung hierbei die Klageforderung, so ist von ihr nur derjenige Betrag dem Gebührenstreitwert hinzuzurechnen, der für eine Aufrechnung in Betracht kommt, also der Teilbetrag, hinsichtlich dessen das Urteil die Klage für begründet erachtet[452]. Der überschießende Restbetrag der Gegenforderung hat unberücksichtigt zu bleiben, weil hinsichtlich dieses höheren Betrages keine der Rechtskraft fähige Entscheidung ergeht[453]. Wird gegen einen Klageanspruch hilfsweise mit mehreren Gegenforderungen aufgerechnet, so ist, wenn die Klage begründet, die Aufrechnungsforderungen jedoch unbegründet sind, der Streitwert nach der Summe des Klageanspruchs und der Gegenforderungen festzusetzen; allerdings ist auch bei einer solchen Mehrfachaufrechnung der Betrag der jeweiligen Gegenforderung durch den Umfang der

---

[450] Vgl. *Thomas/Putzo* § § 3 ZPO Rn. 19; *Zöller/Herget* § 3 ZPO Rn. 16 (Stichwort „Aufrechnung"); aA wohl nur für den Fall, daß eine unbedingte Aufrechnung gegen eine unbestrittene Klageforderung erklärt wird, so wie hier hingegen für den Fall, daß mit einer unstreitigen Gegenforderung hilfsweise die Aufrechnung erklärt wird: *Baumbach/Lauterbach/Hartmann* § 3 ZPO Anh. Rn. 15 ff. (Stichwort „Aufrechnung").

[451] Eine Zusammenrechnung der Werte von streitiger Klageforderung und hilfsweise zur Aufrechnung gestellter bestrittener Gegenforderung kommt also dann nicht in Betracht, wenn es für die Entscheidung des Rechtsstreits auf die Hilfsaufrechnung gar nicht ankommt, weil das Gericht etwa schon die Klageforderung als unbegründet oder die Klage insgesamt als unzulässig ansieht. Vgl. hierzu insbesondere auch *Thomas/Putzo* § 3 ZPO Rn. 19; BGH NJW-RR 1991, 127; BGH NJW-RR 1997, 1157 f.

[452] HM, vgl. nur BGHZ 73, 249, 251 und *Zöller/Herget* § 3 ZPO Rn. 16, Stichwort „Aufrechnung", sowie *Anders/Gehle*, Stichwort „Aufrechnung", Rn. 9 (S. 53), letzter unter Hinweis auf eine früher (unter Zugrundelegung allerdings noch von § 19 GKG a.F.) von einzelnen Oberlandesgerichten vertretene abweichende Auffassung.

[453] Vgl. OLG Düsseldorf NJW-RR 1994, 1279 f.; *Thomas/Putzo* § 3 ZPO Rn. 19.

begründeten Klageforderung begrenzt[454].

3. Kostenentscheidung

Die Entscheidung darüber, welche Partei die Kosten eines Rechtstreits zu tragen hat, bestimmt sich nach Maßgabe der Bestimmungen in §§ 91 ff. ZPO. Ohne hier auf nähere Einzelheiten einzugehen[455], beruhen diese Bestimmungen im wesentlichen auf dem schlichten Grundsatz, daß derjenige die Kosten des Verfahrens zu tragen hat, der im konkreten Rechtsstreit unterlegen ist[456]. Wer in einem Rechtsstreit voll unterlegen ist, hat danach auch die gesamten durch das Verfahren entstandenen Kosten zu tragen, § 91 Abs. 1 ZPO. Nicht selten ist es jedoch, daß beide Parteien teils obsiegen, teils unterliegen. Das ist etwa dann der Fall, wenn der Kläger mit seiner Klage vom Beklagten z.B. die Zahlung von 10.000,00 DM verlangt, das Gericht die Klage aber nur teilweise als begründet ansieht und den Beklagten -unter Abweisung der Klage im übrigen- zur Zahlung von lediglich 8.000,00 DM verurteilt. Hier hat jede Partei teils obsiegt, teils ist sie unterlegen: Der Kläger hat den Rechtsstreit in Höhe von 8.000,00 DM gewonnen und in Höhe von 2.000,00 DM verloren. Spiegelbildlich hierzu hat der Beklagte in Höhe von 2.000,00 DM gewonnen und in Höhe von 8.000,00 DM verloren. In solchen Fällen sind die Gesamtkosten eines Rechtsstreits unter den Parteien verhältnismäßig zu teilen, § 92 Abs. 1 ZPO. Die hierfür erforderliche Feststellung des jeweiligen Obsiegens bzw. Unterliegens der Partei erfolgt durch einen Vergleich von Klageantrag und Urteilstenor[457]. In vorstehendem Fallbeispiel hat der Kläger mit seiner auf Zahlung von 10.000,00 DM gerichteten Klage nur in Höhe von 8.000,00 DM obsiegt, ist also in Höhe von 2/10 bzw. 1/5 unterlegen. Der Beklagte, dem es nicht gelungen ist, den gesamten Klageanspruch in Höhe von 10.000,00 DM abzuwehren, hat seinerseits nur in Höhe von 2.000,00 DM obsiegt und ist hiernach in Höhe von 8/10 bzw. 4/5 unterlegen. Bemessen auf ihr jeweiliges Unterliegen haben mithin der Kläger 1/5 und der Beklagte 4/5 der Kosten des Rechtsstreits zu tragen. Maßgeblich für die Bestimmung der von der jeweiligen Partei zu tragenden Kostenquote ist letztlich also ihr anteiliges Unterliegen im Verhältnis zum Gebührenstreitwert[458].

Für die Kostenentscheidung im Falle der Verbindung von Haupt- und Hilfsantrag

---

[454] Vgl. BGH NJW-RR 1992, 316; OLG Düsseldorf NJW-RR 1994, 1279 f.; *Thomas/Putzo* § 3 ZPO Rn. 19.

[455] Vgl. etwa die besonderen Probleme des teilweisen Obsiegens und Unterliegens mehrerer Streitgenossen in jeweils unterschiedlichem Umfang, zu deren Lösung die sogenannte „Baumbach'sche Kostenformel" (vgl. die Darstellung bei *Thomas/Putzo* § 100 ZPO Rn. 15), eine kombinierte Anwendung der Bestimmungen in §§ 91 und 92 ZPO, heranzuziehen ist.

[456] Vgl. *Schneider* (Kostenentscheidung) § 21 (S. 71).

[457] Vgl. *Schneider* (Kostenentscheidung) § 22 (S. 78).

[458] HM, vgl. statt vieler nur *Thomas/Putzo* § 92 ZPO Rn. 2; *Zöller/Herget* § 92 ZPO Rn. 2; zum Gebührenstreitwert vgl. auch oben unter D.IV.2. (S. 91 ff.).

gilt dem Grundsatz nach nichts anderes. Das soll anhand des folgenden Beispiels verdeutlicht werden: Der Kläger hat mit seinem Hauptantrag die Zahlung von 5.000,00 DM gefordert und -für den Fall der Unbegründetheit dieses Hauptantrags- hilfsweise die Zahlung von 5.000,00 DM aus einer anderen Forderung verlangt. Das Gericht hält den Hauptantrag für begründet und verurteilt den Beklagten zur Zahlung von 5.000,00 DM ohne auf den Hilfsantrag einzugehen. Wird über den Hilfsantrag -wie hier- nicht entschieden, bleibt er bei der Bestimmung des Gebührenstreitwerts außer Betracht, § 19 Abs. 1 Satz 2 GKG. Der Gebührenstreitwert bemißt sich hier also allein anhand des Werts der mit dem Hauptantrag verfolgten Klageforderung, mithin der Höhe nach auf 5.000,00 DM. In diesem Umfang ist der Beklagte -der zur Zahlung dieses vollen Betrags verurteilt wird- unterlegen. Der Beklagte hat demnach die gesamten Kosten des Rechtsstreits zu tragen. Etwas anderes gilt allerdings, wenn das Gericht den Hauptantrag für unbegründet hält. In diesem Fall hat es über den Hauptantrag zu entscheiden. Verurteilt es den Beklagten -auf den Hilfsantrag- zur Zahlung von 5.000,00 DM und weist es die Klage im übrigen -auf den Hauptantrag- ab, gestaltet sich die Kostenentscheidung wie folgt: Da das Gericht auch über den Hilfsantrag entschieden hat, ist sein Wert dem Wert des Hauptantrags nach Maßgabe von § 19 Abs. 1 Satz 2 GKG hinzuzurechnen. In diesem Fall beträgt der Gebührenstreitwert hier 10.000,00 DM. Bezogen auf diesen Gebührenstreitwert sind beide Parteien je zur Hälfte unterlegen, denn der Kläger ist mit seinem Hauptantrag auf Zahlung von 5.000,00 DM nicht durchgedrungen, und der Beklagte konnte sich gegen den gleichfalls auf Zahlung von 5.000,00 DM gerichteten Hilfsantrag nicht erfolgreich zur Wehr setzen. In diesem Fall haben die Parteien die Kosten des Rechtsstreits je zur Hälfte zu tragen

Entsprechendes gilt für die Fälle von Hilfsaufrechnung und Hilfswiderklage. Auch hier werden der Wert der Widerklageforderung bzw. der zur Aufrechnung gestellten Gegenforderung nur dann zum Wert der Klageforderung hinzugerechnet, wenn das Gericht über sie entscheidet, § 19 Abs. 1 Satz 1, Abs. 3 GKG. Ist das der Fall, folgt die Kostenquotelung den vorstehend dargestellten Grundsätzen[459]. Wegen der Ko

---

[459] Vgl. im einzelnen hierzu *Olivet* Rn. 62 (S. 111 f.), Rn. 68 (S. 123); *Hartmann* § 19 GKG Rn. 4, 28, 44 f. Beispiel (nach *Olivet* Rn. 31, S. 36): Der Kläger macht gegen den Beklagten klageweise eine Forderung in Höhe von 5.000,00 DM geltend. Der Beklagte bestreitet die Klageforderung. Hilfsweise erklärt er -gestaffelt- die Aufrechnung mit zwei streitigen Gegenforderungen in Höhe von jeweils 5.000,00 DM. Das Gericht hält die Klageforderung für begründet, die erste hilfsweise zur Aufrechnung gestellte Gegenforderung hingegen nicht. Die zuletzt erklärte Hilfsaufrechnung greift nach Auffassung des Gerichts durch, das die Klage aus diesem Grund abweist. In diesem Fall beträgt der Gebührenstreitwert insgesamt 15.000,00 DM (Klageforderung in Höhe von 5.000,00 DM zuzüglich des Werts der ersten und zweiten hilfsweise zur Aufrechnung gestellten Gegenforderungen in Höhe von jeweils weiteren 5.000,00 DM, da über beide Gegenforderungen sachlich entschieden wurde, § 322 Abs. 2 in Verbindung mit § 19 Abs. 3 GKG). In Bezug auf diesen Gebührenstreitwert ist der Beklagte zunächst in Höhe des Werts der -entgegen seiner Ansicht bestehenden- Klageforderung und in Höhe des Werts der -entgegen seiner Ansicht nicht

(Fortsetzung...)

stenentscheidung bei (teilweiser) Zurücknahme von Haupt- und (bzw. oder) Hilfsantrag vgl. oben unter D.II.6. und D.II.7. (S. 78 ff.).

4. Rechtsmittelbeschwer

Die Zulässigkeit eines Rechtsmittels setzt u.a. eine Beschwer[460] des Rechtsmittelklägers und sein Bestreben voraus, diese Beschwer mit dem Rechtsmittel zu beseitigen[461]. Hinzukommen muß, daß diese Beschwer ihrem Werte nach die für das Rechtsmittel jeweils erforderliche Beschwerdesumme (vgl. §§ 511a, 546 ZPO) erreicht. Die Bestimmung dieses Werts der Beschwer des Rechtsmittelführers erfolgt nach Maßgabe der Regelungen in §§ 2 bis 9 ZPO[462]. Insoweit gelten hier die Ausführungen zum Zuständigkeitsstreitwert oben unter D.IV.1.a (S. 89 f.) zunächst entsprechend.

Zur Ermittlung der Beschwer im Fall der Verbindung von Haupt- und Hilfsantrag sind die Werte jener Anträge hingegen stets zusammenzurechnen, soweit der Kläger mit ihnen abgewiesen worden ist[463]. Bei der Hilfsaufrechnung kommt eine Zusam

---

[459] (...Fortsetzung)
bestehenden- ersten hilfsweise zur Aufrechnung gestellten Gegenforderung, mithin in Höhe von 10.000,00 DM unterlegen. Der Kläger ist hier nur hinsichtlich der -entgegen seiner Ansicht bestehenden- zweiten hilfsweise zur Aufrechnung gestellten Gegenforderung, also in Höhe von 5.000,00 DM unterlegen. Nach der sich hieraus ergebenden Kostenquote haben von den Kosten des Rechtsstreits der Kläger 1/3 und der Beklagte 2/3 zu tragen. Zur Erhöhung des Gebührenstreitwerts durch eine hilfsweise zur Aufrechnung gestellte (beschiedene) Gegenforderung vgl. auch *Heintzmann* S. 120; BGH NJW 1991, 2484, 2486.

[460] Vgl. insoweit unten unter E.I.1. (S. 99).

[461] Vgl. statt vieler *Zöller/Gummer* Vor § 511 ZPO Rn. 8 ff., mit zahlreichen weiteren Nachweisen insbesondere zur ständigen höchstrichterlichen Rspr. (vgl. insoweit nur BGH NJW-RR 1988, 959).

[462] Vgl. nur *Thomas/Putzo* § 546 ZPO Rn. 10. Beispiel: Verlangt der Kläger mit seiner Klage die Herausgabe zweier Gegenstände, von denen der Gegenstand 1 einen Wert in Höhe von 20.000,00 DM und der Gegenstand 2 einen Wert in Höhe von 65.000,00 DM hat, und weist das Gericht der ersten Instanz die Klage in vollem Umfang ab, beträgt der Wert der Beschwer des Klägers 85.000,00 DM (§ 6 ZPO). Akzeptiert der Kläger nun die Klageabweisung, soweit sie den Gegenstand 1 betrifft, und legt gegen das Urteil ein Rechtsmittel nur insoweit ein, als es die Herausgabeklage in Bezug auf den Gegenstand 2 betrifft, beträgt die für die Zulässigkeit des Rechtsmittels maßgebliche Beschwerdesumme 65.000,00 DM (Wert des Gegenstands 2, § 6 ZPO).

[463] Vgl. *Thomas/Putzo* § 546 ZPO Rn. 10; BGH NJW 1984, 371; BGH NJW-RR 1994, 701. Beispiel: Der Kläger hat seine Klageforderung in Höhe von 30.000,00 DM mit der Hingabe eines Darlehens vom Mai begründet und hilfsweise gestaffelt auf zwei weitere Darlehen in jeweils gleicher Höhe von August und September desselben Jahres gestützt. Das Gericht hat die Klage auf den Hauptantrag und ersten Hilfsantrag (Darlehen von August) in voller Höhe und auf den zweiten Hilfsantrag (Darlehen vom September) in Höhe von 20.000,00 DM abgewiesen und den Beklagten zur Zahlung von 10.000,00 DM verurteilt. Dieses Urteil beschwert den Kläger insgesamt mit 80.000,00 DM, weil ihm durch die Entscheidung Darlehensforderungen in dieser Höhe abgespro-
(Fortsetzung...)

menrechnung von Klageforderung und Gegenforderung allerdings nicht in Betracht[464]. Bei der Hilfswiderklage werden die Werte von Klage und Widerklage - soweit über diese entschieden worden ist- jedoch zusammengerechnet, soweit sie nicht denselben Gegenstand[465] betreffen[466].

---

[463] (...Fortsetzung)
chen worden sind. Der Wert der Beschwer des Beklagten beträgt in diesem Fall 10.000,00 DM.

[464] Vgl. *Zöller/Gummer* Vor § 511 ZPO Rn. 24. Beispiel: Der Beklagte verteidigt sich gegen die Klageforderung, indem er diese primär bestreitet. Hilfsweise erklärt er die Aufrechnung mit einer vom Kläger bestrittenen Gegenforderung in gleicher Höhe. Weist das Gericht die Klage als unbegründet ab, ohne auf die Hilfsaufrechnung einzugehen, ist lediglich der Kläger in Höhe der Klageforderung beschwert. Weist das Gericht die Klage allerdings ab, weil es die Klageforderung als durch die Hilfsaufrechnung erloschen ansieht, sind beide Parteien tatsächlich nur in Höhe der Klageforderung beschwert. Der Kläger hat in Bezug auf seine Klageforderung „gewonnen", insoweit ist er nicht beschwert; seine Beschwer besteht hier nur in Höhe der von ihm bestrittenen Gegenforderung, durch die seine Klageforderung erloschen ist. Der Beklagte verliert hier zwar doppelt (er ist entgegen seiner Ansicht doch Schuldner der Klageforderung und verliert -durch die Aufrechnung- zudem auch noch seine Gegenforderung), gleichwohl ist auch er nur einfach beschwert, weil er die dem Kläger zugesprochene Klageforderung lediglich statt in bar hier durch den Verlust seiner Gegenforderung (§ 389 BGB) begleicht.

[465] Vgl. oben unter D.IV.2. (S. 91 ff.).

[466] Die Regelung in § 5 ZPO, nach der die Werte von Klage und Widerklage nicht zusammengerechnet werden, gilt nur für die Ermittlung des Zuständigkeitsstreitwerts und nicht für die Bestimmung der Rechtsmittelbeschwer; hM, vgl. mit zum Teil jeweils unterschiedlichen Begründungen *Schneider* NJW 1992, 2680 f.; *Oehlers* NJW 1992, 1667 f.; *Thomas/Putzo* § 5 ZPO Rn. 2; *Zöller/Gummer* Vor § 511 ZPO Rn. 24b; *Baumbach/Lauterbach/Albers* § 511a ZPO Rn. 23; BGH NJW 1994, 3292. Beispiel 1: Der Kläger verlangt mit seiner Klage die Herausgabe einer beweglichen Sache im Wert von 20.000,00 DM. Der Beklagte bestreitet die Klageforderung, meint aber daß ihm für den Fall, daß die Klage begründet sei, gegenüber dem Kläger ein Zahlungsanspruch zustehe; er erhebt deshalb hilfsweise Widerklage, mit welcher er vom Kläger die Zahlung von 15.000,00 DM verlangt. Das Gericht verurteilt den Beklagten zur Herausgabe und weist die Hilfswiderklage ab. Hier hat der Beklagte doppelt „verloren": Er muß zunächst die Sache im Wert von 20.000,00 DM herausgeben und darüber hinaus wird ihm ein Zahlungsanspruch über 15.000,00 DM abgesprochen; der Wert der Beschwer des Beklagten beträgt hier mithin 35.000,00 DM. Beispiel 2: Verurteilt das Gericht den Beklagten im vorstehenden Beispielsfall zur Herausgabe, weist die Hilfswiderklage aber nur in Höhe von 5.000,00 DM ab und verurteilt den Kläger insoweit zur Zahlung von 10.000,00 DM, beträgt der Wert der Beschwer des Beklagten 25.000,00 DM, während das Urteil den Kläger in diesem Fall in Höhe von 5.000,00 DM beschwert.

E. Anfallwirkung von Haupt- und Hilfsantrag in der Berufung

I. Allgemeines

1. Beschwer

Ein Rechtsmittel ist nur zulässig, wenn die angefochtene Entscheidung eine Beschwer des Rechtsmittelführers enthält, deren Beseitigung mit dem Rechtsmittel ganz oder zumindest teilweise verfolgt wird[467]. Für den Kläger verlangt die Rechtsprechung[468] hier eine formelle Beschwer[469], die -ohne hier auf nähere Einzelheiten einzugehen- immer dann gegeben ist, wenn ihm die angefochtene Entscheidung etwas versagt, was er beantragt hat[470], wobei grundsätzlich[471] auf den Inhalt des Urteilstenors abzustellen ist[472]. Für den Beklagten hingegen genügt eine materielle Beschwer[473], die immer dann als gegeben angesehen wird, wenn er mit dem Rechts-

---

[467] HM, vgl. insbesondere *Baumbach/Lauterbach/Albers* Grundz. § 511 ZPO Rn. 13; BGH NJW-RR 1994, 1404; BGH NJW 1996, 527; BGH NJW-RR 1996, 765; BGH NJW-RR 1996, 1276.

[468] Vgl. etwa nur BGH NJW 1991, 703; 704; BGH NJW 1994, 2697; OLG Bamberg NJW-RR 1994, 459; so auch *Baumbach/Lauterbach/Albers* Grundz. § 511 ZPO Rn. 14; *Thomas/Putzo* Vorbem. § 511 ZPO Rn. 18.

[469] Vgl. *Zöller/Gummer* Vor § 511 ZPO Rn. 11; aA *AK/Ankermann* vor § 511 ZPO (I) Rn. 13, der grundsätzlich -also auch beim Kläger- auf die materielle Beschwer abstellt, wobei der formellen Beschwer -auch beim Beklagten- nur eine Indizwirkung bei der Feststellung der materiellen Beschwer zukomme. Zur formellen Beschwer im allgemeinen vgl. *Rosenberg/Schwab/Gottwald* § 136 II. 3. a, b (S. 810 ff.).

[470] Vgl. BGH NJW 1958, 995, 996; BGH NJW 1991, 703, 704; so auch *Baumbach/Lauterbach/Albers* Grundz. § 511 ZPO Rn. 14; *Thomas/Putzo* Vorbem. § 511 ZPO Rn. 18; *Zöller/Gummer* Vor § 511 ZPO Rn. 11.

[471] Nur bei unklarer Urteilsformel ist die Beschwer des Klägers auch unter Heranziehung der Entscheidungsgründe zu ermitteln, vgl. *Zöller/Gummer* Vor § 511 ZPO Rn. 11; *Baumbach/Lauterbach/Albers* Grundz. § 511 ZPO Rn. 14; BGH LM § 546 Nr. 14; BGH NJW 1986, 2703, 2704.

[472] Vgl. *Baumbach/Lauterbach/Albers* Grundz. § 511 ZPO Rn. 13 f.; *Thomas/Putzo* Vorbem. § 511 ZPO Rn. 18.

[473] Str., aA *Rosenberg/Schwab/Gottwald* § 136 II. 3. c (S. 812); *Stein/Jonas/Grunsky* Einl. V vor § 511 ZPO Rn. 84 ff.; so wie hier: *Baumbach/Lauterbach/Albers* Grundz. § 511 ZPO Rn. 19; *Thomas/Putzo* Vorbem. § 511 ZPO Rn. 19; *Musielak/Ball* vor § 511 ZPO Rn. 13 und wohl auch *Zöller/Gummer* Vor § 511 ZPO Rn. 17a; BGH JZ 1955, 423, 424, mit ablehnender Anmerkung von *Lent* S. 425; BGH ZZP 74 (1961), 362, 364, mit Anmerkung von *Habscheid*; 367, 369 f.;

(Fortsetzung...)

mittel eine zu seinen Gunsten von der angefochtenen Entscheidung abweichende Entscheidung erlangen kann[474], wobei für die Beurteilung dieser Voraussetzung - unabhängig von der Vollstreckungsfähigkeit[475] und seinem in der unteren Instanz gestellten Antrag[476]- auf den rechtskräftigen Inhalt der angegriffenen Entscheidung abzustellen ist[477]. Der Grund für die unterschiedliche Beurteilung der Beschwer des Klägers und derjenigen des Beklagten liegt darin, daß grundsätzlich nur der Kläger die Sachanträge[478] stellt, über die im Rechtsstreit entschieden wird. Der Antrag des Beklagten ist hingegen nicht Gegenstand der gerichtlichen Entscheidung. Deshalb kann hier -anders als beim Kläger- auch nicht darauf abgestellt werden, ob das Gericht dem Beklagten „etwas beantragtes" versagt hat[479].

2. Verbot der *reformatio in peius*

Nach der Bestimmung in § 536 ZPO darf das Berufungsgericht das Urteil des ersten Rechtszuges nur insoweit abändern, als seine Abänderung beantragt ist. Nach dieser Regelung ist es grundsätzlich -mit Ausnahme des Falls der Anschlußberufung, § 521 ZPO- unstatthaft, die angefochtene Entscheidung zum Nachteil des Berufungsklägers abzuändern[480]. Was ihm das angegriffene Urteil zuerkannt hat, darf das Berufungsurteil dem Berufungskläger nicht aberkennen[481]. Der Berufungskläger soll also dem Grundsatz nach durch die Einlegung der Berufung schlimmstenfalls die Zurück-

---

473 (...Fortsetzung)
BGH NJW 1975, 539 f.; OLG Koblenz NJW-RR 1993, 462.

474 Vgl. *Baumbach/Lauterbach/Albers* Grundz. § 511 ZPO Rn. 19; *Thomas/Putzo* Vorbem. § 511 ZPO Rn. 19; BGH NJW 1955, 545, 546; BGH NJW 1992, 1513 f.; OLG Koblenz NJW-RR 1993, 462; OLG Karlsruhe NJW-RR 1986, 582; aA *MünchKomm/Rimmelspacher* Vor § 511 ZPO Rn. 14 und 16; *Nicolini* NJW 1955, 615, 616 f.; *Habscheid* NJW 1964, 234 ff.; *Baur* FS Lent, 1957, 1; *Jauernig* § 72 V. (S. 270 f.), der die materielle Beschwer für den Beklagten allerdings nicht uneingeschränkt genügen läßt.

475 Vgl. *Thomas/Putzo* Vorbem. § 511 ZPO Rn. 19; *Habscheid* NJW 1964, 234 ff.

476 So auch *Thomas/Putzo* Vorbem. § 511 ZPO Rn. 19; BGH NJW 1955, 545, 546.

477 Vgl. *Baumbach/Lauterbach/Albers* Grundz. § 511 ZPO Rn. 19; *Thomas/Putzo* Vorbem. § 511 ZPO Rn. 19; BGH NJW-RR 1996, 828.

478 Zum Begriff vgl. *Thomas/Putzo* § 297 ZPO Rn. 1.

479 Vgl. *Ascher* MDR 1953, 584 f.

480 Vgl. *Rosenberg/Schwab/Gottwald* § 140 II.2. (S. 848); *Bruns* § 52 III. (S. 447); *Musielak* Rn. 432 (S. 281); *Zöller/Gummer* § 536 ZPO Rn. 4.

481 Vgl. insbesondere *Thomas/Putzo* § 536 ZPO Rn. 3; *Baumbach/Lauterbach/Albers* § 536 ZPO Rn. 2; zu den -für die hier zu untersuchenden Fälle nicht einschlägigen und deshalb zu vernachlässigenden- Ausnahmen vom Grundsatz der *reformatio in peius* vgl. *Thomas/Putzo* § 536 ZPO Rn. 7 ff.; *Baumbach/Lauterbach/Albers* § 536 ZPO Rn. 6 ff.

weisung seines Rechtsmittels riskieren[482]. Hieraus folgt, daß keine Partei eine Verbesserung ihrer Position aufgrund eines von ihrem Gegner eingelegten Rechtsmittels erwarten kann, sondern ihre Interessen selbst -durch die Einlegung eines eigenen Rechtsmittels- wahren muß[483].

3. Verbot der *reformatio in melius*

Gegenstück der *reformatio in peius* ist die *reformatio in melius*[484]. Genauso, wie es unzulässig ist, dem Berufungskläger etwas abzuerkennen, was ihm das -nur von ihm-angegriffene Urteil zuerkannt hat, ist es auch nicht statthaft, die angefochtene Entscheidung über den Umfang der Berufung hinaus abzuändern, § 536 ZPO.

II. Berufung des Klägers

1. Bei Abweisung von Haupt- und Hilfsantrag

a) *Beschwer*

In diesen Fällen liegt die Beschwer des Klägers auf der Hand. Das Gericht des ersten Rechtszugs hat ihm durch seine Entscheidung sowohl die von ihm primär als auch die hilfsweise beanspruchte Rechtsfolge versagt.

b) *Uneingeschränkte Anfechtung des erstinstanzlichen Urteils*

Weist das erstinstanzliche Gericht bei eigentlicher Eventualhäufung sowohl den Haupt- als auch den Hilfsantrag ab, so wird der Kläger sinnvollerweise regelmäßig gegen beide Abweisungsentscheidungen Berufung einlegen. Greift er nämlich nur die Abweisung eines einzigen seiner Eventualanträge an und bestätigt das Berufungsgericht insoweit die angegriffene Entscheidung, bleibt es auch bei der erstinstanzlichen Abweisung des anderen Antrags, auf den das Berufungsgericht wegen des Verbots der Besserstellung nicht eingehen darf. Ficht der Kläger das erstinstanzliche Urteil hiernach in vollem Umfang an, stellt er also zunächst die Abweisung des Haupt- und sodann die Abweisung des Hilfsantrags zur Überprüfung durch das Berufungsgericht, gilt hier im wesentlichen dasselbe wie das schon zum Verfahren im ersten Rechtszug ausgeführte. Soweit der Kläger seine erstinstanzlichen Anträge in der Berufung insgesamt weiterverfolgt, hat auch das Rechtsmittelgericht zuerst den

---

[482] HM, vgl. insbesondere *Thomas/Putzo* § 536 ZPO Rn. 3.

[483] So auch *Blomeyer* § 100 (S. 557).

[484] vgl. *Baumbach/Lauterbach/Albers* § 536 ZPO Rn. 2; *Wieczorek/Rössler* § 536 ZPO Anm. B.

Haupt- und danach den Hilfsantrag zu prüfen[485]. Hält das Berufungsgericht bei eigentlicher Eventualhäufung den Hauptantrag für begründet, darf es über den -in der ersten Instanz gleichfalls abgewiesenen- Hilfsanspruch nicht befinden, weil dieser ja nur für den Fall der Erfolglosigkeit des Hauptantrags zur Entscheidung gestellt worden ist. In diesem Fall hat es die erstinstanzliche Abweisung des Hilfsantrags -allerdings nur klarstellend- aufzuheben, weil einer Entscheidung über den Hilfsantrag wegen der Begründetheit des Hauptantrags -also des Nichteintritts der innerprozessualen Bedingung- die Grundlage entzogen ist[486].

c) *Teilweise Anfechtung des erstinstanzlichen Urteils*

Relativ unproblematisch -wenngleich aus den vorgenannten Gründen in der Praxis ohne größere Bedeutung- sind diejenigen Fälle, in denen sich der Kläger mit seiner Berufung entweder nur gegen die Abweisung des Haupt- oder des Hilfsantrags wendet. Hier erwächst das Urteil des erstinstanzlichen Gerichts hinsichtlich des nicht angegriffenen Teils in Rechtskraft. Der Kläger verfolgt nur noch einen seiner *eventualiter* gestellten Anträge weiter. Da eine bedingte Berufungseinlegung unzulässig ist, muß er dies -auch soweit er nur die Entscheidung hinsichtlich des Hilfsantrags zur Überprüfung stellt- in jedem Fall unbedingt tun. In einem solchen Fall wird der Hilfsantrag der ersten Instanz zum -alleinigen- Hauptantrag in der Berufung. Das Eventualverhältnis wird also nicht in den zweiten Rechtszug hineingetragen. Das Berufungsgericht hat sich nur noch mit dem weiterverfolgten Antrag zu befassen. Greift der Kläger -bei eigentlicher Eventualhäufung- nur die Abweisung des Hauptantrags an, bedeutet dies aber für den Fall, daß das Berufungsgericht den Hauptantrag für begründet hält, daß eine klarstellende Aufhebung der -rechtskräftigen- Abweisung des Hilfsantrags ausscheidet. Einerseits ist hier nämlich die Bedingung, unter der die Erhebung des Hilfsantrags noch in der ersten Instanz stand, nicht in die zweite Instanz hineingetragen worden, so daß ihr Nichteintritt in der Berufung auch keine Auswirkungen haben kann. Andererseits steht einer solchen klarstellenden Aufhebung auch das Verbot der Besserstellung entgegen. Hierdurch würde der für den Kläger nachteilige Ausspruch über den Hilfsantrag beseitigt werden, ohne daß er sich mit seiner Berufung auch hiergegen gewandt hätte.

2. Bei Abweisung des Hauptantrags im Falle der eigentlichen Eventualhäufung

a) *Entscheidung nur über den Hauptantrag (Teilurteil)*

Zur Zulässigkeit eines solchen Teilurteils vgl. oben unter D.III.1. (S. 81 ff.); für den Fall, daß der Kläger gegen ein solches Teilurteil Berufung einlegt, hat das Gericht

---

[485] Vgl. *Merle* ZZP 83 (1970), 436, 447 f.; *Wieczorek/Rössler* § 536 ZPO Anm. B; RGZ 104, 292, 293; RGZ 152, 292, 296.

[486] So auch *MünchKomm/Rimmelspacher* § 536 ZPO Rn. 25.

des zweiten Rechtszugs nur über den Hauptantrag zu befinden[487], da der Hilfsantrag nicht Gegenstand der angefochtenen Entscheidung und damit auch nicht des Rechtsmittelverfahrens ist. Ändert das Berufungsgericht das angefochtene Teilurteil ab und kommt zu einer Verurteilung des Beklagten auf den Hauptantrag, wird ein zwischenzeitlich in erster Instanz ergangenes Schlußurteil über den Hilfsantrag ohne weiteres wirkungslos; vgl. oben unter D.III.1. (S. 81 ff.). Allerdings wird das Rechtsmittelgericht diese Folge seiner abändernden Entscheidung in der Regel gleichwohl -und zwar aus Gründen der richterlichen Fürsorgepflicht[488]- vorsorglich klarstellend in den Tenor der Berufungsentscheidung aufzunehmen haben.

b) *Entscheidung über Haupt- und Hilfsantrag*

Hat das Gericht des ersten Rechtszuges unter Abweisung des Hauptantrags der Klage auf den Hilfsantrag stattgegeben, stellt sich zunächst die Frage, ob der Kläger, der den Rechtsstreit ja letztlich -auf seinen Hilfsantrag- „gewonnen" hat, hiergegen überhaupt ein Rechtsmittel einlegen kann. Nach den vorstehenden Ausführungen zur Beschwer[489] ist dies mit der insoweit hM[490] zu bejahen. Die Beschwer des in erster Instanz „erfolgreichen" Klägers ist hier -trotz seines Erfolgs- gleichwohl offenkundig. Dem Kläger, der sich im ersten Rechtszug zweier Ansprüche berühmt hat, ist nämlich einer dieser Ansprüche aberkannt worden. Hiernach stellt sich aber das folgende Problem: Soweit sich der Kläger mit seinem Rechtsmittel nur gegen die Abweisung seines Hauptantrags wendet, und der Beklagte seinerseits keine (Anschluß-) Berufung gegen seine Verurteilung auf den Hilfsantrag einlegt, wird das erstinstanzliche Urteil hinsichtlich des stattgebenden Ausspruchs über den Hilfsantrag rechtskräftig. Kommt das Berufungsgericht dann aber zu dem Ergebnis, der Hauptantrag sei doch begründet, wäre dem Kläger hiernach letztlich mehr zugesprochen, als eigentlich seinem Klagebegehren entspricht, nämlich ein Stattgeben sowohl auf den Haupt- als auch auf den Hilfsantrag. Die besondere Mißlichkeit eines solchen, dem aus §§ 308, 536 ZPO folgenden Verbot der Besserstellung zuwiderlaufenden[491] Ergebnisses liegt auf der Hand. Besteht Streit zwischen den Parteien über die Wirksamkeit eines Kaufvertrages und verlangt der Kläger primär die Zahlung des vereinbarten Kaufpreises und hilfsweise -etwa für den Fall der Nichtigkeit des Vertrages- die Rückübereignung der Kaufsache, wäre es hier möglich, daß der Beklagte aufgrund der nicht angegriffenen erstinstanzlichen Entscheidung über den Hilfsantrag -wegen der

---

[487] Vgl. *Stein/Jonas/Grunsky* § 537 ZPO Rn. 3.

[488] Zur richterlichen Fürsorgepflicht vgl. statt vieler die Darstellung bei *Zöller/Vollkommer* Einl. Rn. 12, 57a.

[489] Vgl. oben unter E.I.1. (S. 99 f.).

[490] Vgl. MünchKomm/Rimmelspacher § 536 ZPO Rn. 26; *AK/Ankermann* vor § 511 ZPO (I) Rn. 15; BGHZ 41, 38, 41; *Semmelmayer* S. 73; BGH VersR 1984, 739, 740 f.

[491] So im Ergebnis auch *Wieczorek/Rössler* § 537 ZPO Anm. C.III.

Nichtigkeit des Vertrages- einerseits verpflichtet werden könnte, die Kaufsache zurückzuübereignen, andererseits aber aufgrund der abändernden Entscheidung des Berufungsgerichts über den Hauptantrag -wegen der Wirksamkeit des Vertrages- zugleich den vereinbarten Kaufpreis zahlen müßte. Zur Vermeidung solcher sich in unerträglicher Weise widersprechenden Ergebnisse besteht allgemeine Einigkeit darüber, daß die erstinstanzliche Entscheidung über den Hilfsantrag in diesen Fällen zugleich mit der Entscheidung des Rechtsmittelgerichts über den Hauptantrag beseitigt werden müsse[492]. Die hierzu teilweise in der Literatur[493] vertretene Auffassung, nach welcher das Berufungsgericht den Hilfsantrag „durch zulässigen und notwendigen Vorgriff aufzuheben" habe, wenn es dem Hauptantrag unter Abänderung der angefochtenen Entscheidung stattzugeben beabsichtige, vermag allerdings nicht vollständig zu überzeugen. Zunächst muß diese Ansicht bereits angesichts der Bestimmungen in §§ 308, 536 ZPO auf Bedenken stoßen, weil die Parteien in diesen Fällen kein entsprechendes Begehren in der zweiten Instanz erheben. Der Kläger wendet sich -ausschließlich- gegen die ihm ungünstige Abweisung des Hauptantrags, der Beklagte will hingegen, daß es bei dieser Abweisung des Hauptantrags verbleibt. Für die Annahme, das Berufungsgericht habe hier den erstinstanzlichen Ausspruch über den Hilfsantrag gleichwohl auch ohne hierauf gerichteten Antrag der Parteien -von Amts wegen- aufzuheben, würde allenfalls das rein praktische Argument sprechen, daß ansonsten die Gefahr zweier sich widersprechenden und (wie im Beispielsfall) den Beklagten in nicht hinnehmbarer Weise doppelt belastenden Entscheidungen bestehen könnte. Dieses die vorgenannte Auffassung greifbar stützende Argument geht jedoch bei näherer Betrachtung ins Leere. Eine solche Gefahr besteht in den hier untersuchten Fällen nicht. Die prozessuale Situation ist nämlich keine andere als bei einem in der Rechtsmittelinstanz anhängigen Grundurteil nach § 304 ZPO. Auch hier besteht vordergründig die Gefahr, das in erster Instanz auf Antrag (§ 304 Abs. 2 ZPO) zu erlassende Betragsurteil könne einer -den Anspruchsgrund verneinenden- Berufungsentscheidung über das Grundurteil zuwiderlaufen. Ähnliches gilt auch für die Fälle, in denen ein die Zulässigkeit der Klage bejahendes Zwischenurteil nach § 280 ZPO mit der Berufung angegriffen wird. Ordnet das erstinstanzliche Gericht vor Abschluß des Berufungsverfahrens den Fortgang des Verfahrens zur Hauptsache an (§ 280 Abs. 2 Satz 2 ZPO), besteht jedenfalls grundsätzlich die Möglichkeit, daß in der Hauptsache ein der Klage in erster Instanz stattgebendes Endurteil ergeht, während das Berufungsgericht zugleich in zweiter Instanz die Unzulässigkeit derselben Klage feststellt. Eine entsprechende Gefahr besteht auch in den Fällen der Zwischenfeststellungsklage nach § 256 Abs. 2 ZPO, wenn das Gericht der ersten Instanz vor Rechtskraft des Feststellungsurteils

[492] Vgl. *Wieczorek/Rössler* § 537 ZPO Anm. C.III., § 536 ZPO Anm. C.I.; *Merle* ZZP 83 (1970), 436, 456; *Brox*, FS Carl Heymanns Verlag, 1965, 121, 136; BGH NJW 1989, 1486,1487.

[493] Vgl. *Wieczorek/Rössler* § 537 ZPO Anm. C.III.

über die Hauptsache (in entsprechender Anwendung von § 304 Abs. 2 ZPO[494]) durch Endurteil entscheidet. Hier kann es gleichfalls dazu kommen, daß das Berufungsgericht über das mit dem Zwischenfeststellungsurteil festgestellte, für die Hauptsache vorgreifliche Rechtsverhältnis anders entscheidet, als das erstinstanzliche Gericht in dem Endurteil. Das Problem zweier sich in derselben Sache möglicherweise widersprechenden Entscheidungen von Gerichten erster und zweiter Instanz ist der Zivilprozeßordnung mithin bekannt. In den Fällen der §§ 304, 280, 256 Abs. 2 ZPO ist es zur Vermeidung solcher unzuträglicher Ergebnisse allgemein anerkannt, daß das erstinstanzliche End- bzw. Betragsurteil durch die Aufhebung des Zwischen- bzw. Grundurteils im zweiten Rechtszug *auflösend* bedingt ist[495], weshalb es -auch wenn es bereits formell rechtskräftig geworden ist- von selbst wegfällt, soweit das Zwischen- bzw. Grundurteil in der zweiten Instanz aufgehoben und die Klage abgewiesen wird[496]. Dieser allgemein anerkannte, zu den vergleichbaren prozessualen Situationen bei §§ 304, 280, 256 Abs. 2 ZPO erarbeitete Grundsatz ist ohne weiteres auf die hier bestehende Prozeßlage übertragbar. Hier wie dort ist ein möglicher Widerspruch zwischen einer Rechtsmittelentscheidung und einem in derselben Sache ergangenen erstinstanzlichen Schlußurteil dadurch auszuräumen, daß letzteres durch die Entscheidung des zweiten Rechtszuges auflösend bedingt ist[497]. Bezogen auf den Ausgangsfall bedeutet das also, daß die -nicht mit der Berufung angefochtene- erstinstanzliche Entscheidung über den Hilfsantrag während der Dauer des Rechtsmittelverfahrens unter einer auflösenden Bedingung steht[498]. Ihr Bestand hängt davon ab, ob dem Hauptantrag durch die höhere Instanz endgültig -d.h. rechtskräftig- stattgegeben wird[499]. Ist das der Fall, wird das Urteil über den Hilfsantrag wirkungslos, ohne daß es seiner ausdrücklichen Aufhebung bedarf[500], die allerdings im Regelfall gleichwohl *klarstellend* erfolgen sollte, um jedwede Unsicherheit bei den

---

[494] Vgl. *Zöller/Greger* § 256 ZPO Rn. 31.

[495] Vgl. *Zöller/Greger* § 256 ZPO Rn. 31, § 280 ZPO Rn. 10; *Zöller/Vollkommer* § 304 ZPO Rn. 27; *Thomas/Putzo* § 280 ZPO Rn. 10, § 304 ZPO Rn. 23; *Baumbach/Lauterbach/Hartmann* § 256 ZPO Rn. 120, § 280 ZPO Rn. 10, § 304 ZPO Rn. 31; *Bähr*, Anmerkung zu BGH JR 1971, 331, 332 f.; RGZ 107, 330, 331; BGH NJW 1973, 467, 468.

[496] *Zöller/Greger* § 280 ZPO Rn. 10; *Zöller/Vollkommer* § 304 ZPO Rn. 27; *Thomas/Putzo* § 280 ZPO Rn. 10, § 304 ZPO Rn. 23; *Baumbach/Lauterbach/Hartmann* § 280 ZPO Rn. 10, § 304 ZPO Rn. 31.

[497] Vgl. hierzu auch die Erwägungen von *Bähr*, Anmerkung zu BGH JR 1971, 331, 332 f.

[498] So wohl im Ergebnis auch *Merle* ZZP 83 (1970), 436, 456, unter Hinweis auf die durch die Entscheidung über den Hauptantrag rückwirkend wegfallende Rechtshängigkeit des Hilfsantrags.

[499] Im Ergebnis so wie hier, wenngleich mit teilweise abweichenden Begründungen *Merle* ZZP 83 (1970), 436, 456; *Brox*, FS Carl Heymanns Verlag, 1965, 121, 136; BGH NJW 1989, 1486, 1487.

[500] So auch *Merle* ZZP 83 (1970), 436, 456; *Brox*, FS Carl Heymanns Verlag, 1965, 121, 136 und wohl auch BGH NJW 1989, 1486, 1487.

Parteien von vornherein auszuräumen[501]. Dieses Ergebnis stellt auch keine unzulässige Schlechterstellung des Klägers und Berufungsklägers dar[502]. Das dem Hauptantrag stattgebende Urteil entspricht seinem primär verfolgten Klagebegehren, und gerade für diesen Fall will er keine Entscheidung über den Hilfsantrag.

3. Bei Abweisung des Hauptantrags im Falle der uneigentlichen Eventualhäufung

Weist das Gericht des ersten Rechtszugs die Klage auf den Hauptantrag ab, hat es sich im Fall der uneigentlichen Eventualhäufung mit dem Hilfsantrag nicht zu befassen. Das Urteil verhält sich in diesem Fall also nur über den -abgewiesenen- Hauptantrag. Legt der Kläger gegen diese ihm ungünstige Entscheidung Berufung ein, stellt sich die Frage, ob das Rechtsmittelgericht, wenn es den Hauptantrag anders als das Gericht der ersten Instanz für begründet hält, zugleich auch über den für den Fall des Eintritts dieser Bedingung zur Entscheidung gestellten uneigentlichen Hilfsantrag zu befinden hat. Daran könnten auf den ersten Blick Zweifel bestehen, weil das Rechtsmittelverfahren nach der ZPO auf dem Grundsatz beruht, daß der Streitgegenstand nur in dem Umfang in die höhere Instanz erwächst, in dem die Vorinstanz entschieden und eine Partei hiergegen ein Rechtsmittel eingelegt hat[503]. Für das Berufungsverfahren folgt dies aus der diesem Grundsatz entsprechenden Bestimmung in § 537 ZPO. Der Wortlaut dieser Regelung bezieht sich aber nur auf Ansprüche, die schon in der ersten Instanz erhoben und abgeurteilt waren[504]. Die Geltendmachung neuer (§§ 523, 263 ZPO) oder erweiterter (§§ 523, 264 ZPO) Ansprüche in der zweiten Instanz wird hierdurch nicht ausgeschlossen[505]. Hat der Kläger eine zulässige Berufung eingelegt, also einen anderweitigen Angriff gegen das erstinstanzliche Urteil unter Weiterverfolgung wenigstens eines Teils des abgewiesenen Anspruchs vor-

---

[501] So im Ergebnis auch *Merle* ZZP 83 (1970), 436, 456; *Brox*, FS Carl Heymanns Verlag, 1965, 121, 136 und wohl auch BGH NJW 1989, 1486, 1487.

[502] Vgl. *Brox*, FS Carl Heymanns Verlag, 1965, 121, 136; so im Ergebnis auch BGH NJW 1989, 1486, 1486 mit dem Hinweis darauf, daß der Rechtsmittelkläger mit einer solchen Möglichkeit infolge der von ihm begehrten Entscheidung des Rechtsmittelgerichts über das von ihm angefochtene Urteil rechnen müsse, da er durch die von ihm gewählte Verbindung von Haupt- und Hilfsantrag zum Ausdruck gebracht habe, keine Entscheidung über den Hilfsantrag zu wünschen, wenn er mit dem Hauptantrag Erfolg hat.

[503] Devolutivwirkung (§§ 536, 537, 559 ZPO), vgl. hierzu auch *Rosenberg/Schwab/Gottwald* § 139 III.3. (S. 838); *Mattern* JZ 1960, 385, 386 f.

[504] Vgl. *Rosenberg/Schwab/Gottwald* § 139 III.4. (S. 839 f.); *Baumbach/Lauterbach/Albers* § 537 ZPO Rn. 3.

[505] Vgl. *Rosenberg/Schwab/Gottwald* § 139 III.4. (S. 839 f.); *Baumbach/Lauterbach/Albers* § 537 ZPO Rn. 3; *Zöller/Gummer* § 537 ZPO Rn. 5; *Thomas/Putzo* § 530 ZPO Rn. 3.

genommen[506], kann er daneben -klageerweiternd oder klageändernd- auch noch neue Ansprüche zur (erstmaligen) Entscheidung durch das Rechtsmittelgericht in den Rechtsstreit einführen[507]. Nicht anders stellt sich die Situation in dem hier näher zu betrachtenden Fall dar. Ist nämlich die unbedingte Klageänderung oder Klageerweiterung in der zweiten Instanz zulässig, muß das auch für die innerprozessual -und damit zulässig- bedingte Klageänderung oder Klageerweiterung gelten.

4. Hilfsweises Weiterverfolgen des erstinstanzlichen Antrags

Nach der ständigen Rechtsprechung des Bundesgerichtshofs und der zu Recht herrschenden Meinung in der Literatur ist eine Berufung unzulässig, wenn mit ihr nicht zumindest teilweise die Beseitigung einer in dem angefochtenen Urteil liegenden Beschwer[508], sondern ausschließlich ein neuer, bisher noch nicht geltend gemachter prozessualer Anspruch verfolgt wird[509]. Zwar kann bei einer im übrigen zulässigen Berufung auch ein bisher nicht gestellter Antrag im Wege der Klageänderung nach Maßgabe von § 263 ZPO in das Berufungsverfahren eingeführt werden[510], doch setzt dies voraus, daß der Kläger auch mit bzw. neben der geänderten Klage wenigstens noch einen Teil seines erstinstanzlich abgewiesenen Antrags weiterverfolgt[511]. Die Gründe hierfür liegen auf der Hand: Verfolgt der Kläger mit seinem Rechtsmittel die im ersten Rechtszug gestellten (und abgewiesenen) Anträge überhaupt nicht mehr weiter, greift er die erstinstanzliche Entscheidung auch nicht an. Eine Berufung, mit der die erstinstanzliche Entscheidung aber gar nicht angegriffen werden soll, muß schon begrifflich ausscheiden. Ein solches Rechtsmittel ist unzulässig. Einem Rechtsmittelkläger, der das zu seinen Ungunsten ergangene Urteil nicht abändern, sondern statt seines ursprünglich -erfolglos- verfolgten Klageziels einen völlig neuen -anderen- prozessualen Anspruch geltend machen will, fehlt für diese Art der Rechtsverfolgung in der Berufungsinstanz das erforderliche Rechtsschutzbedürfnis[512].

---

[506] Vgl. hierzu auch nachfolgend unter E.II.4. (S. 107 ff.).

[507] Vgl. hierzu insbesondere *Thomas/Putzo* § 530 ZPO Rn. 3, mit entsprechenden Nachweisen zur höchstrichterlichen Rechtsprechung.

[508] Vgl. oben unter E.I.1. (S. 99 f.).

[509] Vgl. etwa nur BGH NJW-RR 1996, 765; BGH NJW 1994, 2896 f.; BGH NJW-RR 1994, 1404 f.; *Zöller/Gummer* Vor § 511 ZPO Rn. 8; *Baumbach/lauterbach/Albers* Vor § 511 ZPO Rn. 13; *Thomas/Putzo* Vor § 511 ZPO Rn. 21; aA *Altmeppen* ZIP 1992, 449, 453 f.

[510] Vgl. vorstehend unter E.II.3. (S. 106 f.).

[511] Vgl. BGH NJW-RR 1996, 765.

[512] Es fehlt hier insoweit die Rechtsmittelbeschwer, die ihrerseits eine besondere Erscheinungsform des Rechtsschutzbedürfnisses darstellt, vgl. *Rosenberg/Schwab/Gottwald* § 136 I.3. (S. 809 f.). Das verkennt die von *Altmeppen* ZIP 1992, 449, 453 f. vertretene Gegenmeinung, der allerdings zuzugeben ist, daß der in erster Instanz unterlegene Kläger durch das ihm ungünstige Urteil selbstverständlich beschwert ist. Das allein genügt aber noch nicht. Der Kläger muß diese Be-

(Fortsetzung...)

Akzeptiert der Kläger sein erstinstanzliches Unterliegen in Bezug auf den von ihm mit seiner Klage erhobenen Anspruch, meint aber, ihm stehe gegen den Beklagten jedenfalls ein anderer Anspruch zu, hat er diesen durch die Erhebung einer neuen - weiteren- Klage geltend zu machen[513].

Vor diesem Hintergrund muß auch die Frage nach der Zulässigkeit einer Berufung des Klägers beantwortet werden, mit welcher der in der ersten Instanz abgewiesene Antrag nur noch hilfsweise weiterverfolgt werden soll. Der Verdeutlichung soll hier das nachfolgende *Fallbeispiel* dienen:

> Der Kläger ist Mieter, der Beklagte ist Vermieter von Gewerberäumen. Der Beklagte kündigt das Mietverhältnis. Mit seiner Klage verlangt der Kläger vom Beklagten daraufhin die Auskehrung einer bei Vertragsende rückzahlbaren Mietkaution. Der Beklagte meint, er könne die Kautionssumme mit von ihm behaupteten Mietrückständen des Klägers verrechnen und sei deshalb zur Zahlung des streitigen Betrages nicht verpflichtet. Das Gericht der ersten Instanz weist die Klage als unbegründet ab. Mit seiner Berufung verfolgt der Kläger den von ihm geltend gemachten Zahlungsanspruch nur noch hilfsweise weiter. In erster Linie verlangt er nunmehr mit der Begründung, die vom Beklagten ausgesprochene Kündigung sei unwirksam, die Feststellung, daß das Mietverhältnis zwischen den Parteien noch fortdauert.

---

[512] (...Fortsetzung)
schwer mit seinem Rechtsmittel auch beseitigen wollen. Will er das hingegen nicht, weil er den konkreten Ausspruch des ihm ungünstigen Urteils gar nicht in Frage stellt (sondern statt dessen einen völlig anderen prozessualen Anspruch verfolgt), fehlt es an einem schutzwürdigen Interesse an der Durchführung des Rechtsmittelverfahrens. Zweck eines Rechtsmittels ist nämlich die Nachprüfung der Richtigkeit einer erstinstanzlichen Entscheidung; vgl. *Rosenberg/Schwab/Gottwald* § 134 II. (S. 803). Soll die Richtigkeit eines konkreten Urteilsausspruchs nicht überprüft werden, besteht keine Veranlassung für die Durchführung des Rechtsmittelverfahrens. Es reicht gerade nicht, daß der Kläger anstelle des ihm ungünstigen Ausspruchs *irgendeine* andere, ihm günstige Entscheidung herbeiführen will (so aber *Altmeppen* ZIP 1992, 449, 453 f.); er muß daneben zumindest auch -wenigstens teilweise- die Richtigkeit des erstinstanzlichen Urteils überprüfen lassen wollen. Für die bloße Geltendmachung eines neuen prozessualen Anspruchs besteht allein die Möglichkeit einer neuen -weiteren- Klageerhebung in erster Instanz.

[513] Beispiel: Zwischen den Parteien ist streitig, ob zwischen ihnen ein wirksamer Kaufvertrag zustande gekommen ist. Der Beklagte ist bereits im Besitz der Kaufsache. Der Kläger verlangt mit seiner Klage vom Beklagten die Zahlung des Kaufpreises. Das Gericht weist die Klage mit der Begründung ab, daß der streitige Kaufvertrag nicht zustande gekommen sei. Der Kläger akzeptiert dieses Urteil und schließt sich der in den Entscheidungsgründen überzeugend ausgeführten rechtlichen Auffassung an, nach der ein Kaufvertrag zwischen den Parteien nicht besteht. In diesem Fall bleibt für eine Berufung des Klägers kein Raum. Will der Kläger nunmehr die Kaufsache vom Beklagten heraus verlangen bzw. auf sich zurückübereignet haben, muß er den hierauf gerichteten -neuen- prozessualen Anspruch im Rahmen eines neuen Klageverfahrens gegen den Beklagten geltend machen.

Im vorstehenden Fallbeispiel wendet sich der Kläger mit seinem neuen Hauptantrag nicht gegen die durch das erstinstanzliche Urteil begründete Beschwer.

Damit ist die Berufung, jedenfalls was den neuen Hauptantrag angeht, unzulässig[514]. Die Berufung des Klägers in einem solchen Fall insgesamt als unzulässig anzusehen, geht allerdings nicht an[515]. Die der Zulässigkeit der Berufung in Hinblick auf den -neuen- Hauptantrag entgegenstehenden Gründe bestehen nämlich in Ansehung des Hilfsantrags, mit dem der erstinstanzliche Antrag weiterverfolgt wird, gerade nicht. Daß dieser Antrag unter einer Bedingung (Unbegründetheit oder Unzulässigkeit des Hauptantrags) gestellt ist, macht die Berufung -jedenfalls insoweit- nicht unzulässig[516]. Diese ist als solche unbedingt eingelegt. Es ist hier also nicht anders als bei einer Klage, mit der ein Haupt- und ein Hilfsantrag verfolgt werden und bei der sich der Hauptantrag als unzulässig oder unbegründet erweist[517]; in einem solchen Fall ist über den Hilfsantrag regelmäßig[518] sachlich zu entscheiden. Die Bedingung, unter der eine prozessuale Erklärung gestellt ist, darf nur nicht in einem außerprozessualen Ereignis bestehen[519]. Das ist nicht der Fall, wenn eine Prozeßhandlung vom Erfolg oder Mißerfolg einer eigenen -anderen- Prozeßhandlung oder einer solchen des Gegners abhängig gemacht wird[520]. In dem hier näher untersuchten Fall ist das nicht anders. Verfolgt der in erster Instanz unterlegene Kläger in der Berufungsinstanz ausweislich der Berufungsbegründung in erster Linie einen neuen, hilfsweise aber wiederum den erstinstanzlichen Antrag weiter, so wendet er sich jedenfalls in Hinblick auf diesen Hilfsantrag auch gegen das erstinstanzliche Urteil. Damit steht ihm das Rechtsmittel der Berufung zur Verfügung[521].

Zusammenfassend gilt hier demnach das folgende: Verfolgt der Kläger seinen in

---

[514] So auch (in einem vergleichbaren Fall) BGH NJW-RR 1996, 765.

[515] Vgl. BGH NJW 1996, 320; BGH NJW-RR 1996, 765, 766; aA wohl (allerdings unter ausdrücklichem Hinweis auf BGH NJW-RR 1996, 765) *Thomas/Putzo* Vor § 511 ZPO Rn. 21; *Zöller/Herget* Vor § 511 ZPO Rn. 8; *Baumbach/Lauterbach/Albers* Vor § 511 ZPO Rn. 13; die augenscheinlich allesamt davon ausgehen, die Berufung des Klägers sei in einem solchen Fall insgesamt unzulässig. Diese Ansicht wird aber durch die zu ihrer alleinigen Begründung herangezogenen BGH-Rechtsprechung nicht getragen. Gerade in dem vorrangig zitierten Urteil BGH NJW-RR 1996, 765 hat der BGH die dort mit der Revision angegriffene Entscheidung des OLG Köln ausdrücklich bestätigt. Das OLG hatte aber die Berufung nur hinsichtlich der -neuen- Hauptanträge als unzulässig verworfen; auf den (in erster Instanz noch primär verfolgten) Hilfsantrag hat es die Berufung hingegen als unbegründet zurückgewiesen, insoweit also in der Sache selbst entschieden. Für eine solche Sachentscheidung wäre aber bei einer insgesamt unzulässigen Berufung kein Raum geblieben.

[516] Vgl. BGH NJW 1996, 320.

[517] So auch BGH NJW 1996, 320.

[518] Vgl. hierzu oben unter D.II.2. bis D.II.5. (S. 73 ff.).

[519] Vgl. oben unter C.I.1. (S. 27).

[520] Vgl. oben unter C.I.2. (S. 27 f.).

[521] So auch BGH NJW 1996, 320; BGH NJW-RR 1996, 765, 766.

erster Instanz abgewiesenen Klageantrag in der Berufung nur noch hilfsweise weiter, während er in erster Linie einen neuen prozessualen Antrag zur Entscheidung durch das Rechtsmittelgericht stellt, ist die Berufung hinsichtlich des -neuen- Hauptantrags als unzulässig zu verwerfen, weil sich der Kläger mit diesem nicht gegen die durch das Urteil des ersten Rechtszugs begründete Beschwer richtet. Hinsichtlich des in der ersten Instanz abgewiesenen (Hilfs-) Antrags ist Berufung hingegen grundsätzlich zulässig, so daß das Rechtsmittelgericht -soweit die allgemeinen Zulässigkeitsvoraussetzungen im übrigen gegeben sind- über den Hilfsantrag -und nur über diesen- in der Sache selbst zu entscheiden hat.

Dasselbe gilt dem Grundsatz nach auch für diejenigen Fälle, in denen der Kläger seine erstinstanzlichen Haupt- und Hilfsanträge in der Rechtsmittelinstanz vertauscht, also mit der Berufung in erster Linie seinen ursprünglichen Hilfsantrag verfolgt und seinen bisherigen Hauptantrag nur noch hilfsweise aufrechterhalten will. Ist über den in der Rechtsmittelinstanz primär zur Entscheidung gestellten (Hilfs-) Antrag des ersten Rechtszugs in dem angefochtenen Urteil nicht entschieden worden, weil sich das erstinstanzliche Gericht mit ihm (im Falle der uneigentlichen Eventualhäufung) wegen der Abweisung des Hauptantrags nicht zu befassen brauchte, gelten die vorstehenden Ausführungen entsprechend. Soweit sich die zur rechtlichen Nachprüfung durch das Rechtsmittelgericht gestellte Entscheidung zu dem in der Berufung primär verfolgten (Hilfs-) Antrag der ersten Instanz überhaupt nicht verhält, fehlt eine entsprechende Beschwer des Klägers, so daß sich daß Rechtsmittelgericht in der Sache selbst allein mit dem in zweiter Instanz nur noch hilfsweise verfolgten (Haupt-) Antrag des ersten Rechtszugs zu befassen hat. Etwas anderes gilt freilich dann, wenn das Gericht des ersten Rechtszugs (im Falle der eigentlichen Eventualhäufung) sowohl den Haupt- als auch den Hilfsantrag abgewiesen hat. In diesem Fall ist der Kläger sowohl durch die Abweisung des Haupt- als auch des Hilfsantrags beschwert. In welcher Reihenfolge er diese Beschwer durch die Anrufung des Rechtsmittelgerichts beseitigt wissen will, ist insoweit dann ohne Belang, so daß eine solche Berufung -auch wenn der Kläger im zweiten Rechtszug seine erstinstanzlichen Haupt- und Hilfsanträge vertauscht- grundsätzlich sowohl auf den Haupt- als auch auf den Hilfsantrag zulässig ist.

5. Erstmals in der Berufung gestellter Hilfsantrag

Denkbar -und in der gerichtlichen Praxis nicht selten- sind Fälle, in denen der Kläger gegen die im ersten Rechtszug erfolgte Abweisung seiner Klage zwar Berufung einlegt, weil er die angefochtene Entscheidung für unrichtig hält, gleichwohl aber für den Fall, daß sich das Berufungsgericht der Auffassung des Gerichts der ersten Instanz anschließen sollte, meint, daß ihm dann zumindest ein anderer Anspruch gegen den Beklagten zustehen müsse. Als Beispiel hierfür kann eine Abwandlung des bereits oben unter A (S. 1) genannten Falls herangezogen werden: Der Kläger hat dem Beklagten eine Sache verkauft und schon übereignet. Der Beklagte zahlt den vereinbarten Kaufpreis nicht; er meint, der Kaufvertrag sei zwischen den Parteien nicht wirksam zustande gekommen. Das Gericht des ersten Rechtszugs schließt sich dieser Auffassung des Beklagten an und weist die auf Zahlung des Kaufpreises gerichtete Klage ab. Mit der hiergegen gerichteten Berufung verfolgt der Kläger in erster Linie seinen klageweise geltend gemachten -vertraglichen- Zahlungsanspruch weiter. Hilfsweise, für den Fall, daß auch das Berufungsgericht zu dem Ergebnis kommen sollte, daß der streitige Kaufvertrag unwirksam sei, verlangt er nunmehr aber -erstmals in zweiter Instanz- die Rückübereignung der Kaufsache.

Diese Fälle sind unproblematisch. Wie bereits oben unter B.III.2.c. (S. 14 f.) und D.II.8. (S. 80 f.) näher ausgeführt, stellt die nachträgliche Eventualhäufung im Ergebnis eine innerprozessual bedingte Klageänderung im Sinne von §§ 263, 264 ZPO dar. Eine Klageänderung nach Maßgabe jener Vorschriften ist grundsätzlich auch noch in zweiter Instanz zulässig[522].

III. Berufung des Beklagten

1. Bei Zuerkennung des Hauptanspruchs im Falle der eigentlichen Eventualhäufung

Hat der Kläger in der ersten Instanz einen Hilfsantrag für den Fall gestellt, daß er mit seinem primär verfolgten Klageziel erfolglos bleibt, und gibt das Gericht des ersten Rechtszuges der Klage bereits auf den Hauptantrag statt, hat es sich mit dem Hilfsantrag nicht zu befassen. Legt der Beklagte gegen eine solche Entscheidung Berufung ein, bestehen im wesentlichen zwei Möglichkeiten. Hält das Berufungsgericht den Hauptantrag gleichfalls für begründet, weist es das Rechtsmittel des Beklagten zurück, ohne sich seinerseits mit dem Hilfsantrag zu befassen. Problematischer sind allerdings jene Fälle, in denen das Gericht der zweiten Instanz den Hauptantrag für unzulässig oder unbegründet hält. Soweit die Berufung des Beklagten gegen seine Verurteilung nach dem Hauptantrag erfolgreich ist, hat das Rechtsmittelgericht die erstinstanzliche Entscheidung abzuändern und die Klage hinsichtlich des Hauptantrags abzuweisen. In diesem Fall aber stellt sich die Frage, ob sich das Berufungsgericht nunmehr mit dem Hilfsantrag zu befassen hat. Einerseits ist hier zwar die Bedingung für eine Entscheidung über den Hilfsantrag (die Erfolglosigkeit des Hauptantrags) eingetreten. Andererseits will der Beklagte mit der Berufung nur die Abweisung des Hauptantrags erreichen. Hat er mit diesem Rechtsmittel Erfolg und würde ihn das Berufungsgericht aus diesem Grund auf den Hilfsantrag hin verurteilen, führte das nur von ihm betriebene Verfahren letztlich zu einem ihm nachteiligen Ergebnis, das er nicht gewollt hat. Das hierdurch zutage tretende Spannungsfeld zwischen grundsätzlicher Zulässigkeit innerprozessual bedingter Klageanträge und dem Grundsatz, nach welchem der Rechtsmittelkläger in der höheren Instanz allenfalls die Erfolglosigkeit seines Rechtsmittels zu befürchten habe, beschäftigt die

---

[522] Vgl. statt vieler nur *Zöller/Gummer* § 523 ZPO Rn. 8, § 528 ZPO Rn. 11.

Rechtswissenschaft mittlerweile seit mehr als einem Jahrhundert[523], ohne daß sich bis zum heutigen Tage in Literatur und Rechtsprechung eine einhellige Meinung zur Behandlung jener Fälle gebildet zu haben scheint[524]. Während die Rechtsprechung[525] und ihr folgend ein Teil der Literatur[526] die Auffassung vertritt, der Hilfsantrag falle hier ohne weiteres in der Berufungsinstanz an, stößt diese Meinung in weiten Teilen der übrigen Literatur[527] mit teilweise unterschiedlichen Begründungen und Ergebnissen auf heftige Kritik. Diesem Problemkreis soll im folgenden näher nachgegangen werden.

a) *Von der Rechtsprechung vertretene Auffassung*

Zunächst soll hier die von der ständigen höchstrichterlichen Rechtsprechung und mit ihr von einem gewichtigen Teil der Literatur vertretene Ansicht eingehender betrachtet werden. Bei genauerer Durchsicht jüngerer Entscheidungen und der sich jener Rechtsprechung anschließenden neueren Literatur fällt jedoch ins Auge, daß zumeist auf eine dogmatisch nachvollziehbare Begründung des jeweils gefundenen Ergebnisses zugunsten des schlichten Hinweises auf eine in diesem Sinne bereits seit langer Zeit bestehende ständige Rechtsprechung verzichtet wird[528]. Vor diesem Hintergrund ist es zur Beurteilung der von der Rechtsprechung vertretenen Meinung erforderlich, sich zunächst eingehender mit ihren Ursprüngen zu befassen, auf die sie sich seit nunmehr fast einem Jahrhundert unverändert und unbeschadet der zwischenzeitlich hiergegen erhobenen Kritik[529] beruft.

aa) *Frühere Auffassung des Reichsgerichts*

Erstmals eingehender mit der Frage danach, ob sich „das Berufungsgericht bei

---

[523] Vgl. hierzu schon RGZ 18, 385 ff., Urteil vom 29. April 1887.

[524] Zum seitdem nahezu unveränderten Stand der Diskussion vgl. insbesondere *Kion*, Eventualverhältnisse im Zivilprozeß (1970); *Merle* ZZP 83 (1970), 436 ff.; *Brox*, FS Carl Heymanns Verlag (1965), 121 ff.

[525] Vgl. nur RGZ 77, 120, 126 f.; BGH LM § 525 ZPO Nr. 1; BGHZ 41, 38, 39 ff.; BGH NJW 1979, 2096, 2097; BGH NJW 1992, 117.

[526] Vgl. etwa nur *Blomeyer* § 101 II.2. (S. 561); *AK/Ankermann* § 537 ZPO Rn. 15; *Zimmermann* § 537 ZPO Rn. 3; *Wieczorek/Rössler* § 536 ZPO Anm. C.I.; *Thomas/Putzo* § 260 ZPO Rn. 18; *Zöller/Gummer* § 537 ZPO Rn. 11; *Baumbach/Lauterbach/Albers* § 537 ZPO Rn. 6; *Musielak/Ball* § 537 ZPO Rn. 6.

[527] Vgl. hier insbesondere *Kion* S. 185 ff.; *Merle* ZZP 83 (1970), 436, 448 ff.; *Brox*, FS Carl Heymanns Verlag (1965), 121, 129 ff. *Rosenberg/Schwab/Gottwald* § 139 III. 2. (S. 838); *Stein/Jonas/Grunsky* § 537 ZPO Rn. 10; *MünchKomm/Rimmelspacher* § 536 ZPO Rn. 28.

[528] Vgl. etwa BGH NJW 1979, 2096, 2097; BGH NJW 1992, 117 und die Nachweise oben unter Fußnote 526, von den dort genannten setzt sich lediglich *Zöller/Gummer* § 537 ZPO Rn. 11 -ansatzweise- mit der in der übrigen Literatur vertretenen Gegenmeinung auseinander.

[529] Vgl. die Nachweise oben unter Fußnote 527.

Abweisung der prinzipalen Klage“ im Falle einer „eventuellen Häufung zweier selbständiger Klagen“ auch mit „der eventuellen Klage zu befassen“ habe, wenn es die „prinzipale Klage“ -anders als die erste Instanz- auf die Berufung des Beklagten für unbegründet hält, hat sich das Reichsgericht in seiner Entscheidung vom 29. April 1887[530] befaßt. In jenem Urteil hat das Reichsgericht diese Frage unter Hinweis auf den grundsätzlichen Umfang des in die Berufungsinstanz erwachsenden Streitstoffes verneint und zur Begründung ausgeführt, daß Gegenstand der Verhandlung und Entscheidung des Berufungsgerichts „alle einen zuerkannten oder aberkannten Anspruch betreffenden Streitpunkte, über welche in Gemäßheit der Anträge eine Verhandlung und Entscheidung erforderlich ist[531]“, seien. Hierdurch sei nach damaliger Auffassung des Reichsgerichts „der Umfang des Gegenstandes der dem Berufungsgerichte zustehenden Verhandlung und Entscheidung nicht bloß positiv, sondern auch negativ festgestellt, dergestalt daß, wenn in demselben Rechtsstreite mehrere Ansprüche streitig sind und das erste Gericht nur über einen derselben entschieden hat, diejenigen Streitpunkte, welche den sonach zuerkannten oder aberkannten Anspruch nicht betreffen, auch nicht an das Berufungsgericht erwachsen[532]“ seien. Hiernach sei es „lediglich eigene Sache“ des Klägers zu entscheiden, ob er nach rechtskräftiger Abweisung seines Hauptantrags in der Berufungsinstanz „eine weitere Betreibung“ seines mit dem Hilfsantrag verfolgten Klagebegehrens durchführen wolle[533]. In Fortbildung dieses Gedankens hat das Reichsgericht in der Folge[534] allerdings die Auffassung vertreten, dies gelte nur für solche Fälle, in denen der Hilfsanspruch „ohne allen Zusammenhang mit dem Klaggrund des Hauptanspruchs ist“, es sich also bei dem Hilfsantrag um eine innerprozessual bedingte Klage handele, die auch „völlig selbständig neben dem Hauptanspruch bestehen könnte[535]“. Anders sei die Rechtslage hingegen dann zu beurteilen, wenn Haupt- und Hilfsanspruch in einem Abhängigkeitsverhältnis zueinander stehen, dergestalt, daß das Bestehen des einen rechtsnotwendig das Bestehen des anderen ausschließe. Eine solche „naturnotwendige und logische Abhängigkeit“ des Hilfsantrags vom Hauptantrag schaffe zwischen diesen beiden eine „enge Zusammengehörigkeit“ mit der Folge, daß das Stattgeben auf den Hauptantrag zugleich und rechtsnotwendig auch den hilfsweise geltend gemachten Anspruch ausschließe[536]. Hieraus folge, daß in diesen Fällen die stattgebende Entscheidung über den Hauptantrag rein tatsächlich auch eine Erledigung des nunmehr denknotwendig ausge-

---

[530] RGZ 18, 385 ff.

[531] RGZ 18, 385, 387.

[532] RGZ 18, 385, 387.

[533] RGZ 18, 385, 389.

[534] Vgl. RGZ 77, 120.

[535] RGZ 77, 120, 123 unter ausdrücklichem Hinweis auf RGZ 18, 385 ff.

[536] RGZ 77, 120, 123 f.

schlossenen Hilfsanspruchs beinhalte. Somit liege hier im Ergebnis ein auch den Hilfsantrag „aberkennendes" Urteil vor[537]. Werde die Wirkung einer solchen Entscheidung durch die Einlegung der Berufung in Frage gestellt, so betreffe dies den gesamten Umfang des erstrichterlichen Ausspruchs, also auch die in ihm enthaltene „Aberkennung" des Hilfsantrags. Hiernach habe sich das Berufungsgericht, wenn es den Hauptantrag für unbegründet hält, in solchen Fällen auch mit dem Hilfsantrag zu befassen[538].

Zusammenfassend hat das Reichsgericht also im Lauf der damaligen Zeit die Ansicht entwickelt, daß der Hilfsantrag auf die Berufung des Beklagten gegen seine Verurteilung auf den Hauptantrag *grundsätzlich* nicht in der zweiten Instanz anfalle. Eine Ausnahme von diesem Grundsatz sei nur dann geboten, wenn die Stattgabe auf den Hauptantrag aus rechtlichen oder tatsächlichen Gründen denknotwendig zugleich auch das Bestehen des hilfsweise geltend gemachten Anspruchs ausschließt. In diesen Fällen enthalte die erstinstanzliche Entscheidung über den Hauptantrag inzident auch eine Entscheidung über den Hilfsantrag, weshalb sich das Berufungsgericht, das das angegriffene Urteil in seiner Gesamtheit zu überprüfen hat, dann auch mit dem Hilfsantrag zu befassen habe[539].

bb) *Auffassung des Bundesgerichtshofs*

Dieser vorstehend aufgezeigten Auffassung des Reichsgerichts hat sich der Bundesgerichtshof anfangs ausdrücklich angeschlossen[540], ist in der Folge hiervon aber - hinsichtlich zunächst nur eines Teils der Begründung- abgerückt. In einer Entscheidung vom 29. Januar 1964[541] hat der Bundesgerichtshof ausgeführt, daß die Zuerkennung des Hauptanspruchs in der ersten Instanz in keinem Fall eine Aberkennung des Hilfsantrags beinhalten könne, da über diesen -wegen der Begründetheit des Hauptantrags- überhaupt nicht -also weder positiv noch negativ- entschieden werde. Gleichwohl finde der nur für den Fall der Erfolglosigkeit des Hauptantrags gestellte Hilfsantrag mit der Stattgabe auf den Hauptantrag aber seine Erledigung. Diese Erledigung werde durch die Einlegung der Berufung wieder in Frage gestellt. Das sei

---

[537] Vgl. RGZ 77, 120, 125, in Fortführung von RG JW 1889, 423 (Nr. 1).

[538] RGZ 77, 120, 126 und nachfolgend RGZ 105, 336, 242; im Ergebnis so auch *Nikisch* § 122 III.2. (S. 482), wenngleich mit anderer Begründung.

[539] Vgl. hierzu auch die dieser Rechtsprechung des Reichsgerichts folgende Darstellung bei *Baumbach*, 18. Auflage (1947), § 537 ZPO Anm. C.

[540] Vgl. BGH LM Nr. 1 zu § 525 ZPO, Urteil vom 16. November 1951, (unter ausdrücklicher Bezugnahme auf RGZ 77, 120 ff. und RGZ 105, 236, 242): „In der Zuerkennung des Hauptanspruchs durch das LG lag zugleich eine Aberkennung des Hilfsanspruches; denn wenn der Hauptanspruch begründet war, so war für den Hilfsanspruch kein Raum mehr. Durch die Berufung des Bekl. erwuchs, ohne daß es einer hilfsweisen Anschlußberufung des Kl. bedurft hätte, auch der im ersten Rechtszuge gestellte Hilfsanspruch in den Berufungsrechtszug."

[541] BGHZ 41, 38.

„der eigentliche Grund dafür, daß das Berufungsgericht, wenn es den Hauptantrag abweisen will, über den Hilfsantrag befinden muß[542]". In einem weiteren Urteil aus dem Jahre 1971 hat der Bundesgerichtshof dann die Frage, ob in erster Instanz ein die Klage insoweit abweisendes Teilurteil nur über den Hauptantrag zulässig sei, unter Hinweis darauf bejaht, daß es sich bei Haupt- und Hilfsantrag gerade nicht „um ein einheitliches Ganzes, das nicht zerrissen werden könne," handele[543]. Wegen der in dieser Entscheidung ausdrücklich ausgesprochenen Abkehr von dem durch das Reichsgericht[544] geprägten Gedanken einer „Untrennbarkeit" von Haupt- und Hilfsantrag ist von einem Teil der Literatur[545] hieraus der naheliegende, wenngleich im Ergebnis offenbar unzutreffende Schluß gezogen worden, der Bundesgerichtshof habe hierdurch seine bislang vertretene Ansicht aufgeben wollen, nach der auf ein Rechtsmittel des Beklagten gegen ein dem Hauptantrag stattgebendes Urteil automatisch auch der Hilfsantrag in der höheren Instanz anfalle, wenn diese den Hauptantrag für unbegründet halte. Der bis zu dieser Zeit verstärkt geübten Kritik[546] an jener gleichwohl von ihm aufrechterhaltenen Auffassung hat der Bundesgerichtshof dann in einer Entscheidung aus dem Jahre 1979[547] Rechnung getragen und ausgeführt, daß er sich den gegen den hier von ihm aufgestellten Grundsatz gerichteten Bedenken „aber jedenfalls für den Fall nicht anschließen (könne), daß sich... der Haupt- und der Hilfsantrag aus demselben einheitlichen Sach- und Rechtsverhältnis ableiten und der Hilfsantrag überdies wirtschaftlich betrachtet ein Minus gegenüber dem Hauptantrag darstellt[548]." Diese Differenzierungen unter Abgrenzung von der durch das Reichsgericht vertretenen Auffassung sowie eine weitergehende Auseinandersetzung mit der von Teilen der Literatur geäußerten Kritik hat der Bundesgerichtshof in seinen jüngeren Entscheidungen nicht mehr weiterverfolgt, sondern jeweils nur noch unter Bezugnahme auf seine eigene und die frühere Rechtsprechung des Reichsgerichts schlicht festgestellt, es sei „in der Rechtsprechung schon seit langem anerkannt, daß der wegen Zuerkennung des Hauptantrags nicht beschiedene Hilfsantrag des Klägers der höheren Instanz allein durch die Rechtsmitteleinlegung seitens des Beklagten anfällt.[549]"

---

542 BGHZ 41, 38, 41.

543 BGH JR 1971, 331, 332, mit Anmerkung von *Bähr*, 332 f.

544 Grundlegend: RGZ 77, 120.

545 Vgl. die Anmerkung von *Bähr* zu BGH JR 1971, 331, 333.

546 Vgl. etwa *Brox*, FS Carl Heymanns Verlag (1965), 121, 129 ff.; *Merle* ZZP 83 (1970), 436, 448 ff.; *Rosenberg/Schwab* (12. Auflage) § 140 III.3.; *Stein/Jonas/Grunsky* (20. Auflage) § 537 ZPO Rn. 5.

547 BGH VersR 1979, 645.

548 BGH VersR 1979, 645, 646.

549 BGH NJW-RR 1990, 518, 519 = BGH MDR 1990, 71; mit nahezu gleichem Wortlaut auch BGH NJW 1992, 117.

Zusammenfassend bleibt festzuhalten, daß der Bundesgerichtshof von der zuvor vom Reichsgericht vertretenen Auffassung abgerückt ist, gleichwohl aber das von der bisherigen Rechtsprechung gefundene Ergebnis jedenfalls für die Fälle aufrechterhalten hat, in denen Haupt- und Hilfsantrag auf einem einheitlichen Sach- und Rechtsverhältnis beruhen und der Hilfsantrag ein wirtschaftliches Minus des Hauptantrags darstellt. In seinen jüngeren Entscheidungen hat der Bundesgerichtshof auf diese einschränkende Sichtweise nicht mehr ausdrücklich hingewiesen, sondern sich lediglich auf eine „ständige Rechtsprechung[550]" bezogen, nach der es -jedenfalls für die jeweils konkret zu entscheidenden Fallgestaltungen- anerkannt sei, daß der nicht beschiedene Hilfsantrag des Klägers in der höheren Instanz ohne weiteres auch allein durch die Rechtsmitteleinlegung des Beklagten anfalle.

b) *In der Literatur vertretene Auffassungen*

Die in der Literatur vertretenen Meinungen sind im wesentlichen in zwei Lager gespalten. Ohne hier im einzelnen auf die unterschiedlichen Ansätze der teilweise sehr umfangreichen dogmatischen Begründungen näher einzugehen, vertritt jedenfalls ein Teil der Literatur[551] die Auffassung, der nicht beschiedene Hilfsantrag falle in der Berufungsinstanz nicht an, soweit sich mit dem Rechtsmittel nur der Beklagte gegen seine Verurteilung nach dem Hauptantrag wende. Als wohl wesentliches Argument für diese von der Rechtsprechung des Bundesgerichtshofs abweichende Ansicht wird zumeist angeführt, daß eine Befassung des Berufungsgerichts auch mit dem in erster Instanz nicht beschiedenen Hilfsantrag vom Rechtsmittelantrag des Beklagten nicht umfaßt werde, bzw. mit dem Verbot der reformatio in peius nicht vereinbar sei[552]. Die der Rechtsprechung des Bundesgerichtshofs folgende Gegenmeinung weist zur Begründung ihrer Auffassung im wesentlichen lediglich auf eine „ständige Rechtsprechung" hin[553].

c) *Ergebnis*

Die nähere Betrachtung der vorstehend aufgezeigten uneinheitlichen Auffassungen

---

[550] Insbesondere allerdings auch auf die von ihm zuvor ausdrücklich aufgegebene des Reichsgerichts (RGZ 77, 120): vgl. BGH NJW-RR 1990, 518, 519 = BGH MDR 1990, 711; BGH NJW 1992, 117.

[551] Vgl. *Brox* FS Carl Heymanns Verlag, 1965, 121, 133 ff.; *Stein/Jonas/Grunsky* § 537 ZPO Rn. 10; *MünchKomm-Rimmelspacher* § 536 ZPO Rn. 28; *Rosenberg/Schwab/Gottwald* § 99 IV.3.d. (S. 564 f.); *Melissinos* S. 176; *Merle* ZZP 83 (1970), 436, 450; *Kion* S. 185 ff.

[552] Vgl. *Brox* FS Carl Heymanns Verlag, 1965, 121, 133 ff.; *Stein/Jonas/Grunsky* § 537 ZPO Rn. 10; *MünchKomm-Rimmelspacher* § 536 ZPO Rn. 28; *Merle* ZZP 83 (1970), 436, 450;*Kion* S. 185 ff.

[553] Vgl. *Nikisch* § 122 III.3. (S. 482); *Baumbach/Lauterbach/Albers* § 537 ZPO Rn. 6;*Thomas/Putzo* § 260 ZPO Rn. 18; *Zöller/Gummer* § 538 ZPO Rn. 11, dieser allerdings mit der weiteren Begründung, der Beklagte könne durch seinen Rechtsmittelantrag nicht das auch im zweiten Rechtszug fortgeltende Klagebegehren des Klägers einschränken.

zeigt, daß die gewichtigeren Gründe letztlich dagegen sprechen, daß sich das Berufungsgericht auch mit dem in erster Instanz nicht beschiedenen Hilfsantrag zu befassen hat, wenn sich der Beklagte mit seinem Rechtsmittel gegen seine Verurteilung auf den Hauptantrag wendet. Entscheidend ist zunächst, daß in diesen Fällen der *Beklagte* durch die Berufung eine Abänderung der angegriffenen Entscheidung erreichen will. Hat er mit seinem Rechtsmittel Erfolg und würde ihn das Gericht der zweiten Instanz aus diesem Grund statt dessen auf den Hilfsantrag verurteilen können, führte dies jedenfalls zu einem Ergebnis, das der Beklagte mit der -nur von ihm betriebenen- Berufung gerade nicht verfolgt. Rein tatsächlich würde dies nämlich bedeuten, daß der mit seinem Rechtsmittel *erfolgreiche* Beklagte den Rechtsstreit in der zweiten Instanz gleichwohl *verliert*. Dieses Ergebnis ist so jedenfalls nicht hinnehmbar. Das Berufungsgericht darf das Urteil des ersten Rechtszuges nur insoweit abändern, als eine Abänderung beantragt ist (§ 536 ZPO). Legt nur der Beklagte Berufung gegen seine Verurteilung auf den Hauptantrag ein, ist eine Abänderung des angefochtenen Urteils aber nur insoweit beantragt, als die mit dem *Hauptantrag* verfolgte Klage in zweiter Instanz abgewiesen werden soll. Hieraus folgt, daß ein Stattgeben auf den Hilfsantrag durch das Berufungsgericht den Antrag des Beklagten und Berufungsklägers zu dessen Nachteil überschreiten und damit gegen das Verbot der *reformatio in peius*[554] verstoßen würde[555]. Hiergegen kann auch nicht etwa eingewendet werden, die Erledigung des Hilfsantrags durch die Zuerkennung des Hauptantrags werde durch die Rechtsmitteleinlegung des Beklagten in Frage gestellt, weshalb der gesamte Rechtsstreit -einschließlich des in der ersten Instanz nicht behandelten Hilfsantrags- dem Berufungsgericht anfalle[556]. Soweit sich diese Ansicht zur Begründung auf den Regelungsinhalt der §§ 528, 264 iVm. 523 ZPO beruft[557], vermag dies nicht zu überzeugen. Zwar ermöglichen es diese Vorschriften dem Grundsatz nach durchaus, daß sich das Berufungsgericht erstmals in der Rechtsmittelinstanz mit Ansprüchen zu befassen hat, die nicht Gegenstand des ersten Rechtszuges waren, doch erfordert es in jedem Fall eine Prozeßhandlung des Klägers, um einen Anspruch, über den erstinstanzlich nicht entschieden worden ist, zum Gegenstand des Verfahrens in der höheren Instanz zu machen[558]. Fehlt eine solche Prozeßhandlung, ist das Berufungsgericht daran gehindert, über einen Anspruch zu befinden, der von keiner der Parteien zur Entscheidung gestellt wird, §§ 536, 308 iVm. 523 ZPO. Das ist so auch in den hier untersuchten Fällen allein sach- und

---

[554] Vgl. oben unter E.I.2. (S. 100 f.).

[555] So auch *Brox*, FS Carl Heymanns Verlag, 1965, 121, 135; *Merle* ZZP 83 (1970) 436, 450; *Kion* S. 186 f.

[556] So aber BGHZ 41, 38, 41.

[557] Vgl. BGHZ 41, 38, 41; RGZ 77, 120, 126; soweit sich diese Entscheidungen noch auf die früheren §§ 268, 529 ZPO beziehen, vgl. die zwischenzeitlich durch die Vereinfachungsnovelle vom 3. Dezember 1976 (BGBl. I S. 3281) eingetretenen Veränderungen.

[558] Hierauf hat auch schon *Merle* ZZP 83 (1970), 436, 449 mit Recht hingewiesen.

interessengerecht. Es muß nicht zwangsläufig im Interesse des Klägers liegen (vom Interesse des Beklagten ganz zu schweigen), daß sich das Berufungsgericht, wenn es den Hauptantrag auf das Rechtsmittel des Beklagten für unbegründet hält, mit seinem Hilfsantrag befaßt[559]. Möglich ist, daß der Hilfsantrag für den Kläger -etwa durch Zeitablauf- nicht mehr von Interesse ist, oder daß er bei einem Eingehen des Rechtsmittelgerichts auf den Hilfsantrag -etwa aufgrund zwischenzeitlich im Verhältnis zur ersten Instanz geänderter Sach- und Rechtslage- auch insoweit mit einem Mißerfolg und den damit verbundenen höheren Kosten rechnen muß. Nach alledem kann hier eine Entscheidung über den Hilfsantrag „von Amts wegen", also ohne daß eine Partei dies so beantragt hat, nicht in Betracht kommen. Allerdings ist nicht zu verkennen, daß der von der Gegenmeinung vertretenen Ansicht ein erhebliches praktisches Bedürfnis zur Seite steht[560]. Es liegt auf der Hand, daß ein „Durchentscheiden" auch über den Hilfsantrag durch das Berufungsgericht ganz im Sinne der Prozeßökonomie ist[561], wohingegen ein erneutes Befassen der ersten Instanz mit der Sache -diesmal in Bezug auf den Hilfsantrag- ein erhebliches Verzögerungspotential in sich birgt. Gleichwohl steht die hier gefundene Lösung der von der Gegenmeinung vertretenen Auffassung hinsichtlich der Praktikabilität in nichts nach. Wenn nämlich der Beklagte gegen seine erstinstanzliche Verurteilung auf den Hauptantrag Berufung eingelegt hat, besteht für den Kläger jedenfalls die Möglichkeit, den Hilfsantrag im Wege der unselbständigen Eventualanschlußberufung[562] in die höhere Instanz zu bringen. Da eine Anschlußberufung grundsätzlich auch stillschweigend erfolgen kann[563], wird es hier im Zweifel[564] sogar genügen, wenn der Kläger ausweislich des Inhalts seiner Berufungserwiderung zu erkennen gibt, daß er seine in der ersten Instanz gestellten Anträge vollumfänglich auch im zweiten Rechtszug weiterverfolgen will[565]. Will der Kläger das hingegen nicht, hat sich das Berufungsgericht, das den Hauptantrag auf

---

559 So auch *Brox*, FS Carl Heymanns Verlag (1965), 121, 135, unter Hinweis auf die Dispositionsmaxime.

560 Hierauf weisen *Paulsen*, Anmerkung zu BGH LM § 525 ZPO (Nr. 1) und auch *Brox*, FS Carl Heymanns Verlag (1965), 121, 135 f., hin.

561 Der hiergegen möglicherweise zu erhebende Einwand des Instanzverlusts ist jedenfalls unerheblich. Nach den hier heranzuziehenden Wertungsmaßstäben aus §§ 263 iVm. 523 ZPO genügt es, wenn das Gericht die von zumindest einer Partei gewollte Erweiterung des Rechtsmittelgegenstands für sachdienlich hält. Das wird hier -nicht zuletzt aus Gründen der Prozeßökonomie- aber regelmäßig der Fall sein.

562 Die unselbständige Eventualanschlußberufung setzt nämlich keine Beschwer voraus, vgl. BGH ZZP 89 (1976), 199, 201; *Fenn* ZZP 89 (1976), 121, 126 f.;*Thomas/Putzo* § 521 ZPO Rn.11; *Brox*, FS Carl Heymanns Verlag (1965), 121, 134.

563 Vgl. *Zöller/Gummer* § 522a ZPO Rn. 2; *Baumbach/Lauterbach/Albers* § 522a ZPO Rn. 2; BGH NJW 1954, 266, 267.

564 Soweit Unklarheiten bestehen, hat das Gericht den Kläger aufzufordern, sich eindeutig entsprechend seinem Willen zu äußern, § 139 ZPO.

565 So im Ergebnis auch *Brox*, FS Carl Heymanns Verlag (1965), 121, 136.

das Rechtsmittel des Beklagten zurückweisen will, mit dem Hilfsantrag nicht zu befassen. Für diesen Fall „hängt“ der Hilfsantrag nach rechtskräftigem Abschluß des Rechtsmittelverfahrens auch nicht etwa weiter in der ersten Instanz. Dort hat er nämlich wegen des Nichteintritts der an ihn in jenem Rechtszug geknüpften Bedingung bereits seine Erledigung gefunden[566]. Diese Erledigung wird auch weder durch die Berufung des Beklagten[567] noch durch den auf bloße Zurückweisung des Rechtsmittels gerichteten zweitinstanzlichen Antrag des Klägers „in Frage gestellt“. Die Auffassung, der Beklagte würde durch die Berufung gegen die Verurteilung auf den Hauptantrag -zumindest *auch*- die erstinstanzliche Erledigung des Hilfsantrags beseitigen und damit der Möglichkeit seiner *eigenen* Verurteilung auf den Hilfsantrag den Weg bereiten wollen, findet in seinem offenkundigen Rechtsverfolgungsinteresse keine Stütze. Dasselbe gilt im Ergebnis für den Antrag des Klägers, die Berufung des Beklagten zurückzuweisen. Hierdurch bringt der Kläger seinerseits lediglich zum Ausdruck, daß es bei dem erstinstanzlichen Ausspruch über den Hauptantrag verbleiben soll. Ein darüber hinausgehender Erklärungsinhalt, nach welchem der Kläger denknotwendig zugleich auch noch hilfsweise seinen -zunächst nur in der ersten Instanz verfolgten- Eventualantrag im zweiten Rechtszug zur Entscheidung stellen will, kann dem schlichten Antrag auf Zurückweisung der Berufung nicht beigemessen werden. Soweit es aber dem Rechtsverfolgungsinteresse keiner der Parteien entspricht, den in erster Instanz erledigten Hilfsantrag wieder „aufleben“ zu lassen, muß es damit auch sein Bewenden haben[568]. Will der Kläger den mit dem Hilfsantrag verfolgten Anspruch allerdings zu einem späteren Zeitpunkt erneut gegen den Beklagten geltend machen, kann er dies nur durch die Erhebung einer neuen Klage.

Etwas anderes gilt allerdings in den Fällen, in denen sich Haupt- und Hilfsantrag aus demselben einheitlichen Sach- und Rechtsverhältnis ableiten und der Hilfsantrag ein „Minus“ gegenüber dem Hauptantrag darstellt. Für diese Sachverhalte kann der in erster Linie von der Rechtsprechung[569] vertretenen Auffassung ohne Bedenken gefolgt werden. Hier wird nämlich regelmäßig nur ein „unechter Hilfsantrag[570]“ vorliegen, der ohnedies bereits als „Minus“ im Hauptantrag enthalten ist. Ein solchermaßen in dem beantragten „Mehr“ steckendes „Weniger“ kann das Gericht dem Kläger -unter Klageabweisung im übrigen- auch dann zusprechen, wenn dies nicht

---

[566] Vgl. BGHZ 41, 38, 41.

[567] Zur hiervon abweichenden Auffassung der bisherigen Rechtsprechung und des ihr folgenden Teils der Literatur vgl. oben unter E.III.1.a.bb. (S. 114 ff.) und E.III.1.b. (S. 116); grundlegend für jene andere Meinung BGHZ 41, 38, 41.

[568] Das entspricht so auch dem Dispositionsgrundsatz, nach welchem allein die Parteien durch ihre Anträge den Umfang der richterlichen Prüfung bestimmen, §§ 308 Abs. 1, 536 ZPO.

[569] Ein solcher Fall lag der Entscheidung BGH VersR 1979, 645, 646, zugrunde.

[570] Vgl. oben unter B.II.1. (S. 4 ff.).

ausdrücklich beantragt ist[571]. Das gilt selbstverständlich auch in der zweiten Instanz. Weist das Berufungsgericht den in der ersten Instanz zugesprochenen „Hauptantrag" auf die Berufung des Beklagten als unbegründet ab und verurteilt ihn statt dessen nach dem im „Hauptantrag" enthaltenen „Hilfsantrag", ist das nichts anderes, als wenn das Gericht die Klage als nur zum Teil begründet ansieht und sie im übrigen abweist. Hierin liegt auch kein Verstoß gegen das Verbot der *reformatio in peius*. In diesen Fällen ist das Rechtsmittel des Beklagten eben nur zum Teil erfolgreich. Statt auf den umfassenderen „Hauptantrag" (etwa Zahlung von ausstehendem Mietzins für die Monate Januar bis Dezember eines Jahres) wird der Beklagte hier nur auf den in jenem enthaltenen „Hilfsantrag" (etwa Zahlung von ausstehendem Mietzins jedenfalls oder „hilfsweise" für die Monate März bis April desselben Jahres) verurteilt.

2. Bei Zuerkennung des Hilfsantrags im Falle der eigentlichen Eventualhäufung

Wenn der Beklagte seine Berufung nur gegen die Verurteilung auf den Hilfsantrag eingelegt hat, fällt der -abgewiesene- Hauptantrags in der Rechtsmittelinstanz nicht an. Geht allein der Beklagte gegen die Stattgabe des Hilfsanspruchs vor, ohne daß auch der Kläger ein Rechtsmittel gegen die Abweisung des Hauptantrags einlegt, bleibt diese unangefochten. Das Berufungsgericht ist also an das hierüber in der ersten Instanz erzielte Ergebnis gebunden und kann dem Hauptantrag in zweiter Instanz -ohne (Anschluß-) Berufung des Klägers- nicht stattgeben. Schließt sich hingegen der Kläger der Berufung des Beklagten an und obsiegt er mit seinem (selbständigen oder unselbständigen) Anschlußrechtsmittel, gibt also das Berufungsgericht der Klage auf den in der ersten Instanz abgewiesenen Hauptantrag statt, ist hierdurch zugleich die vom Beklagten angefochtene Entscheidung über den Hilfsantrag aufgehoben[572].

3. Bei Zuerkennung nur des Hauptantrags im Falle der uneigentlichen Eventualhäufung

Hält das Gericht den Hauptantrag für begründet, hat es sich im Fall der uneigentlichen Eventualhäufung auch mit dem Hilfsantrag zu befassen. Hält es diesen für unbegründet, weist es die Klage insoweit ab. Legt der Beklagte in einem solchen Fall Berufung gegen seine Verurteilung nur auf den Hauptantrag ein, fällt auch nur dieser in der zweiten Instanz an. Hält das Berufungsgericht den Hauptantrag für unbegründet, ändert es die angefochtene Entscheidung ab und weist die Klage insgesamt als unbegründet ab. Kommt das Gericht des zweiten Rechtszugs übereinstimmend mit dem erstinstanzlichen Gericht zu dem Ergebnis, daß der Hauptantrag begründet ist,

---

[571] Vgl. *Zöller/Vollkommer* § 308 ZPO Rn. 4; so im Ergebnis auch BGHZ 117, 1, 3; im Ergebnis ähnlich, wenngleich differenzierend *Musielak*, FS Schwab, 1990, 349, 354 ff.

[572] Vgl. *Semmelmayer* S. 73; BVerwG DVBl. 1980, 597; *Baumbach/Lauterbach/Albers* § 537 ZPO Rn. 6.

hat es auf den -rechtskräftig abgewiesenen- Hilfsantrag nicht einzugehen[573].

4. Bei Zuerkennung auch des Hilfsantrags im Falle der uneigentlichen Eventualhäufung

Hat das Gericht den Beklagten im Fall der uneigentlichen Eventualhäufung sowohl auf den Haupt- als auch auf den Hilfsantrag verurteilt, und wendet er sich mit seiner Berufung in vollem Umfang gegen diese Entscheidung, hat das Rechtsmittelgericht das angefochtene Urteil auch hinsichtlich beider (Haupt- und Hilfs-) Anträge nachzuprüfen. Hält es beide für begründet, weist es die Berufung zurück. Stellt sich nur der Hilfsantrag als unbegründet heraus, gibt das Berufungsgericht nur dem Hauptantrag statt und weist die Klage auf den Hilfsantrag -unter Abänderung der angefochtenen Entscheidung- im übrigen ab. Ergibt die rechtliche Überprüfung die Unbegründetheit des Hauptantrags, hat das Berufungsgericht die angefochtene Entscheidung abzuändern und die Klage insgesamt abzuweisen, ohne auf den Hilfsantrag in der Sache selbst einzugehen, da einer Entscheidung über den Hilfsantrag durch die Unbegründetheit des Hauptantrags der Boden entzogen ist[574].

Etwas anderes gilt hingegen dann, wenn das erstinstanzliche Gericht den Beklagten sowohl auf den Haupt- als auch auf den Hilfsantrag verurteilt hat, der Beklagte sich mit seiner Berufung aber nur gegen die Verurteilung auf den Hauptantrag wendet. Hält das Berufungsgericht den Hauptantrag in einem solchen Fall für unbegründet, kann es die Verurteilung auf den Hilfsantrag nicht ohne weiteres abändern. Zwar stand die *erstinstanzliche* Entscheidung über den Hilfsantrag auch hier unter der Bedingung des Erfolgs des Hauptantrags; anders als im vorgenannten Fall, in welchem sich der Beklagte mit seinem Rechtsmittel gegen die Verurteilung auf Haupt- *und* Hilfsantrag gewandt hat, ist dieses Eventualverhältnis aber nicht in der zweiten Instanz angefallen. In jenem Fall ist der *gesamte* Rechtsstreit in die Rechtsmittelinstanz gezogen worden. Durch seinen Antrag, die Berufung zurückzuweisen, hat dort auch der Kläger sein erstinstanzliches Klagebegehren in vollem Umfang weiterverfolgt, da es nach seinem hierdurch prozessual erklärten Willen bei der Verurteilung des Beklagten auf den Hauptantrag und -zutreffendenfalls- auch auf den Hilfsantrag verbleiben sollte. Greift der Beklagte hingegen nur die Verurteilung auf den Hauptantrag an, verhalten sich sowohl sein Antrag als auch der des Klägers nur

[573] Etwas anderes gilt allerdings dann, wenn sich der Kläger wegen der Abweisung seines Hilfsantrags der Berufung des Beklagten angeschlossen hat. In diesem Fall muß das Berufungsgericht -hält es den Hauptantrag entgegen der Berufung des Beklagten für begründet- auch die Abweisung des Hilfsantrags durch das Gericht der ersten Instanz rechtlich nachprüfen.

[574] Der Hilfsantrag ist vom Kläger nur für den Fall des Erfolgs des Hauptantrags zur Entscheidung durch das Gericht gestellt worden. Stellt sich der Hauptantrag aufgrund der rechtlichen Nachprüfung der angefochtenen Entscheidung durch das Berufungsgericht als unbegründet heraus, ist die Bedingung, unter der der Kläger eine Entscheidung auch über den Hilfsantrag wollte, in der zweiten Instanz entfallen.

über diesen und nicht zugleich über den nur für den Fall seines Erfolgs gestellten Hilfsantrag. Hiernach aber fallen weder der Hilfsantrag noch die an seine Bescheidung geknüpfte Bedingung in der Rechtsmittelinstanz an. Die eventuelle Verbindung von Haupt- und Hilfsantrag ist dann nicht zum Gegenstand der Berufung geworden. Damit kann das Verfahren des zweiten Rechtszugs auch nicht zur Abänderung der - insoweit schon in Rechtskraft erwachsenen- erstinstanzlichen Entscheidung über den Hilfsantrag führen. Hinzu kommt, daß hier einer solchen Abänderung des erstinstanzlichen Ausspruchs über den Hilfsantrag schon das Verbot der *reformatio in melius*[575] entgegensteht. Diese Abänderung des erstinstanzlichen Urteils hat der Beklagte nämlich ausdrücklich nicht beantragt, so daß es schon aus diesem Grund nicht statthaft ist, die angefochtene Entscheidung über den Umfang der Berufung hinaus abzuändern, § 536 ZPO.

5. Bei Zuerkennung des Klage- und des Eventualwiderklageantrags

Das eigentliche Eventualverhältnis, in dem der Antrag auf Klagabweisung und der Widerklageantrag stehen, bleibt hingegen auch dann in der zweiten Instanz bestehen, wenn nur der Beklagte das seinen -auf Klageabweisung gerichteten- Hauptantrag abweisende und seinem Hilfsantrag -der Eventualwiderklage- stattgebende Urteil mit der Berufung angefochten hat. Wegen der nur hilfsweisen Geltendmachung des dem Beklagten in der Vorinstanz zuerkannten Eventualwiderklageanspruchs ist dieser Ausspruch des erstinstanzlichen Urteils von dem Rechtsmittelgericht ohne weiteres aufzuheben, wenn der Beklagte sein im Vordergrund stehendes Ziel, die Abweisung der Klage zu erreichen, weiter verfolgt und damit durchdringt[576]. Dem Grundsatz des § 536 ZPO widerspricht das nicht, denn der Beklagte selbst hat bei Aufrechterhaltung des Eventualverhältnisses auch in der Rechtsmittelinstanz zum Ausdruck gebracht, daß ihm die Abweisung der Klage mehr bedeutet als die Aufrechterhaltung der Verurteilung des Klägers in Verbindung mit seiner eigenen Verurteilung[577]. Wird hiernach die Klage, nachdem ihr und der eventuellen Widerklage im ersten Rechtszug stattgegeben wurde, auf die Berufung des Beklagten abgewiesen, hat das Rechtsmittelgericht zugleich den Ausspruch über die Widerklage aufzuheben; denn in diesem Fall ist die -vom Beklagten in die zweite Instanz hineingezogene- Bedingung, unter der die Entscheidung über die Eventualwiderklage gestellt war, entfallen[578].

---

[575] Vgl. oben unter E.I.3. (S. 101).

[576] Vgl. BGHZ 21, 13, 16.

[577] Vgl. BGHZ 21, 13, 16 f.

[578] So auch BGHZ 21, 13, 17.

IV. Eventualanschlußberufung

Für die bedingte Rechtsmitteleinlegung gilt dasselbe wie für die bedingte Klageerhebung; sie ist unzulässig[579]. Das gilt auch für die selbständige Anschlußberufung. Bei der unselbständigen Anschlußberufung[580] ist das hingegen anders. Diese kann in zulässiger Weise auch unter einer Bedingung -hilfsweise- eingelegt werden[581]. Die Gründe hierfür liegen in ihrer Rechtsnatur. Die unselbständige Anschlußberufung ist nämlich kein Rechtsmittel im eigentlichen Sinn, sondern lediglich ein Antrag innerhalb des vom Rechtsmittelklägers eingelegten Rechtsmittels[582]. Die unselbständige Anschließung muß also nicht schon aus diesem Grunde als bedingungsfeindlich angesehen werden. Sie ist aber auch nicht deshalb grundsätzlich bedingungsfeindlich, weil sie etwa in der hier in Frage kommenden Hinsicht einem Rechtsmittel gleichzustellen wäre. Denn durch sie wird, anders als durch Klage, Berufung und Revision, kein besonderes Verfahren eingeleitet[583]. Es bleibt deshalb auch, im Gegensatz zur bedingten Klageerhebung und bedingten Einlegung eines Rechtsmittels, der Bestand des Verfahrens selbst nicht in der Schwebe[584]. Die Gründe, die die bedingte Erhebung von Klagen und die bedingte Einlegung von Rechtsmitteln grundsätzlich ausschließen, gelten also nicht für die bedingte unselbständige Anschließung[585]. Vielmehr stellt sich -wegen der Abhängigkeit vom Rechtsmittel des Gegners- die „Einleitung des Verfahrens" durch die bedingte unselbständige Anschließung nicht anders dar als durch die unbedingte.

Eine denkbare[586] zulässige Bedingung für die unselbständige Anschließung ist, daß der Hauptantrag auf Verwerfung oder Zurückweisung der Berufung erfolglos

---

[579] So auch schon *Walsmann* S. 152.

[580] Zur Unterscheidung von selbständiger und unselbständiger Anschlußberufung vgl. *Rosenberg/Schwab/Gottwald* § 138 II. (S. 831 f.); *Baumbach/Lauterbach/Albers* § 521 ZPO Rn. 3 ff.

[581] Vgl. *Thomas/Putzo* § 522a ZPO Rn. 3.

[582] Vgl. *Walsmann* S. 152; *Zöller/Gummer* § 521 ZPO Rn. 4; *Zöller/Greger* Vor § 128 ZPO Rn. 20; *Baumbach/Lauterbach/Albers* § 521 Rn. 3; *Musielak/Ball* § 521 ZPO Rn. 6; BGH NJW 1994, 801, 803; BGH NJW 1984, 1240, 1241; BGH NJW 1981, 1790; BGH NJW 1982, 1708, 1709; aA *Baur*, FS Fragistas, 1966, 359, 361; *Klamaris* S. 126 ff.; *Gilles* ZZP 91 (1978), 128 ff., ZZP 92 (1979), 152 ff. und auch *Rosenberg/Schwab/Gottwald* § 138 I.3. (S. 831), der die Eventualanschlußberufung aber gleichwohl ausdrücklich zuläßt, § 65 IV.3.d., § 138 V. (S. 361, 834).

[583] Vgl. *Walsmann* S. 152.

[584] Vgl. BGH NJW 1984, 1240 f.

[585] Vgl. BGH NJW 1984, 1240 f.; so auch schon *Walsmann* S. 152.

[586] Vgl. BGH NJW 1984, 1240, 1241; BGHZ 67, 305, 310; Der BGH hat, ohne sich zur Möglichkeit anderer Bedingungen abschließend zu äußern, für den in mancher Hinsicht vergleichbaren Fall der eventuellen Widerklage ausgesprochen, daß diese jedenfalls dann zulässig sei, wenn Zurückweisungsantrag und Widerklage in einem solchen Bedingungsverhältnis stehen, vgl. BGHZ 21, 13, 15; BGHZ 43, 28, 30.

bleibt[587]. Die Gründe, die für eine Beschränkung der zulässigen Bedingungen bei der bedingten Widerklage angeführt werden können, gelten aber ohnehin nicht in gleicher Weise für die bedingte unselbständige Anschließung. Für eine solche Anschließung kann der Rechtsmittelgegner vielmehr in Übereinstimmung mit den Zielen des Gesetzes ein schutzwertes Interesse daran haben, sie auch von anderen Bedingungen abhängig machen zu können[588]. Mit der unselbständigen Anschließung sollen insbesondere überflüssige oder leichtfertige Rechtsmittel vermieden werden[589]. Dem dient es, wenn der Rechtsmittelführer sich klar sein muß, daß das von ihm betriebene Rechtsmittelverfahren auch zu seinem Nachteil ausgehen kann[590]. Außerdem soll die unselbständige Anschließung im Interesse der Waffengleichheit und Billigkeit die Rechtsstellung des Rechtsmittelgegners verbessern[591]. Beide Zwecke werden gefördert, wenn die -für den Rechtsmittelgegner unter Umständen ratsame- bedingte unselbständige Anschließung nicht unnötig erschwert wird[592]. Beschränkt man nämlich die bedingte unselbständige Anschließung auf den Fall, daß allein die Erfolglosigkeit des „Hauptantrags" auf Zurückweisung des Rechtsmittels als Bedingung zulässig ist, so kann der Rechtsmittelgegner bei unbegründeten Berufungen eine eventuelle Überprüfung zu Lasten des Rechtsmittelführers nur erreichen, wenn er sich dem Rechtsmittel unbedingt anschließt. Eine solche Einschränkung ist nicht geboten. Es ist gerade das Ziel des Gesetzes, unbegründete Berufungen durch das Anschließungsrisiko zu vermeiden[593]. Ob sich der Rechtsmittelgegner dem Rechtsmittel bedingt oder unbedingt anschließt, ist dabei unmaßgeblich. Es ist damit kein hinreichender Grund ersichtlich, die Zulässigkeit einer bedingten unselbständigen Anschlußberufung anders zu beurteilen, als in der Regel sonst bedingte Prozeßhandlungen in einem anhängigen Verfahren beurteilt werden[594]. Danach ist die bedingte unselbständige Anschlußberufung zulässig, wenn sie lediglich von einer innerprozessualen Bedingung abhängig gemacht wird, so daß die Wirksamkeit der Prozeßhandlung spätestens bei Abschluß des Verfahrens feststeht[595]. Eine solche innerprozessuale Bedingung können insbesondere der Erfolg oder die Erfolglosigkeit einer eigenen oder vom Prozeßgegner unbedingt vollzogenen Prozeßhandlung darstel-

---

[587] Vgl. *Walsmann* S. 153; *Thomas/Putzo* § 522a ZPO Rn. 3; BGH NJW-RR 1986, 874, 875 f.

[588] Vgl. BGH NJW 1984, 1240, 1241.

[589] Vgl. BGH NJW 1984, 1240, 1241.

[590] Vgl. *Baur*, FS Fragistas, 1966, 359, 366; *Klamaris* S. 76.

[591] Vgl. *Baur*, FS Fragistas, 1966, 359, 366; *Rosenberg/Schwab/Gottwald* § 138 I.2. (S. 831).

[592] Vgl. BGH NJW 1984, 1240, 1241.

[593] Vgl. BGH NJW 1984, 1240, 1241.

[594] Vgl. BGH NJW 1984, 1240, 1241.

[595] Vgl. *Stein/Jonas/Leipold* Vor § 128 Rn. 210 ff.; *Baumgärtel*, Prozeßhandlungen (2. Aufl.), S. 128, 134, 136, 138; *Kion* S. 136.

len[596], so wie etwa im Falle einer Eventualanschlußberufung die Entscheidung über die Begründetheit der (unbedingten) Berufung des Prozeßgegners.

V. Streitwert und Kostenentscheidung

Für die Streitwertfestsetzung und die Kostenentscheidung im Berufungsverfahren gelten die vorstehenden Ausführungen für den ersten Rechtszug[597] im wesentlichen entsprechend, so daß hier auf sie Bezug genommen werden kann. Bei der Bestimmung des Gebührenstreitwerts in der Rechtsmittelinstanz ist bei wechselseitiger Rechtsmitteleinlegung die Bestimmung in § 19 Abs. 2 GKG zu beachten, nach der die Regelungen in § 19 Abs. 1 Satz 1 und 3 GKG in diesen Fällen entsprechend gelten. Es also auch insoweit darauf an, ob die Rechtsmittel verschiedene Streitgegenstände[598] betreffen. Ist das der Fall, sind die Werte jener unterschiedlichen Streitgegenstände zusammenzurechnen (§ 19 Abs. 2 iVm. Abs. 1 Satz 1 GKG); andernfalls ist allein der höhere Wert maßgeblich (§ 19 Abs. 2 iVm. Abs. 1 Satz 3 GKG)[599].

---

[596] Vgl. *Rosenberg/Schwab/Gottwald* § 65 IV.2. und 3.d. (S.356, 361); *Zöller/Greger* Vor § 128 ZPO Rn. 20.

[597] Vgl. oben unter D.IV. (S. 89ff.).

[598] Vgl. oben unter B.I. und B.II. (S. 3 ff.).

[599] Vgl. hierzu insbesondere *Hartmann* § 19 GKG Rn. 34 ff.

F. Besonderheiten bei der Verbindung von Haupt- und Hilfsantrag in der Revision

I. Allgemeines

Bereits im Entwurf der CPO[600] fand sich der Hinweis, daß man die Revision bei einem Vergleich der Rechtsmittel untereinander am ehesten als eine beschränkte Berufung bezeichnen könnte[601]. Wie die Berufung richtet sich auch die Revision gegen ein Endurteil des im Instanzenzug unteren Gerichts und setzt eine entsprechende Prozeßhandlung einer durch die Entscheidung der Vorinstanz beschwerten Partei voraus. Beide Rechtsmittel bewirken eine Hemmung der Rechtskraft des angefochtenen Urteils und haben zur Folge, daß der Streitgegenstand -im Rahmen des vom Rechtsmittelklägers beantragten Umfang- in die Rechtsmittelinstanz gelangt. Für beide Rechtsmittel gelten die Verbote der *reformatio in peius* und der *reformatio in melius*[602].

Der Unterschied zwischen den beiden im übrigen ähnlichen Rechtsmitteln besteht im wesentlichen darin, daß das Revisionsgericht -anders als das Berufungsgericht- auf die rechtliche Nachprüfung beschränkt ist und keine eigenen Tatsachenfeststellungen treffen darf. Die Bindung an die vom Vordergericht getroffenen Tatsachenfeststellungen ist allerdings nur relativ; sie entfällt, wenn insoweit zulässige und begründete Verfahrensrügen erhoben sind. Ist die Bindung des Revisionsgerichts an die vom Vordergericht festgestellten Tatsachen aus diesem Grund entfallen, kann es gleichwohl keine eigenen Tatsachenfeststellungen treffen, sondern die angefochtenen Entscheidung lediglich aufheben und zur erneuten Verhandlung an das Vordergericht zurückverweisen. Die Revision ist ein „letztes" Rechtsmittel, was die Unanfechtbarkeit der Revisionsentscheidung nach sich zieht. Das Berufungsurteil ist hingegen unter bestimmten Voraussetzungen -mit der Revision- anfechtbar und deshalb -anders als das Revisionsurteil- nicht sofort rechtskräftig.

Für den Verfahrensgang der Revision sind im wesentlichen die für die Tatsacheninstanzen, insbesondere für die Berufung geltenden Vorschriften entsprechend anzuwenden, soweit dem die vorgenannten Besonderheiten nicht entgegenstehen.

Vor diesem Hintergrund kann auch hier im wesentlichen auf die vorstehenden

---

[600] Civilprozeßordnung vom 30. Januar 1877.

[601] Vgl. bei *Hahn* S. 362.

[602] Vgl. *May* VI.C.1.e. Rn. 418 (S. 478).

Ausführungen zur Anfallwirkung von Haupt- und Hilfsantrag in der Berufung[603] Bezug genommen werden, während nachfolgend nur auf die maßgeblichen Besonderheiten bei der Verbindung von Eventualanträgen in der Revision etwas näher eingegangen werden soll.

II. Revision des Klägers

1. Allgemeines

Nach § 561 ZPO sind zwar Antragsänderungen im Revisionsverfahren grundsätzlich ausgeschlossen. Eine Ausnahme gilt aber vor allem für die Fälle, in denen die Änderung nur eine Beschränkung oder Modifikation des früheren Antrags darstellt und sich auf einen Sachverhalt stützt, der vom Tatrichter bereits gewürdigt worden ist; unter letzterer Voraussetzung ist es insbesondere zulässig, einen bisher als Hauptantrag gestellten Antrag in der Revision als Hilfsantrag zu verfolgen[604]. Die Änderung etwa einer zweiten Feststellungsalternative von einem - alternativen - Hauptbegehren in einen Hilfsantrag stellt lediglich eine modifizierte Einschränkung des bisherigen Feststellungsantrags dar, wenn sie sich auf einen Sachverhalt stützt, der vom Berufungsgericht bereits gewürdigt worden ist[605].

2. Entscheidung des Berufungsgerichts über Haupt- und Hilfsantrag

Weist das Berufungsgericht den Hauptantrag ab und entscheidet deshalb folgerichtig über den (eigentlichen) Hilfsantrag und wendet sich der auf seinen Hilfsantrag in der zweiten Instanz obsiegende Kläger mit der Revision gegen die Abweisung (nur) des Hauptantrags, gilt hier anderes als im Berufungsverfahren[606]. Hier kann das Revisionsgericht -für den Fall, daß es die Sache wegen des Hauptantrags aufheben und zur erneuten Entscheidung zurückverweisen will- nicht zugleich die Entscheidung über den Hilfsantrag „beseitigen"[607]. Wendet sich nur der Kläger mit der Revision gegen die Entscheidung des Berufungsgerichts über den Hauptantrag, ohne daß der Beklagte seinerseits ein Rechtsmittel gegen den ihm ungünstigen Ausspruch über den Hilfsantrag einlegt, hat das Revisionsgericht auch lediglich über den Hauptantrag zu befinden[608]. Zwar bringt derjenige, der zwei prozessuale Ansprüche in einem Eventualverhältnis geltend macht, zum Ausdruck, daß er eine Entscheidung über den

---

[603] Oben unter E. (S. 99 ff.).

[604] Vgl. *May* V.D.1. Rn. 90 (S. 256); BGH LM § 561 ZPO Nr. 40.

[605] BGH NJW-RR 1990, 122.

[606] Vgl. oben unter E.II.2.b. (S. 103 ff.).

[607] Vgl. BGH NJW 1989, 1486, 1487.

[608] Vgl. BGH NJW 1989, 1486, 1487.

Hilfsantrag nur dann wünscht, wenn er mit seinem Hauptantrag ganz oder teilweise[609] unterlegen ist. Eine Entscheidung über den Hilfsantrag ist deshalb unzulässig, wenn das Gericht den Hauptantrag für begründet hält, § 308 Abs. 1 Satz 1 ZPO. Mit dieser Möglichkeit muß infolge einer Aufhebung der Entscheidung des Berufungsgerichts über den Hauptanspruch gerechnet werden. Das bedeutet jedoch nicht, daß das Revisionsgericht von Amts wegen auch die Entscheidung des Berufungsgerichts über den Hilfsantrag aufheben kann[610]. Würde dies geschehen, so könnte das Berufungsgericht aufgrund der neuen Verhandlung sowohl den Haupt- als auch den Hilfsantrag abweisen. Der Kläger wäre dadurch entgegen § 559 Abs. 1 ZPO schlechter gestellt als nach dem ersten Berufungsurteil, obwohl dieses vom Beklagten nicht angefochten war. Andererseits kann aber die Entscheidung des Berufungsgerichts über den Hilfsantrag keinen Bestand haben, wenn das Berufungsgericht aufgrund der erneuten Prüfung dem Hauptanspruch doch noch stattgibt. Die Entscheidung des Berufungsurteils über den Hilfsantrag steht deshalb, wie von der insoweit herrschenden Meinung zu Recht angenommen wird[611], unter einer auflösenden Bedingung. Ihr Fortbestand hängt nämlich davon ab, ob dem Hauptantrag endgültig (rechtskräftig) stattgegeben wird. Erst wenn das der Fall ist, bleibt für die Entscheidung über den Hilfsantrag kein Raum mehr. Das Berufungsgericht muß also, wenn es nach Aufhebung und Zurückverweisung seines mit der Revision angegriffenen Urteils dem Hauptantrag aufgrund erneuter Prüfung stattgeben will, in demselben Urteil seine frühere Entscheidung über den Hilfsantrag klarstellend aufheben[612].

III. Revision des Beklagten

Auch hier kann im wesentlichen auf die Ausführungen zur Berufung des Beklagten[613] Bezug genommen werden. Eine maßgebliche Besonderheit gilt hier allerdings

---

[609] Vgl. hierzu oben unter D.II.1. bis D.II.5. (S. 73 ff.).

[610] Vgl. BGH NJW 1989, 1486, 1487.

[611] Vgl. *Merle* ZZP 83 (1970), 436, 456; *Brox*, FS Carl Heymanns Verlag, 1965, 121, 137; *Stein/Jonas/Grunsky* § 537 ZPO Rn. 4; BGH NJW 1989, 1486, 1487.

[612] Vgl. *Zöller/Gummer* § 564 ZPO Rn. 1; BGH NJW 1989, 1486, 1487; aA. *Blomeyer* § 99 IV. 2.a. (S. 554 ff.), der die Auffassung vertritt, die Entscheidung über den Hilfsantrag sei -klarstellend- bereits durch das Revisionsgericht aufzuheben; in diesem Sinne wohl auch *Musielak/Ball* § 564 ZPO Rn. 3; unklar insoweit die von *Baumbach/Lauterbach/Albers* § 559 ZPO Rn. 3 vertretene Ansicht, nach der wohl entweder das Berufungsgericht oder das Revisionsgericht bzw. beide die Entscheidung über den Hilfsantrag aufheben können sollen bzw. müssen; ob hiermit die noch in der 46. Auflage, § 559 ZPO Anm. 1.A., vertretene Auffassung, nach welcher die Aufhebung klarstellend -nur- durch das Revisionsgericht zu erfolgen habe, aufrechterhalten bleibt, ist nicht eindeutig erkennbar.

[613] Vgl. oben unter E.III. (S. 111 ff.).

hinsichtlich der Anfallwirkung des Hilfsantrags in der Revision des Beklagten für den Fall der Zuerkennung des Hauptantrags bei der eigentlichen Eventualhäufung[614]. Legt der Beklagte gegen seine Verurteilung auf den Hauptantrag Revision ein, fällt der in der ersten Instanz nicht beschiedene Hilfsantrag in diesen Fällen selbst nach der von der Rechtsprechung vertretenen Auffassung nur dann in der Revisionsinstanz an, wenn er auf demselben Sachverhalt wie der Hauptantrag beruht[615]. Die Gründe hierfür liegen auf der Hand. Da die Revision keine Tatsacheninstanz ist (§ 561 ZPO, vgl. auch vorstehend unter F.I., S. 127 f.), scheidet die rechtliche Beurteilung eines „neuen" -von der Vorinstanz noch nicht behandelten und möglicherweise streitigen- Lebenssachverhalts in diesem Rechtszug aus.

---

[614] Zum entsprechenden Problem in der Berufung vgl. oben unter E.III.1. (S. 111 ff.).

[615] Vgl. BGH NJW-RR 1990, 518, 519: „Legt die beklagte Partei gegen ihre Verurteilung nach dem Hauptantrag Revision ein, so ist ohne weiteres auch der *auf einem einheitlichen Sachverhalt* beruhende Hilfsantrag des Klägers Gegenstand der Revisionsverhandlung."Vgl. dazu auch das hier für den Fall der Berufung gefundene Ergebnis oben unter E.III.1.c. (S. 116 ff.).

Zusammenfassung

Von einem außerprozessualen künftigen Ereignis -wie z.B. dem weiteren Verhalten eines am Rechtsstreit nicht beteiligten Dritten- kann die Klageerhebung ebensowenig wie jede andere Prozeßhandlung abhängig gemacht werden. Das würde der Bedeutung zuwiderlaufen, die solche Handlungen für die gegnerische Partei und auch das Gericht haben. Der Eintritt der jeweiligen Folgen einer Prozeßhandlung darf auch nicht zeitweise ungewiß bleiben. Die Verknüpfung einer Prozeßhandlung mit einer außerprozessualen Bedingung ist deshalb unzulässig.

Anders ist das hingegen, wenn die Geltendmachung von Angriffs- und Verteidigungsmitteln von einer bestimmten Entwicklung der Prozeßlage, also von einem innerprozessualen Vorgang, namentlich vom Erfolg oder Mißerfolg einer von derselben oder der gegnerischen Partei unbedingt vollzogenen Prozeßhandlung abhängig gemacht wird. Diese Überlegung trifft insbesondere auf den Hilfsantrag zu. Hier besteht bereits ein wegen des Hauptantrags unbedingtes Prozeßverhältnis zwischen den Parteien; das Gericht hat sich lediglich mit dem Hilfsanspruch erst dann zu befassen, wenn die innerprozessuale Bedingung hierfür, nämlich die eigene Entscheidung über den Hauptantrag, eingetreten ist. Anders als bei einer bedingt erhobenen Klage wird das Gericht hier also in keinem Fall unnötig beschäftigt. Der Hilfsantrag dient vielmehr der Prozeßökonomie, da durch ihn ein weiterer Rechtsstreit über den nach Eintritt der innerprozessualen Bedingung zur Entscheidung stehenden Anspruch vermieden werden kann. Vor diesem Hintergrund lassen Rechtsprechung und Literatur eine eventuelle Klagenhäufung grundsätzlich zu.

Die Zulässigkeitsvoraussetzungen der eventuellen Klagenhäufung entsprechen grundsätzlich denjenigen einer kumulativen Klagenhäufung im Sinne von § 260 ZPO, wobei sich das allgemeine Rechtsschutzinteresse allerdings auch auf die konkrete Eventualität der Verbindung von Haupt- und Hilfsantrag erstrecken muß. Darüber hinaus gelten keine maßgeblichen Besonderheiten. Insbesondere ist es nicht erforderlich, daß mit Haupt- und Hilfsantrag nur rechtlich oder wirtschaftlich identische oder gleichartige Ziele verfolgt werden; es genügt vielmehr jedes vernünftige, nicht rechtsmißbräuchliche Interesse an der jeweiligen Eventualhäufung.

In Betracht kommt zunächst, daß der Kläger einen Hilfsantrag für den Fall stellt, daß er mit seinem Hauptantrag nicht durchdringt (eigentliche Eventualhäufung). Über den Hilfsantrag soll dann nach dem Willen des Klägers nur entschieden werden, wenn er mit seinem primär verfolgten Klageziel wegen Unzulässigkeit oder Unbegründetheit seines Hauptantrag erfolglos bleibt. Zulässig ist aber auch eine uneigentliche Eventualhäufung, bei der der Kläger einen weiteren Anspruch für den Fall geltend macht, daß er mit seinem Hauptantrag erfolgreich ist. Ist der Hauptantrag hingegen unzulässig oder unbegründet, ist über den Hilfsantrag nicht zu entscheiden. Auch für die uneigentliche Eventualhäufung gelten keine anderen Zulässigkeitsvoraussetzungen als für die eigentliche Eventualhäufung; insbesondere ist es nicht erforderlich, daß der uneigentliche Hilfsantrag stets den Anforderungen von § 259 ZPO genügen muß oder daß der Hauptantrag keine Vorfrage des Hilfsantrags beinhalten darf.

Die Unterscheidung von Haupt- und Hilfsantrag setzt voraus, daß mit dem Hilfsantrag etwas anderes verlangt wird als mit dem Hauptantrag. Maßgeblich abzustellen ist hierbei auf den jeweiligen Streitgegenstand. Ist der Streitgegenstand des Hauptantrags mit demjenigen des Hilfsantrags identisch, liegt tatsächlich nur ein Antrag vor. Anders als in den Fällen der kumulativen Klagenhäufung werden bei der Eventualklagenhäufung nicht mehrere prozessuale Ansprüche gleichzeitig, sondern in einem bestimmten Rang- bzw. Abhängigkeitsverhältnis zueinander zur Entscheidung gestellt. Während sich das Gericht bei der kumulativen Klagenhäufung in jedem Fall mit allen prozessualen Ansprüchen zu befassen hat, ist das bei der eventuellen Klagenhäufung nicht von vornherein zwingend erforderlich. Das die eventuelle Klagenhäufung charakterisierende Abhängigkeitsverhältnis zwischen Hilfs- und Hauptantrag bedeutet, daß das Gericht über den Hilfsantrag nur dann zu befinden hat, wenn der Rechtsstreit in Hinblick auf den in erster Linie zur Entscheidung gestellten Hauptantrag einen bestimmten Ausgang findet. Die Eventualhäufung bietet dem Kläger also die Möglichkeit, dem Gericht die Reihenfolge der Prüfung seiner Anträge verbindlich vorzuschreiben. Hält sich das Gericht an die ihm damit vorgegebene Reihenfolge, kann es ohne weiteres auch zunächst durch Teilurteil über den Hauptantrag befinden und sich erst danach -im Schlußurteil- mit dem Hilfsantrag befassen.

Verfolgt die unterlegene Partei ihren im ersten Rechtszug erfolglosen Antrag in der Berufungsinstanz nur noch hilfsweise weiter, während sie in erster Linie einen neuen prozessualen Antrag zur Entscheidung durch das Rechtsmittelgericht stellt, ist die Berufung hinsichtlich des -neuen- Hauptantrags als unzulässig zu verwerfen, weil sich der Rechtsmittelführer mit diesem nicht gegen die durch das Urteil des ersten Rechtszugs begründete Beschwer richtet. Hinsichtlich des in der ersten Instanz erfolglosen Antrags ist Berufung hingegen grundsätzlich zulässig, so daß das Rechtsmittelgericht -soweit die allgemeinen Zulässigkeitsvoraussetzungen im übrigen gegeben sind- über den zweitinstanzlichen Hilfsantrag -und nur über diesen- in der Sache selbst zu entscheiden hat. Im übrigen ist bei der Anfallwirkung von Haupt- und Hilfsantrag in der Berufung maßgeblich danach zu unterscheiden, ob das Rechtsmittel durch den Kläger oder den Beklagten eingelegt worden ist:

Ist der Kläger bei der eigentlichen Eventualhäufung sowohl mit seinem Haupt- als auch mit seinem Hilfsantrag unterlegen, bestimmt sich der Gegenstand seiner hiergegen gerichteten Berufung nach seinen konkreten Anträgen; er kann insoweit entscheiden, ob er sich im zweiten Rechtszug nur gegen die Abweisung seines Haupt- oder seines Hilfsantrags wenden oder ob er die erstinstanzliche Entscheidung insgesamt zur Überprüfung durch das Berufungsgericht stellen will. Nur im zweiten Fall wirkt das Eventualverhältnis in der Rechtsmittelinstanz fort. Auch das Gericht der zweiten Instanz hat dann zunächst über den Hauptantrag zu entscheiden; bleibt dieser auch in der Berufung erfolglos, hat es über den Hilfsantrag zu befinden.

Etwas anderes gilt indes, wenn der Kläger bei der eigentlichen Eventualhäufung nicht mit beiden, sondern nur mit seinem Hauptantrag unterlegen ist. Hier wirkt das Eventualverhältnis auch dann noch in der zweiten Instanz fort, wenn sich nur der Kläger gegen die Abweisung des Hauptantrags wendet, ohne daß der Beklagte zugleich seine Verurteilung auf den Hilfsantrag angreift. Durch die erstinstanzliche Eventualstellung seiner Anträge hat der Kläger nämlich klargestellt, daß er eine Entscheidung über den Hilfsantrag nur dann will, wenn er mit seinem Hauptantrag (endgültig) unterliegt. Deshalb steht das rechtskräftige erstinstanzliche Urteil über den Hilfsantrag während der Dauer des Berufungsverfahrens unter der auflösenden Bedingung einer dem Hauptantrag doch noch stattgebenden zweitinstanzlichen Entscheidung. Hält das Berufungsgericht den Hauptantrag für begründet, ändert es die erstinstanzliche Entscheidung entsprechend ab; durch dieses dem Hauptantrag stattgebende Urteil entfällt dann nachträglich die Bedingung, unter der der Kläger einen Ausspruch über seinen Hilfsantrag wollte, so daß das erstinstanzliche Urteil über den Hilfsantrag ohne weiteres wirkungslos wird.

Bei Abweisung des Hauptantrags im Fall der uneigentlichen Eventualhäufung hat sich das Gericht des ersten Rechtszugs mit dem Hilfsantrag nicht zu befassen. Legt der Kläger gegen solch ein Urteil Berufung ein, kann er entscheiden, ob er das Rechtsmittel auf die Überprüfung der Klageabweisung beschränkt oder ob er seinen Hilfsantrag auch in der Berufungsinstanz weiterverfolgen will. Im zweiten Fall besteht das Eventualverhältnis auch im Rechtsmittelrechtszug. Dem steht nicht entgegen, daß sich das Berufungsgericht für den Fall, daß es den Hauptantrag für begründet hält, erstmals mit einem in erster Instanz nicht beschiedenen Anspruch befassen muß. Dem Kläger steht es grundsätzlich offen, die Klage auch noch in der Berufung zu erweitern oder zu ändern. Ist aber die unbedingte Klageänderung oder Klageerweiterung in der zweiten Instanz grundsätzlich zulässig, muß das auch für die innerprozessual -und damit zulässig- bedingte Klageänderung oder Klageerweiterung in der Form einer in die Rechtsmittelinstanz hineingezogenen uneigentlichen Eventualhäufung gelten. Aus demselben Grund kann es dem Kläger auch nicht verwehrt werden, einen Hilfsantrag erstmals in der Berufung zu stellen.

Hat der Beklagte im Fall der eigentlichen Eventualhäufung gegen seine Verurteilung auf den Hauptantrag des Klägers Berufung eingelegt und kommt das Rechtsmittelgericht zu dem Ergebnis, daß der Hauptantrag unbegründet ist, tritt damit eigentlich die Bedingung ein, unter der der Kläger eine Entscheidung über seinen Hilfsantrag herbeiführen wollte. Gleichwohl darf das Berufungsgericht in einem solchen Fall nicht über den Hilfsantrag entscheiden, will es nicht zu Lasten des Beklagten gegen das Verbot der *reformatio in peius* verstoßen. Entscheidend ist hier, daß (nur) der Beklagte durch die Berufung eine Abänderung der angegriffenen Entscheidung erreichen will. Hat er mit seinem Rechtsmittel Erfolg und würde ihn das Gericht der zweiten Instanz aus diesem Grund statt dessen auf den Hilfsantrag verurteilen können, führte dies zu dem schlichtweg untragbaren Ergebnis, daß der mit seinem Rechtsmittel erfolgreiche Beklagte den Rechtsstreit in der zweiten Instanz gleichwohl verliert. Will der Kläger das Eventualverhältnis auch hier in die zweite Instanz ziehen, muß er also eine -grundsätzlich zulässige- Eventualanschlußberufung einlegen, mit der er den Hilfsantrag für den Fall seines Unterliegens auf den Hauptantrag zur Entscheidung durch das Rechtsmittelgericht stellen kann.

Hat der Beklagte im Falle der eigentlichen Klagenhäufung die Berufung nur gegen seine Verurteilung auf den Hilfsantrag eingelegt, fällt der -abgewiesene- Hauptantrags in der Rechtsmittelinstanz nicht an. Geht allein der Beklagte gegen die Stattgabe des Hilfsanspruchs vor, ohne daß auch der Kläger ein Rechtsmittel gegen die Abweisung des Hauptantrags einlegt, bleibt diese unangefochten. Schließt sich hingegen der Kläger der Berufung des Beklagten an und obsiegt er mit seinem (selbständigen oder unselbständigen) Anschlußrechtsmittel, ist hierdurch zugleich die vom Beklagten angefochtene Entscheidung über den Hilfsantrag aufgehoben.

Hält das erstinstanzliche Gericht den Hauptantrag für begründet, hat es sich im Fall der uneigentlichen Eventualhäufung auch mit dem Hilfsantrag zu befassen; ist dieser unbegründet, weist es die Klage insoweit ab. Legt der Beklagte hier Berufung gegen die Verurteilung auf den Hauptantrag ein, fällt auch nur dieser in der zweiten Instanz an. Hält das Berufungsgericht den Hauptantrag für unbegründet, ändert es die angefochtene Entscheidung ab und weist die Klage insgesamt als unbegründet ab. Kommt das Gericht des zweiten Rechtszugs übereinstimmend mit dem erstinstanzlichen Gericht zu dem Ergebnis, daß der Hauptantrag begründet ist, hat es auf den rechtskräftig abgewiesenen Hilfsantrag nicht einzugehen. Hat das Gericht des ersten Rechtszugs den Beklagten im Fall der uneigentlichen Eventualhäufung sowohl auf den Haupt- als auch auf den Hilfsantrag verurteilt, und wendet er sich mit seiner Berufung in vollem Umfang gegen diese Entscheidung, hat das Rechtsmittelgericht das angefochtene Urteil hinsichtlich beider Anträge nachzuprüfen; hält es beide für begründet, weist es die Berufung zurück. Ist nur der Hilfsantrag unbegründet, ist nur dem Hauptantrag stattzugeben und die Klage im übrigen abzuweisen. Ist hingegen der Hauptantrag unbegründet, hat das Berufungsgericht die angefochtene Entscheidung abzuändern und die Klage insgesamt abzuweisen, ohne auf den Hilfsantrag in der Sache selbst einzugehen, da einer Entscheidung über ihn durch die Unbegründetheit des Hauptantrags der Boden entzogen ist. Etwas anderes gilt allerdings dann, wenn das erstinstanzliche Gericht den Beklagten sowohl auf den Haupt- als auch auf den Hilfsantrag verurteilt hat, er sich aber mit seiner Berufung nur gegen die Verurteilung auf den Hauptantrag wendet. Stellt sich hier der Hauptantrag in der Berufung als unbegründet heraus, kann die Verurteilung auf den Hilfsantrag nicht abgeändert werden. Greift der Beklagte nur die Verurteilung auf den Hauptantrag an, steht einer Abänderung des erstinstanzlichen Ausspruchs über den Hilfsantrag das Verbot der *reformatio in melius* entgegen.

Weist das Berufungsgericht den Hauptantrag ab und entscheidet deshalb folgerichtig über den (eigentlichen) Hilfsantrag und wendet sich der auf seinen Hilfsantrag in der zweiten Instanz obsiegende Kläger mit der Revision nur gegen die Abweisung des Hauptantrags, kann das Revisionsgericht -für den Fall, daß es die Sache wegen des Hauptantrags aufheben und zur erneuten Entscheidung zurückverweisen willnicht zugleich die Entscheidung über den Hilfsantrag beseitigen. Wäre dies möglich, so könnte das Berufungsgericht aufgrund der neuen Verhandlung sowohl den Haupt- als auch den Hilfsantrag abweisen. Der Kläger wäre dadurch schlechter gestellt als nach dem ersten Berufungsurteil, obwohl dieses vom Beklagten nicht angefochten war. Andererseits kann aber die Entscheidung des Berufungsgerichts über den Hilfsanspruch keinen Bestand haben, wenn es aufgrund erneuter Prüfung dem Hauptantrag doch noch stattgibt. Das Berufungsgericht muß also, wenn es nach Aufhebung und Zurückverweisung seines mit der Revision angegriffenen Urteils dem Hauptantrag aufgrund erneuter Prüfung stattgeben will, in demselben Urteil seine frühere Entscheidung über den Hilfsantrag klarstellend aufheben.

Eine maßgebliche Besonderheit hinsichtlich der Anfallwirkung des Hilfsantrags in der Revision des Beklagten gilt für den Fall der Zuerkennung des Hauptantrags bei der eigentlichen Eventualhäufung. Legt der Beklagte gegen seine Verurteilung auf den Hauptantrag Revision ein, fällt der in der ersten Instanz nicht beschiedene Hilfsantrag nur dann in der Revisionsinstanz an, wenn er auf demselben Sachverhalt wie der Hauptantrag beruht; da die Revision keine Tatsacheninstanz ist, scheidet die rechtliche Beurteilung eines von der Vorinstanz noch nicht behandelten und möglicherweise streitigen Lebenssachverhalts in diesem Rechtszug aus.

Literaturverzeichnis

Anders/Gehle, Streitwertlexikon, 3. Auflage (1998)

AK/Verfasser, Luchterhand Reihe Alternativkommentare, Kommentar zur Zivilprozeßordnung, Herausgeber: Dr. Rudolf Wassermann (1987)

Allorio, Rechtsschutzbedürfnis ?, ZZP 67 (1954), 321

Altmeppen, Klageänderungen in der Rechtsmittelinstanz, ZIP 1992, 449

Arens/Lüke, Zivilprozeßrecht, 6. Auflage (1994)

Ascher, Die Beschwer des Rechtsmittelklägers als Voraussetzung der Zulässigkeit des Rechtsmittels, MDR 1953, 584

Assmann, Die einseitige Erledigungserklärung, Erlanger Festschrift für Karl Heinz Schwab, 1990, 179

Bähr, Anmerkung zu BGH JR 1971, 331

Baumbach/Lauterbach/Verfasser, Zivilprozeßordnung, 57. Auflage (1999)

Baumgärtel, Prozeßhandlungen, Prozeßhandlungen einer Partei im Zivilprozeß (1957)

Baumgärtel, Prozeßhandlungen (2. Aufl.), Wesen und Begriff der Prozeßhandlungen einer Partei im Zivilprozeß, 2. Auflage (1972)

Baumgärtel, Die Verwirkung prozessualer Befugnisse im Bereich der ZPO und des FGG, ZZP 67 (1954), 423

Baumgärtel, Zivilprozeßrecht - Grundlegende Entscheidungen, 2. Auflage (1977)

Baumgärtel/Laumen, Klage nach vorangegangenem rechtskräftigen Urteil, JA 1981, 209

Baumgärtel/Laumen/Prütting, Der Zivilprozeßrechtsfall, 8. Auflage (1995)

Baumgärtel/Prütting, Einführung in das Zivilprozeßrecht, 8. Auflage (1994)

Baur, Zur „Beschwer" im Rechtsmittelverfahren des Zivilprozesses, Festschrift für Friedrich Lent, 1957, 1

Baur, Ist die Anschlußberufung ein Rechtsmittel ?, Festschrift für Charalambos N. Fragistas, 1966, 359

Baur/Grunsky, Zivilprozeßrecht, 9. Auflage, 1997

Bergerfurth, Hilfsanträge zur Erledigung der Hauptsache ?, NJW 1968, 530

Bergerfurth, Erledigung der Hauptsache im Zivilprozeß, NJW 1992, 1655

Bethge, Die verfassungsrechtliche Problematik einer Zulassungsberufung im Zivilprozeß, NJW 1991, 2391

Bettermann, Anmerkung zu BGH ZZP 85 (1972), 485, 486

Beys, Zum Problem des Streitgegenstandes im Zivilprozeß und den (gegebenenfalls national) zu ziehenden Folgerungen, insbesondere für die Rechtskraft, ZZP 105

(1992), S. 145 ff.

Blomeyer, Grundprobleme der Erledigung der Hauptsache, JuS 1962, 212

Blomeyer, Zivilprozeßrecht, 2. Auflage (1985)

Blomeyer, Die Schuldtilgung durch den Beklagten nach Einreichung des Klage als Kostenproblem, NJW 1982, 2752

Bornkamm, Die Gerichtsstandbestimmung nach §§ 36, 37 ZPO, NJW 1989, 2713

Brandhuber, Konnexität bei Haupt- und Hilfsantrag, Dissertation , Regensburg, 1987

Brox, Zur Problematik von Haupt- und Hilfsanspruch, Festschrift Carl Heymanns Verlag, 1965, 121

Brox, Zur Erledigung der Hauptsache im Zivilprozeß, JA 1983, 289

Bruns, Zivilprozeßrecht (1968)

Bülow, Buchbesprechung: *Stein/Jonas,* ZPO, 19. Auflage, DNotZ 1971, 376

Bunte, Verbindung von Herausgabeanspruch und evtl. Schadenersatzanspruch in einer Klage (OLG Schleswig NJW 1966, 1929), JuS 1967, 206

Bydlinski, Juristische Methodenlehre und Rechtsbegriff, 2. Auflage (1991)

Cahn, Eventuelle und alternative Klageanträge, JW 1920, 1014

Detterbeck, Streitgegenstand, Justizgewährungsanspruch und Rechtsschutzanspruch, AcP 192 (1992), 325

Deubner, Grundprobleme der Erledigung der Hauptsache, JuS 1962, 205

Drygala, Auswirkungen der Neuregelung der §§ 17, 17a GVG auf die Prozeßaufrechnung im Arbeitsrecht, NZA 1992, 294

Dunz, Streitgegenstand auf Umtausch, Zum Mißbrauch des Eventualbegehrens im Zivilprozeß, NJW 1962, 1225

Dunz, Anmerkung zu BGH NJW 1984, 2295

Emde, Folgen der Novellierung des § 19 GKG: Kostenentscheidung bei Haupt- und Hilfsantrag, MDR 1995, 990

Enneccerus/Nipperdey, Allgemeiner Teil des Bürgerlichen Rechts, 15. Auflage (1959/1960), erster Halbband (1959)

Erman/Verfasser, BGB, 9. Auflage (1993)

Fenn, Anschlußberufung, Beschwer und unbezifferter Klageantrag, ZZP 89 (1976), 121

Fleischmann, Sachliche Zuständigkeit bei Haupt- und Hilfsantrag, NJW 1993, 506

Frank, Anspruchsmehrheiten im Streitwertrecht, Dissertation, Regensburg, 1985

Franz, Zur Behandlung des gewillkürten Parteiwechsels im Prozeß, NJW 1972, 1743 f.

Gaul, Das Zuständigkeitsverhältnis der Zivilkammer zur Kammer für Handelssachen bei gemischter Klagenhäufung und (handelsrechtlicher) Widerklage, JZ 1984, 57

Gilles, Anschließung, Beschwer, Verbot der reformatio in peius und Parteidispositionen über die Sache in höherer Instanz, ZZP 91 (1978), 128

Gilles, Grundprobleme des zivilprozessualen Anschließungsrechts [Fortsetzung von ZZP 91 (1978), 128], ZZP 92 (1979), 152

Göppinger, Erledigung des Rechtsstreits in der Hauptsache (1958)

Goldschmidt, Der Prozeß als Rechtslage (1925)

Grunsky, Grenzen des Gleichlaufs von Hauptsache- und Kostenentscheidung, Festschrift für Karl Heinz Schwab, 1990, 165

Habscheid, Der Streitgegenstand im Zivilprozeß und im Streitverfahren der Freiwilligen Gerichtsbarkeit (1956)

Habscheid, Anmerkung zu BGH ZZP 74 (1961), 362, 367

Habscheid, Probleme der Teilklage, Rechtsnatur und Zulässigkeit - Umfang der Rechtskraft, FamRZ 1962, 352

Habscheid, Der gegenwärtige Stand der Lehre von der Erledigung des Rechtsstreits in der Hauptsache, JZ 1963, 579, 624

Habscheid, Beschwer des verurteilten Beklagten bei nicht vollstreckungsfähigem Leistungstitel?, NJW 1964, 234

Habscheid, Die neuere Entwicklung der Lehre vom Streitgegenstand, Festschrift Karl Heinz Schwab, 1990, 181

Hakenbeck, Eventuelle Anspruchskonkurrenz und unechte Eventualklage, Dissertation, Freiburg, 1979

Hager, Die Manipulation des Rechtswegs, Festschrift für Otto Rudolf Kissel, 1994, 327

Hahn, Die gesamten Materialien zur Civilprozeßordnung und dem Einführungsgesetz zu derselben vom 30. Januar 1877, 2. Auflage (1881)

Hartmann, Kostengesetze, 28. Auflage (1999)

Heintzmann, Zivilprozeßrecht I, Erkenntnisverfahren erster Instanz und Gerichtsverfassung, 2. Auflage (1997)

Hellwig (ZPR), Lehrbuch des Deutschen Zivilprozeßrechts Band III: Lehre von der Klage - Das Prozeßverhältnis im Entscheidungsverfahren - Die Klageerhebung (1909)

Hellwig (System d. ZPR), System des Zivilprozeßrechts in zwei Teilen, Band I: Ordentliches Verfahren, ausschließlich besondere Prozeßarten und Zwangsvollstreckung (1912)

Henckel, Parteilehre und Streitgegenstand im Zivilprozeß (1961)

Hillach/Rohs, Handbuch des Streitwerts in Zivilsachen, 9. Auflage (1995)

Hoffmann, § 17 Abs. 2 Satz 1 GVG und der allgemeine Gerichtsstand des Sachzusammenhangs, ZZP 107 (1994), 3

Huber, Grundfragen der Entscheidungsgründe im Zivilurteil, JuS 1987, 213, 296, 464, 545

Jauernig, Zivilprozeßrecht, 25. Auflage (1998)

Johannsen, Anmerkung zu BGH LM Nr. 8 zu § 253 ZPO

Kion, Eventualverhältnisse im Zivilprozeß, Dissertation, Berlin, 1970
Kissel, Neues zur Gerichtsverfassung, NJW 1991, 945
Kissel, Gerichtsverfassungsgesetz, 2. Auflage (1994)
Klamaris, Das Rechtsmittel der Anschlußberufung, Dissertation, Tübingen, 1975
Klauß, Klage und Vollstreckung bei Abzahlungsgeschäften, NJW 1950, 765
Köhler, Der Streitgegenstand bei Gestaltungsklagen (1995)
Koenigk, Rechtskraftwirkung einer gerichtlichen Erledigungserklärung zur Hauptsache, NJW 1975, 529
Kohler, § 283 BGB im Prozeß, JuS 1991, 943, JuS 1992, 58
Koll, Buchbesprechung: *Marwitz,* Das Urteil in bürgerlichen Rechtsstreitigkeiten nach der Civilprozeßordnung für das Deutsche Reich in der Fassung vom 20. Mai 1898 (1902), ZZP 31 (1903), 388
Künzl, Die einseitige Erledigungserklärung im Urteilsverfahren, DB 1990, 2370
Kröger/Jakobs, Probleme der Aufrechnung im Verwaltungsprozeß, JA 1981, 266
Lämmert, Über Begriff und Zulässigkeit der eventuellen Klageverbindung, ZZP 16 (1891), 428
Larenz, Methodenlehre der Rechtswissenschaft, 6. Auflage (1991)
Leipold, Anmerkung zu BGH ZZP 107 (1994), 211, 216
Lent, Kann nach Verurteilung zum Hauptantrag in der Berufungsinstanz nach dem uneigentlichen Hilfsantrag erkannt werden?, JR 1951, 375
Lent, Anmerkung zu BGH JZ 1955, 423, 425
Lindacher, Prozeßaufrechnung und „Rechtshängigkeit", JZ 1972, 429
de Lousanoff, Zur Zulässigkeit des Teilurteils gemäß § 301 ZPO, Dissertation, Berlin, 1979
Lüke/Kerwer, Eine „neuartige" Klagenhäufung, NJW 1996, S. 2121 ff.
Mattern, Miterledigung von vorderinstanzlichen Prozeßresten, JZ 1960, 385
May, Die Revision in den zivil- und verwaltungsgerichtlichen Verfahren, 2. Auflage (1997)
Mayer, Sachliche Zuständigkeit des Landgerichts für Widerklagen bis zu 6.000 DM, JuS 1991, 678
Melissinos, Die Bindung des Gerichts an die Parteianträge nach § 308 ZPO, Dissertation, München, 1981
Merle, Zur eventuellen Klagenhäufung, ZZP 83 (1970), S. 436 ff.
Mühl, Die Lehre von Gutachten und Urteil, JuS 1963, 351, 400, 433, 476, JuS 1964, 22, 108, 147, 190, 238, 272, 356, 441
Müller-Tochtermann, Die Erledigung des Rechtsstreits nach Erledigung der Hauptsache, NJW 1958, 1764
MünchKomm/Verfasser, BGB, Münchener Kommentar BGB, 3. Auflage (seit 1993)
MünchKomm/Verfasser, ZPO, Münchener Kommentar ZPO (1992/93)

Münzberg, Anmerkung zu OLG Stuttgart ZZP 97 (1984), 487

Musielak, Die Bindung des Gerichts an die Anträge der Parteien im Zivilprozeß, Festschrift Schwab, 1990, S. 349 ff.

Musielak, Grundkurs ZPO, 3. Auflage (1995)

Musielak, Die Aufrechnung des Beklagten im Zivilprozeß, JuS 1994, 816

Musielak/Verfasser, Zivilprozeßordnung (1999)

Nathan/Verfasser, Das Zivilprozeßrecht der DDR, Band I (1957)

Nicolini, Die Beschwer des Rechtsmittelklägers, NJW 1955, 615

Nikisch, Zivilprozeßrecht, 2. Auflage (1952)

Oehlers, Verjährungsunterbrechung durch hilfsweise Geltendmachung eines Anspruchs, NJW 1970, 845

Oehlers, Zur Beschwer bei Klage und Widerklage, NJW 1992, 1667

Olivet, Die Kostenentscheidung im Zivilurteil, 3. Auflage (1996)

Orfanides, Anmerkung zu BGH JR 1989, 328, 329

Palandt/Verfasser, Bürgerliches Gesetzbuch, 57. Auflage (1998)

Pantle, Die Praxis des Zivilprozesses, 2. Auflage (1992)

Paulsen, Anmerkung zu BGH LM Nr. 1 zu § 525 ZPO

Paulus, Zivilprozeßrecht (1996)

Pawlowski, Die Gegenaufrechnung des Klägers im Prozeß, ZZP 104 (1991), 249

Petersen, Ueber eventuelle Klagebegehren und Rechtsmittel, sowie die eventuelle Verbindung von mehreren Klagegründen, ZZP 16 (1891), 493

Pfizer, Eventuelles Vorbringen, ZZP 21 (1895), 367

Prütting, Buchbesprechung: *de Lousanoff*, Zur Zulässigkeit des Teilurteils gemäß § 301 ZPO, ZZP 94 (1981), 103

Pukall, Der Zivilprozeß in der gerichtlichen Praxis, 5. Auflage (1992)

Rimmelspacher, Materieller Anspruch und Streitgegenstandsprobleme im Zivilprozeßrecht (1970)

Rosenberg/Schwab/Gottwald, Zivilprozeßrecht, 15. Auflage (1993)

Rütter, Die „uneigentliche" Eventualklagenhäufung, VersR 1989, 1241

Rupp, Zur Aufrechnung mit rechtswegfremden Forderungen im Prozeß, NJW 1992, 3274

Saenger, Klagenhäufung und alternative Klagebegründung, MDR 1994, S. 860 ff.

Schellhammer, Zivilprozeß, 7. Auflage (1996)

Schenke/Ruthig, Die Aufrechnung mit rechtswegfremden Forderungen im Prozeß, NJW 1992, 2505

Schenke/Ruthig, Zur Aufrechnung mit rechtswegfremden Forderungen im Prozeß, NJW 1993, 1374

Schilken, Zivilprozeßrecht, 2. Auflage (1995)

Schilken, Anmerkung zu BGH ZZP 105 (1992), 83, 88

Schmidt, Eike, Die Prozeßaufrechnung im Spannungsfeld von Widerklage und prozessualer Einrede, ZZP 87 (1974), 29

Schmidt, Karsten, Zivilprozessuale und materiellrechtliche Aspekte des § 283 BGB, ZZP 87 (1974), 49

Schmidt,Karsten, Anmerkung zu BGH NJW 1991, 1686, JuS 1991, 862

Schneider (Kostenentscheidung), Kostenentscheidung im Zivilprozeß, 2. Auflage (1977)

Schneider, Das neue Streitwertrecht, MDR 1975, 881

Schneider, Anmerkung zu OLG Düsseldorf, NJW 1975, 2105, 2106

Schneider, Der materielle Kostenerstattungsanspruch, MDR 1981, 353

Schneider, Widerklage und materielle Beschwer, NJW 1992, 2680

Schneider/Herget, Streitwertkommentar, 11. Auflage (1996)

Schönke, Das Rechtsschutzbedürfnis - Ein zivilprozessualer Grundbegriff, AcP 150 (1949), 216

Schönke, Zivilprozeßrecht, 6. Auflage (1949)

Schrader/Steinert, Zivilprozeß, 7. Auflage (1990)

Schumann, Grundsätze des Streitwertrechts, NJW 1982, 1257

Schumann, Anspruchsmehrheiten im Streitwertrecht, NJW 1982, 2800

Schwab, Der Streitgegenstand im Zivilprozeß (1954)

Schwab, Der Stand der Lehre vom Streitgegenstand im Zivilprozeß, JuS 1965, 81

Schwab, Zum Sachzusammenhang bei Rechtsweg- und Zuständigkeitsentscheidung, Festschrift für Albrecht Zeuner,1994, 499

Schwab, Die einseitige Erledigungserklärung, ZZP 72 (1959), 127

Schwab, Anmerkung zu BGH ZZP 74 (1961), 210, 212

Semmelmayer, Der Berufungsgegenstand (1996)

Siegburg, Einführung in die Urteils- und Relationstechnik, 4. Auflage (1989)

Smid, Zur Gewährung rechtlichen Gehörs zur Vorbereitung der Kostenentscheidung bei Erledigung des Rechtsstreits in der Hauptsache, MDR 1985, 189

Staudinger/Verfasser, BGB, 12. Aufl. (ab 1978), 13. Aufl. (ab 1993)

Stein, Bedingte Prozeßhandlungen, JZ 1913, 35

Stein/Jonas/Verfasser, ZPO, 21. Auflage (ab 1993)

Teubner/Prange, Die hilfsweise Erledigungserklärung, MDR 1989, 586

Thomas/Putzo, ZPO, 21. Auflage (1998)

Uhlmannsiek, Dirk, Die Zulässigkeit der Drittwiderklage, Dissertation, Hamburg, 1995

Walchshöfer, Anmerkung zu BGH ZZP 79 (1966), 294, 296

Walsmann, Die Anschlußberufung (1928)

Wieczorek/Verfasser, soweit nach „Anm." zitiert: ZPO, 2. Auflage (1975-1988), soweit nach „Rn." zitiert: ZPO, 3. Auflage (ab 1994)

Wolf, Die Zulässigkeit unechter Eventualklagen, insbesondere bei Teilklagen, Festschrift für Hans Friedhelm Gaul, 1997, 805

Würthwein, Zur Problematik der örtlichen und internationalen Zuständigkeit aufgrund unerlaubter Handlung, ZZP 106 (1993), 51

Zeiss, Zivilprozeßrecht, 9. Auflage (1997)

Zimmermann, ZPO, 4. Auflage (1995)

Zöller/Verfasser, Zivilprozeßordnung, 21. Auflage (1999)